冰雪之旅

龙江雪域漫行

韩 石 周喜峰 路 春 主编

哈尔滨出版社
HARBIN PUBLISHING HOUSE

图书在版编目（CIP）数据

冰雪之旅：龙江雪域漫行 / 韩石，周喜峰，路春主编 . -- 哈尔滨 ： 哈尔滨出版社，2025. 1. --（冬韵龙江）. -- ISBN 978-7-5484-8329-8

Ⅰ. K928.935

中国国家版本馆 CIP 数据核字第 2024WN7772 号

冰雪之旅：龙江雪域漫行

书　　名： BINGXUE ZHI LÜ：LONGJIANG XUEYU MANXING

作　　者： 韩　石　周喜峰　路　春　主编
责任编辑： 滕　达　费中会　尉晓敏
装帧设计： Amber Design

出版发行： 哈尔滨出版社（Harbin Publishing House）
社　　址： 哈尔滨市香坊区泰山路 82-9 号　　邮编：150090
经　　销： 全国新华书店
印　　刷： 哈尔滨市石桥印务有限公司
网　　址： www.hrbcbs.com
E-mail： hrbcbs@yeah.net
编辑版权热线： （0451）87900271　　87900272
销售热线： （0451）87900202　　87900203

开　　本： 889mm×1194mm　1/16　　印张：24.5　　字数：400 千字
版　　次： 2025 年 1 月第 1 版
印　　次： 2025 年 1 月第 1 次印刷
书　　号： ISBN 978-7-5484-8329-8
定　　价： 168.00 元

— 部分图片摄影作者 —

（按姓氏笔画排序）

门　奎　王　波　王贵伟　王洪艳

史敏捷　白凤义　朱光华　朱敬业

仲崇斌　刘　敏　刘亚东　刘丽君

刘国栋　刘敬东　许文志　李春生

杨　锐　何　飚　张本盛　张树文

张福顺　林阳光　周凤西　赵长森

胡　斌　顾玉驷　顾乐才　郭伟成

黄冶斌　傅　强　滕树岩

前　言

　　在这个寒风凛冽、雪花纷飞的时节，恰逢《冰雪之旅：龙江雪域漫行》出版发行。这不仅是一本书，更是一份邀请，邀请读者朋友们一同探索黑龙江这片古老而又充满活力的土地，感受它独有的冬季魅力与风情。

　　黑龙江，作为中国最北的省份，以其独特的地理位置和气候条件，孕育了无与伦比的冰雪文化。这里的冬季，是一幅壮丽的画卷，是一首动人的诗篇，更是一曲激昂的乐章。这本书全方位、多角度地展现黑龙江冬季的特色旅游景点、经典特色美食、部分少数民族的特色服饰源流、特色旅游线路、地区特色物产以及黑龙江地区冬季趣味互动民俗等内容，让读者能够更加深入地了解和体验黑龙江的冬季魅力。

　　"北国风光"篇，囊括了黑龙江地区绝大多数的旅游景点。黑龙江的历史底蕴深厚，从古至今，这里都是多元文化的集聚地。本书将带领读者穿越时空，感受历史的厚重与现代的活力，既可以在古老的建筑中寻找历史的印记，又可以在现代的城市中感受时代的气息。

　　"行游龙江"篇，精心规划了多条特色旅游线路，让读者朋友们的旅程更加丰富多彩。这些线路不仅是旅游的指南，更是文化的桥梁，连接着过去与未来、传统与现代。

　　"饕餮盛宴"篇，介绍了东北的杀猪菜、哈尔滨红肠、锅包肉等地道美食，带领读者朋友们领略舌尖上的黑龙江，尽享味觉盛宴。

黑龙江的文化是多元的，是包容的。"互动民俗"篇，以写意的方式，以幽默诙谐的笔触，介绍了黑龙江地区冬季有哪些有趣的互动民俗。这些民俗活动是节日的庆祝，也是文化的传承，更是一种连通情感的互动体验……

冬季的黑龙江不仅仅是一场视觉的盛宴，更是一次心灵的触动。这里的每一片雪花、每一缕寒风，都蕴含着故事，都承载着情感。

旅游业是黑龙江经济的重要组成部分。我们希望通过这本书，吸引更多的游客来到黑龙江，体验这里的冬季魅力，同时也为当地的经济发展注入新的活力。

本书的出版是一次对黑龙江冬季旅游资源的全面梳理和深入挖掘，也是对这片土地深深的热爱和敬意的表达。我们希望通过这本书，能够为游客朋友们提供实用的旅游指南，能够传承和弘扬黑龙江的冰雪文化，让更多的人领略到这片土地的深厚底蕴，让更多的人了解和喜爱这片土地。

最后，愿每一位读者都能在这本书中找到属于自己的冰雪奇缘，感受到黑龙江冬季的无限魅力。

序言

千里冰封日，再续前缘时，我在北国等你。

花有重开日，再无年少时，也许我们都欠自己一场说走就走的旅行，暂弃眼前的苟且，去看看诗和远方。

往事如风，如浮光掠影，变化无定，忙碌的人生按下慢放键也许能看到不一样的风景，按键被包裹在心灵深处，但若想，则能成。

红尘滚滚，甚嚣尘上的心灵需要一个可供安放的港湾，经过风雪的净化，更纯粹了你我。

经历此番风雪，人生尽是坦途。

这里沃野千里，是 "世界三大黑土地之一"
"中国大粮仓"

这里开放包容，是 "自由贸易试验区"
"多元文化交融地"

这里资源丰富，是 "能源基地" "工业摇篮"

这里环境怡人，是 "冰雪王国"
"湿地之乡" "森林之海"

这里底蕴深厚，是 "东北抗联根据地"
"北大荒精神发源地"

这里就是

大美

黑龙江

DAMEI
HEILONGJIANG

冰雪世界　不夜城
金鸡之冠　绿色宝库
中国最北点
兴安岭之巅 神州北极
欧亚之门 中俄双子城
中国林都
国际烤肉
美食之都
红松故乡　三金之城
煤城 天然氧吧
恐龙家园　　　　　　　　三江明珠
中国寒地黑土　黑土湿地之都　东极天府
鹤城 特色物产之乡　华夏东极　绿色生态之城
北国温泉之乡　　　　　　中华玉文化摇篮
天然百湖之城 共和国的长子 中国短道速滑之乡
绿色油化之都 东方莫斯科 北大荒精神发源地
万国建筑博物城 冰城夏都 奥运冠军之城
音乐之城 中国啤酒之都 中国石墨之都
国际湿地城市　白山黑水间的
东亚文化之都　鱼米之乡
中国雪城　林海雪原中的
镜泊胜境　　　塞北江南

序之篇　雪域仙境　　　/ 1

第一篇　北国风光　　　/ 17

　哈尔滨景点　　　/ 18

　大庆景点　　　/ 83

　牡丹江景点　　　/ 91

　伊春景点　　　/ 101

　大兴安岭景点　　　/ 108

　黑河景点　　　/ 117

　齐齐哈尔景点　　　/ 121

　佳木斯景点　　　/ 127

　鹤岗景点　　　/ 133

　鸡西景点　　　/ 136

　双鸭山景点　　　/ 140

　绥化景点　　　/ 142

　七台河景点　　　/ 145

第二篇　行游龙江　　　/ 149

　冰城艺术之旅　　　/ 150

　冰城研学之旅　　　/ 158

　冰城亲子度假之旅　　　/ 166

　龙江红色教育之旅　　　/ 174

　龙江游经典路线　　　/ 180

　龙江游特色路线　　　/ 191

　雪域漫行自驾游　　　/ 193

第三篇　饕餮盛宴　　　/ 199

　大炖菜　　　/ 200

　熘炸菜　　　/ 210

　熏酱菜　　　/ 216

　特色菜　　　/ 224

　特色小吃　　　/ 239

　面食与主食　　　/ 251

　俄式风味　　　/ 260

　法式与意式风味　　　/ 274

第四篇　互动民俗　　　　　　　　　/ 279

节庆活动　　　　　　　　　　　/ 280

冰雪娱乐运动　　　　　　　　　/ 289

民俗表演　　　　　　　　　　　/ 300

生活民俗　　　　　　　　　　　/ 303

第五篇　衣史流年　　　　　　　　　/ 309

赫哲族服饰及民俗文化传说　　　/ 311

鄂温克族服饰及民俗文化传说　　/ 317

鄂伦春族服饰及民俗文化　　　　/ 323

达斡尔族服饰及民俗文化　　　　/ 329

满族服饰里的民俗文化　　　　　/ 335

第六篇　龙江拾贝　　　　　　　　　/ 343

特色工艺品　　　　　　　　　　/ 344

特色食品　　　　　　　　　　　/ 359

编后记　　　　　　　　　　　　　　/ 376

目录 CONTENTS

雪域仙境

冰封内心的浮躁与焦虑，让心灵舒缓、空灵；

涤荡凡尘的迷雾与阴霾，让内心纯粹、澄澈。

——我在仙境等你，一起来修仙（休闲）

黑龙江省伊春市红星火山地质公园，宛如一幅天地间铺陈的绝美画卷，若梦幻仙境，美得令人心醉神迷。

冬日的大兴安岭林海雪原，万木银装，雪覆千山，林涛静谧，雪舞轻盈，仿佛置身于不染尘埃的仙境，心灵得以最纯净的洗礼与安放。

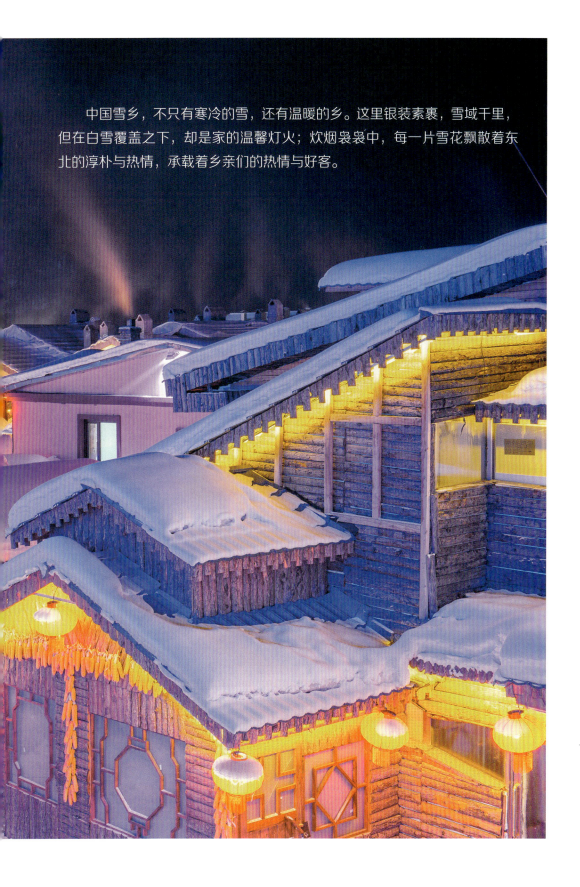

中国雪乡，不只有寒冷的雪，还有温暖的乡。这里银装素裹，雪域千里，但在白雪覆盖之下，却是家的温馨灯火；炊烟袅袅中，每一片雪花飘散着东北的淳朴与热情，承载着乡亲们的热情与好客。

齐齐哈尔扎龙国家级自然保护区，朝阳初升映彩霞，仙鹤展翅舞蹁跹。

哈尔滨冰雪大世界，一个梦幻般的冰雪奇境，一座璀璨夺目的冰雪宫殿。在这里，随处可见冰雪精灵用魔法雕刻出的艺术品，霓虹闪烁光影交错间，冰雪雕被赋予了生命，讲述着发生在这里的冰雪奇缘。

大兴安岭地区冬季冰雪风光

黑龙江库尔滨雾凇

第一篇

北国风光

北国雪域，在雾凇旁、雪地温泉里呼吸天地灵气；在古老建筑与现代设施间穿梭闪回，体会中西文化的交融、碰撞；在雪山之巅御具飞行，乐享腾云驾雾；在冰雪乐园流连忘返，诠释身临其境如梦似幻。

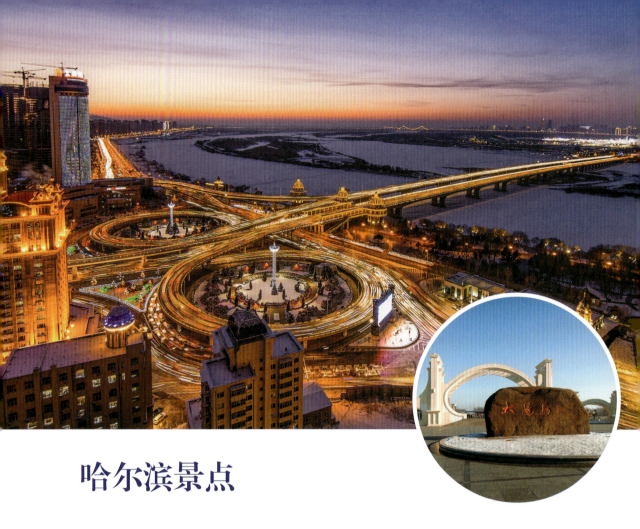

哈尔滨景点

　　哈尔滨位于中国东北地区，处于黑龙江西南部，是黑龙江的省会，也是中国东北北部的政治、经济、文化中心，是中国省会城市中面积最大的城市。

　　哈尔滨城市的建设发展，以中东铁路的修建为崛起标志，其迅速成为东北重要的交通、流通中心，成为赫赫有名的国际贸易城市和国际大都市，也是全国解放最早的大城市。

　　"共和国的长子""东方莫斯科""万国建筑博物城""冰城夏都""音乐之城""中国啤酒之都""奥运冠军之城""国际湿地城市""东亚文化之都"……这一个个头衔与称号向人们概括了哈尔滨多元荟萃、中西交融、兼容并蓄的文化，其中包括正气的红色文化、灵气的金源文化、神气的冰雪文化、雅气的音乐文化和洋气的欧陆文化。

　　这是哈尔滨的独特魅力，有着数不清的迷人故事、道不尽的万种风情。

　　在这里，有魅力无限的冰雪美景，有逐梦亚冬的运动激情，有不可磨灭的红色印记，有黑土大地的年味十足，有冰雪研学的新奇体验，有豪迈洒脱的东北人民……

　　无论是丁香满城的日子里，还是冬日的漫天飘雪里，热情的哈尔滨永远在等着你！

❄ 中国·哈尔滨冰雪大世界：世界最大的冰雪主题乐园

寒冷磨不灭人们的意志，也磨不灭人们积极乐观的精神。黑龙江人在与寒冷的对抗中，开发了北大荒，建设了全国粮仓，也在冰天雪地里建造了人们的精神园地、欢乐家园、永不重复的童话世界——哈尔滨冰雪大世界。

哈尔滨冰雪大世界，位于哈尔滨市太阳岛风景区西侧，是国家 AAAAA 级旅游景区、世界上最大的冰雪主题乐园。

1999 年，为迎接千禧年庆典"神州世纪游"，敢想敢干的哈尔滨人用 33 天的时间在松花江的江心沙滩上成功打造了首届中国·哈尔滨冰雪大世界。

2024 年，冰雪大世界已成功举办了二十五届。第二十五届冰雪大世界更是以其 81 万余平方米的园区面积，被认定为"世界最大的冰雪主题乐园"，获吉尼斯世界纪录。

而即将与世人见面的第二十六届冰雪大世界，以"冰雪同梦 亚洲同心"为主题，整体面积扩大到 100 万平方米，总用冰量达 30 万立方米，将给人们带来更加震撼的感受和体验。

冰为砖、雪为土、霓虹灯为骨，冰雪大世界中，一座座各具特色的中式或西式建筑，或雄伟奇丽或精巧别致，白日里如圣洁的琼楼玉宇、科幻场景里的未来基地，入夜来则在灯光的映衬下化身为七彩的童话世界、热情的琉璃仙境。

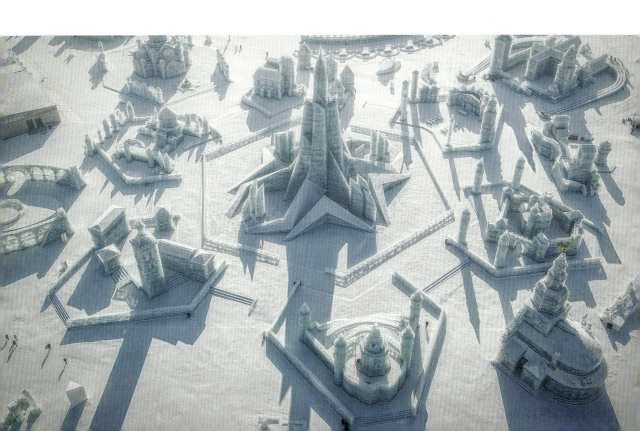

　　超级冰滑梯、雪花摩天轮、滑雪体验区、冰雪汽车芭蕾秀、冰上自行车……一项项冰雪娱乐活动让人们的激情飞扬、笑声震天、焦虑释放，带给人们的快乐温暖了整个冬天。

　　错过了冬天也不要紧，世界最大的室内冰雪主题乐园——哈尔滨冰雪大世界梦幻冰雪馆（冰雪小世界）随时等待着人们的到来。

　　冰雪大世界里，每一块冰块都见证着人们的快乐时光，每一片雪花都见证着冰雪大地上永不重复的奇迹。

　　冰雪承载着无数人的温馨故事，而冰雪融化而成的春水又顺着松花江缓缓流淌，继续滋养这片丰饶美丽的黑土地。

　　这里就是人们不管去过多少次，一到冬天便想再次出发的哈尔滨冰雪大世界。

❄ 太阳岛国际雪雕艺术博览会：雪雕艺术的盛典

　　在哈尔滨美丽的明珠太阳岛上，冬日里银装素裹、分外妖娆，目前国内开发最早、规模最大的以雪为主题的冬季主题游乐园——太阳岛国际雪雕艺术博览会，就在这里，期待着浪漫的邂逅。

　　1989年，第一届哈尔滨市雪雕游园会在此展开。

　　因为自然雪松软、质地不纯、不易成型，前几届的游园会，每年只用雪六七百立方米，景观的尺寸、规模也十分有限。

现在的雪博会每年用雪10余万立方米，只是每年的主塑便能用雪2万～4万立方米。超大尺寸的雪雕艺术作品空间立体、层次分明，表现力十足，能带给人们强烈的震撼。以人物、建筑、植物、动物等为主题的各种尺寸的雪雕作品最多时有200多座。

每遇雪雕赛事，只见雪铲翻飞，国内外雪雕大师、雪雕高手，纷纷为大家呈现顶尖的雪雕艺术作品、顶级的赛事体验。

景区内，人们可以悠闲地步行游览，也可以乘坐观光车自在地畅游。

特色商服暖屋、地道风味美食，是人们的续航动力，让快乐保持得更加持久。

冰雪滑梯、打雪圈、雪地转转、冰上自行车、雪地漂移、雪地陀螺、冰上碰碰车、冰爬犁、雪地寻宝、雪地拔河、泼雪狂欢……大朋友和小朋友们，尽享玩雪的欢乐。

寒地动物园中，可爱的动物们等着人们来与它们进行友好互动。

人们充沛的精力、欢乐的激情可以在雪博大闯关中得到充分的释放。

　　纯洁唯美的冰雪集体婚礼，更让新人们拥有了可往复追溯的浪漫回忆。

　　大大小小、姿态各异的雪人，遍布景区各处，让人转角就能遇到惊喜。

　　这里有爱情的雪、浪漫的雪、欢乐的雪、梦幻的雪、激情的雪，人与雪有着最美丽最欢乐的邂逅，自然与艺术产生了最震撼人心的共鸣，奏响了一曲和谐的冬日恋歌。

❄ 哈尔滨兆麟公园冰灯艺术游园会：中国冰灯艺术的摇篮

　　在哈尔滨市道里区一个离中央大街、圣·索菲亚教堂仅步行几分钟距离的地方，有一座以李兆麟将军之名命名的公园。这就是哈尔滨市兆麟公园。

　　夏季里，兆麟公园里绿树成荫、鲜花芬芳，游人如织。可到了冬日，人们就习惯于消耗提前储备好的过冬食物，在家里"猫冬"。公园这种地方更是没多少人爱去，正所谓"一闲闲半年"。

　　可就在1963年2月7日的晚上，这座本该冷清的公园里，灯光闪烁，人头攒动，热闹非凡。原来，这是哈尔滨市第一届冰灯游园会开幕的大日子。当晚，兆麟公园就挤进来5万人。整个6天的展期里，游园会共接待游人25万之多，占当时哈尔滨市总人口的十分之一。

　　哈尔滨市冰灯艺术游园会是我国第一次有组织的冰灯游园活动，是世界上举办最早、举办时间最长的大型室外冰灯艺术展，开创了现代冰雪文化的先河。到 2024 年，游园会已走过 61 年的岁月，开办过 50 届，可谓年年有、年年新，被人们称为"永不重复的童话"。

最初的冰雕是在兆麟公园的小河里取冰，后来冰不够用了，人们就从松花江里取冰运到兆麟公园雕刻。经过几十年的发展，从传统工具到电动工具，从天然冰到复合冰，从基础雕刻手法到圆雕、浮雕、镂空、反雕、线雕等手法的综合运用，游园会的冰雕技术水准在不断地提升。如果说冰雪大世界向人们展示了冰雕艺术的恢宏壮丽，那么兆麟公园的冰灯就向人们展示了冰雕的细致精巧。

每年，兆麟公园都会布置冰雕比赛区，举办各种全国专业冰雕比赛、全国和省大学生冰雕比赛，或者冰雕大师邀请赛、群众性工艺冰雕比赛；布置展览区，进行冰雪书画、冰版画展览；还会设置公益惠民活动区，开展各种冰雪文化惠民活动，人们可以打冰滑梯、走冰迷宫、爬冰城堡、在冰场滑冰，或者动手体验自制冰灯的乐趣。

在中国最冷的省会城市里，在兆麟公园里，有最晶莹璀璨的冰灯、最热闹的冬日盛景、最温暖的人心。李兆麟将军如果能看到这一幕，一定会感到欣慰吧。

❄ 中央大街：充满欧陆风情的百年老街

有这样一条大街，它是中国第一条步行街，有"亚洲第一街"之美誉。它是哈尔滨标志性的城市名片之一，也是全国首批十条"中国历史文化名街"之一。

这就是著名的哈尔滨市中央大街。中央大街北起松花江畔的人民防洪胜利纪念塔，南至经纬街，全长 1450 米，宽 21.34 米，约 87 万块面包石铺筑而成，街区总占地面积近 1 平方千米。

中央大街主街上有各类历史保护建筑 61 栋，汇集了文艺复兴、巴洛克、折中主义、新艺术运动等建筑风格。在西方几百年才能形成的建筑风格，在中央大街最初二三十年的发展中完成了集中展示。

中央大街是全国第一个开放式、公益型建筑艺术博物馆，它被称为世界建筑艺术长廊、新艺术运动建筑的终结地、"汇百年建筑风格 聚世界艺术精华"的建筑艺术博物馆。

1898 年，哈尔滨这座火车拉来的城市随着中东铁路的修建，开展了大规模的基础设施建设。各种各样的建筑材料与商品通过人背、车拉在这座城市中流通、利用。人们用脚步与车轮丈量着这座由小渔村发展起来的城市，也　出了一条条道路。就这样，码头与铁路建设工地之间的这条道路随着行人的奔走、骡马的踩踏、车轮的碾轧、货物的重压而形成了。

1900年，人们将这条路称为中国大街。随着哈尔滨开埠通商，一座座风格各异的建筑拔地而起，俄国的皮毛、英国的呢绒、法国的香水、德国的药品、瑞士的钟表等琳琅满目的商品呈现在大众眼前。

1924年，中央大街由俄国设计师兼监工科姆特拉肖克设计、监工，开始铺设石头路面。

1928年，人们将中国大街改称中央大街。

据城史专家考证，中央大街采用了当时世界先进的筑路经验，以白灰、黄黏土、沙子拌和成三合土，修筑路基，然后铺上寸许厚的碎石，且在石罅之间浇灌石灰汁，使用压路机反复碾轧平整，再有序地将面包石摆放在路基上。为防止松动，人们还要在石头的缝隙中灌上沙子和水，继续碾轧，名曰焊沙。这样，石头路才

算是铺成了。而铺路所用的花岗石也并非传说中的由当时阔气的哈尔滨市政府斥巨资从苏联购入，而是采自现在的哈尔滨市阿城区，经加工打磨而成。中央大街的铺路石因为外形酷似俄式小面包，所以被人们形象地称为"面包石"。人们最常听说的，就是中央大街上的面包石一块便价值一块银圆。而在当时，一块银圆可以供一个成年男子一个月的口粮开销。

中央大街每天都有川流不息的人群，尤其是节假日与休息日，人流熙熙攘攘，热闹十足。但这拥挤的人群不会破坏游人的心情，反而更容易让人感受城市的脉搏、人们的热情与生活的节奏。行走于街上，人们可以随时驻足观赏特色的建筑，聆听美妙的音乐，品尝令人垂涎的美食，参与趣味十足的文化活动。

中央大街是哈尔滨的符号和象征、底蕴与情怀。这里繁华、时尚、友好、包容，充满活力与激情，充满故事与韵味，魅力无限，让人流连忘返。中央大街的任意一个角落可能就藏着一段过去的故事，人们的每一次停留都有可能是一次时光之旅。

可以说，中央大街不仅是市民休闲的极佳选择，也是游客不可错过的绝美风景。人们常说："不到长城非好汉。"但很多人也会说这样一句话："没有到过中央大街，就不算来过哈尔滨。"

因为一条街，恋上一座城，绝不是一句妄言。

❄ 人民防洪胜利纪念塔：抗洪精神的丰碑

在美丽的松花江南岸，哈尔滨开埠以来最年轻的一类保护建筑——哈尔滨市人民防洪胜利纪念塔巍峨耸立，守护着这座城市和奔流不息的松花江。

松花江是哈尔滨的母亲河，但母亲也有暴躁的时候。1957 年，百年一遇的特大洪水来袭。松花江水位高达 120.30 米，超过了 1932 年洪水的纪录，对城市造成了巨大的威胁。

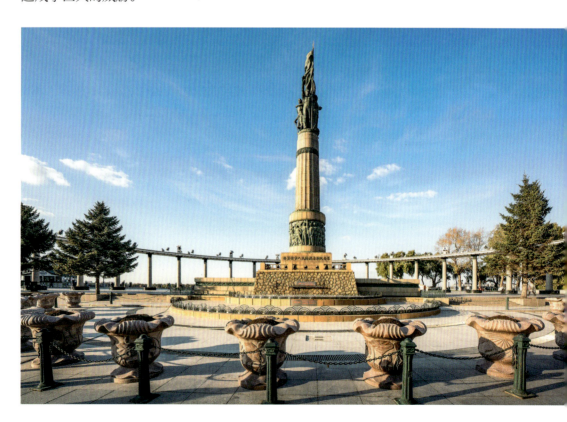

不过，不管洪水多么令人恐慌，人们的心中只有一个信念："誓与大堤共存亡！"哈尔滨全市人民及解放军官兵共同作战，运送物资、封堵决口、战胜管涌、治理滑坡、修筑堤坝、加固河岸、排除内涝，松花江边一派繁忙景象。车辆有限，人们就手拉肩扛运送石块、挑来土方，沙包在大堤上垒起长龙。沙包告急，人们又扛来一袋袋面粉，与洪水做斗争。危急时刻，人们甚至以血肉之躯阻拦凶猛的洪水……

人们以坚定的信念、钢铁般的意志、非凡的勇气、不惧一切的决心，获得了最终的胜利。

为了纪念这次历史性的胜利，表彰人们的团结和勇气，哈尔滨市政府决定建造一座纪念塔。

1958 年 10 月 1 日，纪念塔建成了。其由苏联设计师巴吉斯·兹耶列夫和哈工大第二代建筑师李光耀共同设计。

纪念塔整体由塔身、基座、围廊、广场和喷泉组成。塔高 22.5 米，塔身椭圆形，顶部是工农兵和知识分子形象组成的圆雕；中部刻有宣誓上堤、车推肩扛、运土打夯、砌筑沙包、奋勇抢险和胜利庆功等抗洪场面，其中还有俄罗斯侨民的身影；下部则是群像浮雕，描绘了哈尔滨人民战胜洪水的生动场面。塔基由块石砌成，象征着坚不可摧的大堤。塔前有喷泉，象征着人民将凶猛洪水驯化成涓涓细流。塔后松花江侧设有 20 根 7 米高的科林斯圆柱，由环带连接在一起组成一道 35 米长的半圆形罗马式回廊。塔下有水池，下阶标记海拔 119.72 米，表示 1932 年洪水的最高水位；上阶标记海拔 120.30 米，表示 1957 年洪水的最高水位。水池之上的塔基上，有一根金属线，标记海拔 120.89 米，表示 1998 年特大洪水的最高水位。

现如今，松花江、人民防洪胜利纪念塔、中央大街，这三大景观完美地融为一体，人民防洪胜利纪念塔成为哈尔滨名副其实的标志性建筑。每到节假日，纪念塔下都会开展形式多样的文体活动，人们在这里充分感受幸福生活的惬意。

松花江水浩浩荡荡、奔流不息，昔日种种仿佛已成过眼云烟，只有人民防洪胜利纪念塔静静地伫立在江边，讲述着那过去的故事。

哈尔滨人秉承着不屈不挠、勇往直前的抗洪精神继续发展前行，关于哈尔滨人不懈奋斗的故事，一切都未完待续……

❄ 斯大林公园：松花江畔的休闲胜地

在松花江南岸，与太阳岛隔江相望的地方，有一座沿堤临水而建的带状开放式公园，这就是斯大林公园。

斯大林公园以人民防洪胜利纪念塔为中心，东起松花江铁路大桥（滨州铁路桥），西至九站公园，全长 1750 米，占地总面积 10.5 万平方米。公园内有俄罗斯古典风格建筑，遍布"五色草花坛"，还有"天鹅展翅""三少年""起步""跳水""舞剑"等姿态各异的十余组艺术雕塑。

其既具有欧洲的园林风格又独具北国特色，新颖别致、妙趣横生。公园内还有青年宫、浴场、江上俱乐部、码头、江畔餐厅、商场等各具特色的文化体育娱乐休闲场所。

夏季的公园内，绿草茵茵，鲜花招展，绿树成荫。人们在这里或戏水玩沙，或自由闲逛，或轻歌曼舞，或沿路骑行，或乘船游江，或坐索道缆车过江去太阳岛。江上岸上，一片欢声笑语。

到了冬季，这里又是另一番景象。公园内银装素裹，各种冰雕雪雕景观奇丽壮美。碰上特殊的天气，人们有幸还能见到树挂，尽赏玉树琼枝之美。冰上的各种活动，如冰滑梯、冰帆、雪橇、冬泳等更是开展得如火如荼，让人陶醉其中，乐而忘返。

　　走在中央大街上，人们可能会随着拥挤的人群熙熙攘攘地前行，稍有迟疑就无法停下自己的脚步。但是走在斯大林公园，人们方能感受什么是乘凉散步、雪域漫行。

　　走在公园内，吹一吹或清凉或冷硬的江风，人们焦躁慌乱的心情便能得到抚慰，仿佛满天乌云被吹散、一切褶皱被烫平，整个人都变得熨帖起来。慵懒、闲适、舒坦……说不清道不明的韵味在空气中自然流淌。

　　这是独属于哈尔滨人的松弛与惬意。

　　走啊！让我们一起上江沿儿吧！

❄ 圣·索菲亚教堂：东方的拜占庭艺术典范

在哈尔滨市道里区透笼街，有这样一座建筑，它气势恢宏、古朴典雅，是中国保存最完整的拜占庭式建筑，是中国最美的十大教堂之一。这就是哈尔滨著名的地标性历史建筑——圣·索菲亚教堂。

圣·索菲亚教堂始建于 1907 年，为沙俄东西伯利亚第四步兵师修建中东铁路时建造的随军教堂。该师撤离后，教堂归当地的俄罗斯东正教会管理。之后，俄国茶商出资，以教堂为基础，重新修建了一座全木结构教堂。1912 年，人们在木墙外部砌了一层砖墙，形成了砖木结构教堂。由于教徒数量增加，圣·索菲亚教堂于 1923 年 9 月进行了第二次重建，历时 9 年，于 1932 年 11 月落成，为当时远东地区最大的东正教堂。这时的教堂就是人们今天熟悉的形象。

教堂通高 53.35 米，占地面积 721 平方米，可容纳约 2000 人。其是典型的拜占庭式东正教教堂，同时融入了俄罗斯的传统元素。教堂整个平面为东西向拉丁十字形状；整个墙体使用清水红砖，以花岗岩和大理石装饰，砖砌拱券大小套叠，花纹细密精致；一个巨大饱满的"洋葱头"穹顶，统率着四个大小不一的

帐篷式穹顶。教堂内部的穹顶构成了宏伟壮观的轮廓，高雅别致，装饰更是华丽繁复。正门顶部是钟楼，有7座代表7个音符的乐钟，可由经过专门训练的敲钟人敲打出抑扬顿挫的钟声。据说，当年圣·索菲亚教堂钟声响起的时候，连带着哈尔滨市大大小小的教堂的钟声，甚至能传到城区几十千米外的阿城。

而今的广场上，人头攒动，美丽的白鸽展翅飞翔，在高高的尖顶上空盘旋。

砖墙的红、尖顶的绿、十字架的耀眼金色与天空的蓝和云朵的白互相映衬，圣·索菲亚教堂以其迷人的色彩吸引了人们的目光。待人们走入内部，首先便有开阔之感，流逝的光阴没有完全抹去内部精美装饰带给人们的震撼。阳光透过玻璃窗照进教堂内，头上的吊灯富丽堂皇，还有那壁画中的故事，让人们产生无限的遐想。

等到夜幕降临，圣·索菲亚教堂又向人们展现了另一番美景。尤其在冬日，在璀璨灯光的映衬下，雪花飘飞，朦朦胧胧中，整座教堂仿佛闪耀着神秘的光芒，带给人们更多的惊喜和感动。

肃静的教堂与热闹的广场形成了鲜明的对比，仿佛时空的对照，让人们穿越古今、遥望历史，将所有美好定格在一瞬间。

❄ 中华巴洛克历史文化街区：哈尔滨的建筑活化石

在哈尔滨有着这样一个街区，它是哈尔滨十三处历史文化街区之一，是哈尔滨民族工商业的发源地，是国家级旅游休闲街区，其中的中华巴洛克建筑群是国内现存面积最大、保存最完整的中华巴洛克建筑群。这就是哈尔滨中华巴洛克历史文化街区。

20 世纪初的哈尔滨，随着中东铁路上的火车飞驰而飞速发展，城市建设如火如荼，一座座文艺复兴、巴洛克、新艺术、古典主义、折中主义等风格的建筑拔地而起。这些建筑很多是由专业的外国设计师设计并且主持修建的，而参与施工的建筑工人则来自全国各地。这些充满智慧的中国工匠就从各种建筑材料的打磨到平面布局、地基挖掘、墙体结构、立面装饰、主题构造学起，一点一滴、日积月累，慢慢掌握了各种施工技术和工艺。

而一批精明强干的民族工商业人士，也瞄准了哈尔滨兴起的契机，纷纷来到哈尔滨寻求发展之路。当时的哈尔滨外国人很多，且集中在当时的南岗区和道里区，

富起来的商人们多集中在老道外。这些富起来的商人凭借自己的经验和审美，再聘请经验丰富的工匠，就共同打造出了这些惊艳世人的中国式西方建筑。这种建筑风格被后来到这里参观的日本学者西泽泰彦命名为中华巴洛克。

这些建筑大多为二、三层楼房，以砖木结构为主，立面为西方巴洛克式造型，装饰则丰富多彩、豪华且富有激情，充分融合了中国传统元素，浪漫十足。这些装饰不仅取其吉祥喜庆之意，也是商家对生意兴隆的期盼。内里院落则采用了中国传统的二合院、三合院和四合院布局，这种布局不仅符合中国人的传统审美，也满足了当时许多商家"前店后厂"或"下店上住"的需求。

这里的每一步风景，都是一段城市的历史。徐世昌、杨靖宇、李兆麟、萧红等历史名人的身影都曾在这里出现过。

在这里，人们可以畅赏建筑艺术之美；可以优哉游哉地逛逛古玩大集，充分享受淘宝的乐趣；可以逛逛百年餐饮老街，尝百年风味美食；可以听听戏、赏赏曲、品品茶，在浴池洗去一身疲惫；还可以走进创意文化产业区，喝喝咖啡，玩玩沙画，在博物馆集章打卡，感受现代艺术与历史文化的激情碰撞。

这里有历史，有民俗，有美食，有生活，有文化，发生过太多太多的故事，有着十足的哈尔滨记忆。

如果你想读懂哈尔滨的故事，莫过于在冬日里，走进中华巴洛克历史文化街区，领略它的独特魅力。你还不来吗？

❄ 哈尔滨松花江铁路大桥（滨洲铁路桥）：

松花江上的百年钢铁历史长廊

在美丽的松花江上有这样一座大桥，它几乎与哈尔滨这座城市有着一样的年纪，是哈尔滨的第一座跨江大桥，是松花江上最早的铁路大桥，是中国历史上第一座总长度超过千米的铁路大桥，是近代工业的优秀文化遗产。它也曾吸引《夜幕下的哈尔滨》《情人结》《白日焰火》《无证之罪》《极限挑战》等众多影视剧组、娱乐节目到这里取景。

当然，我们也可以说，这座桥的选址决定了哈尔滨这座城市的建设兴起。这座桥就是哈尔滨松花江铁路大桥。

哈尔滨松花江铁路大桥，又称滨洲铁路桥，位于道里区斯大林公园东侧，是哈尔滨市道里区和道外区的分界桥，被哈尔滨人亲切地称为老江桥。

大桥全长 1050.87 米，宽 7.2 米，共有 19 孔。大桥为石墩钢筋结构，桥面铺设单轨铁道。大桥南端东西两侧各有一个桥头堡，大桥北端东侧有一个桥头堡，于 1916 年修建完毕。这三个桥头堡是俄国人为了保护铁路而建的。桥中段还设有　望台和岗亭。据说，很多年前，这座桥是不允许人们中途而返的。人们必须走到桥的尽头，才能从另一侧折返，不过后来就没有这个限制了。

中东铁路曾先后被沙俄、日本、苏联占有，直到 1952 年，才收归我国政府所有。松花江铁路大桥也开启了它的历史新篇章。

2014 年 4 月 9 日 22 时 58 分，从漠河到沈阳的 2668 次列车从桥上飞驰而过。这是老江桥上行驶过的最后一列火车。随着邻近的高铁专线大桥的投入使用，这座百年老江桥停止了运营。

2016 年，修整后的老江桥焕发新的生机，免费向公众开放。大桥俨然是一座

开放式公园、"桥类博物馆"，成为深受人们喜爱的热门网红打卡地。桥上还装设了两段玻璃栈道，人们可以直接透过玻璃看到大桥的钢结构和缓缓而流的松花江江面。人们可以通过大桥到达各处景点，也可以恣意地在观景台上欣赏江面美景。夜晚，桥体上的七彩灯光更为江面增添了一道亮丽的风景线。

百年老江桥伫立在松花江上，默默注视着江水流逝，它身上的斑斑锈迹写满坚毅和沧桑，向世人展示着它的独特气质。有人说，老江桥犹如一位百岁老者，守望着新江桥，守望着人们今日的幸福生活，对世人做着最长情的告白。

老江桥承载了太多的故事，见证了哈尔滨从小渔村成为大都市的前世今生，沟通了历史与未来，是人们无法抹去的厚重记忆。

❄ 黑龙江东北虎林园：东北虎的天堂

在哈尔滨市松北区松北街 88 号，有着国家 AAAA 级旅游景区、世界上最大的人工饲养和繁育东北虎基地——黑龙江东北虎林园。

虎林园坐落在松花江畔，成立于 1996 年，占地面积近 80 万平方米，拥有各种不同年龄的纯种东北虎近 1000 只，是真正的"千虎之园"。这里除了东北虎，还有白虎、狮虎兽、非洲狮等动物。

园区目前有野化驯养区、狮虎区、成虎区、亚成年虎野化训练区、步行区、观虎台、萌宠乐园等参观景点。

园区最吸引人的要数惊险观光车了，坐在车上，买上点肉条，大老虎们就会直立起来，虎爪扒在车子上争着抢着来吃肉，让人心跳加速、备感刺激。当然，排队等车的时候，别忘了买点纪念品，为自己的虎林园之行留一份记忆。

冬日里，丛林之王们有的在雪地里撒泼打滚，有的在假山顶睥睨天下，有的则悠闲漫步；夏日里，这些怕热的"东北金渐层"则是另一副样子，要么在水中嬉戏玩耍，要么懒洋洋地趴在那里，对谁都不屑一顾。要是赶上合适的时间，人们还能近距离地观看憨态可掬的小老虎呢。

走出步行区，人们还可以去马戏城看看精彩的马戏表演，在虎文化广场散散步，进一步了解关于老虎的知识。不舍离去或者想为东北虎繁育和研究做贡献的人，还可以通过官方认养东北虎，随时关注它们的生活状态。

如果说，到四川不能不看熊猫，那么到了哈尔滨，则不能不看东北虎！

❄ **哈尔滨极地公园：** 极地动物的快乐家园

在美丽的太阳岛上，有一处不得不提的快乐园地，它就是全国科普教育基地、全国海洋科普教育基地、全国中小学生研学实践教育基地、国防科普研习基地——哈尔滨极地公园。

哈尔滨极地公园位于松北区太阳大道 277 号，于 2005 年底正式开门营业，目前有极地馆、海洋馆、逃学企鹅馆、恐龙馆和北极熊体验馆五大场馆及北极营地、北极熊酒店等配套设施，还有白鲸秀、海豚秀、逃学企鹅巡游、水舞秀、鳐鱼秀等七大主题表演，生活着北极熊、北极狐、白鲸、海狮、海象、海豹、北极狼和南极企鹅等百余种动物。

大兴安岭风貌和旧金山渔人码头的模拟景观、冰川峡谷里五光十色的"北极光"、梦幻的水母世界……等待着人们去探索、邂逅。

海狮、海象、鳐鱼、海豚、企鹅……海洋明星们你方唱罢我登场，让人欢乐笑不停。

全世界首创的"海洋之心"极地白鲸水下表演，演绎了极致的浪漫，是驯养师与白鲸宝贝为人们献上的顶级视觉盛宴。而极地公园的"顶流"，绝对是迈着小碎步的逃学企鹅，它们享受着非同一般的明星待遇，在冬日里档期满满。淘学企鹅晃晃悠悠地在哈尔滨的各大景点打卡，它们的冰雪大巡游总是带给人们偶遇的惊喜。

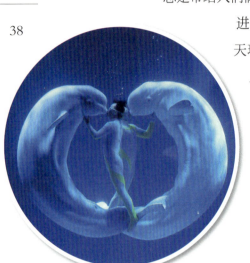

进行研学的孩子们白天玩不够，夜晚还可以搭上帐篷，过一个"极地奇妙夜"。

可爱的动物、美丽的景色、捧腹大笑的人们，极地公园里随处可见。

拥抱海洋，相约极地，这是独属于哈尔滨的浪漫之旅。

❄ 龙塔：亚洲第一高钢塔

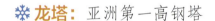

在哈尔滨市南岗区长江路附近，人们不经意间一抬头便会看到一座全钢结构的高塔巍然耸立，它就是国家 AAAA 级旅游景区、哈尔滨城市名片之一——龙塔。

龙塔又称黑龙江省广播电视塔，位于长江路 178 号，塔高 336 米，于 2000 年 10 月竣工并投入使用。

人类对天空的向往自古有之，而哈尔滨之巅的龙塔则可以满足人们向上的追求。

在塔身 181 米处"云中漫步惊险环"的玻璃栈道上，人们可以体会空中漫步的惊险刺激；在 186 米处的空中错落式景观旋转餐厅——云尚西餐厅，人们则能一边享用经典的俄式美食，一边领略云端不断变化的美景；在 190 米处的室外观光平台，人们可以 360 度地俯瞰，将哈尔滨城市的壮丽美景尽收眼底；在 203 至 206 米处的室内观光台，在龙塔祈福馆中，人们可以许下最诚挚的祝福心愿；穹顶的灯光秀，带领人们观看黑龙的传说，领略黑龙江地域风情，感受科技带来的浪漫；而龙塔莱特航空航天体验馆则是小朋友们的最爱，模拟飞行体验、潮玩 VR 体验、5D 动感影院，小朋友穿上机长制服，愉快地拥抱蓝天与科技梦想。

丁香飘香、瑞雪纷飞时，朝霞里、暮霭中，阳光下、灯火中，龙塔时而显示出无尽的豪情，让人有壮志凌云之感；时而静谧且美丽，让人觉得宁静放松、梦幻十足。它时刻都在以其迷人魅力吸引着人们纷至沓来。

龙的传人上龙塔！让我们一起步入云端，与所爱之人来个浪漫的约会吧！

❄ 伏尔加庄园：哈尔滨的俄式田园诗

有人说，冬天的哈尔滨就住在童话的世界。听起来，好像有一点夸张。不过你若来到冬日的哈尔滨走一走看一看，你就会对这句话毫不怀疑。而神秘且浪漫的伏尔加庄园就是童话中的童话。

伏尔加庄园位于哈尔滨东郊，是一座以哈尔滨历史为依托、俄罗斯文化为主题的庄园。

蜿蜒的阿什河水从园中缓缓流过，高大的白桦林间，40 多座各色建筑错落分布，构成一幅建筑与自然浑然一体的绝美俄罗斯风情画卷。

消失于中俄历史中的古典哥特式八面体木结构建筑圣·尼古拉大教堂、米尼阿久尔餐厅、巴甫洛夫城堡、伏尔加宾馆等建筑在这里成功复建，再加上彼得洛夫艺术宫、小白桦餐厅、三只熊乐园、金环餐厅、普希金沙龙、红帆岛……伏尔加庄园里美轮美奂的建筑艺术震撼世人，可称为俄罗斯建筑艺术博物馆，让人不出国门就能感受到俄罗斯风情。

伏尔加庄园不仅向人们呈现了俄罗斯经典建筑之美，它还尽可能地展现真正的俄罗斯艺术生活：精彩的歌舞演出、别具一格的艺术展览、精美的艺术手绘、风味独特的俄式美食、浓烈醇厚的伏特加酒……这一切都为这里独特的建筑风情增添了不少的灵动气息。

冬日里，城堡雪圈、雪橇列车、雪地转转、独角兽大滑梯、马拉爬犁、越野滑雪等冰雪活动，更是让每个人都能开心得像一个小孩子，让人的天性得以充分释放。

到了夏日里，一片绿意中，人们可乘船游湖，骑行畅游，坐着小火车穿越丛林，呼吸湿地中的新鲜空气，尽览绝美庄园风光。

庄园的四季都十分美丽，这里远离城市喧嚣，拥有浓厚的俄罗斯文化元素、浓郁的异国风情。漫步于充满诗意的白桦林中，欣赏着蓝天、城堡、帆船、灯塔，人们仿佛置身梦境，到达了心中的"诗和远方"。

❋ 钻石海：哈尔滨的浪漫限定地

瓦蓝的天空、不那么刺眼的阳光、白雪覆盖的冰面、澄净的蓝色冰块，组成了松花江冬日里的限定美景——钻石海。

哈尔滨人民历来有在松花江上采冰制作冰雕的习惯，在哈尔滨松花江公路大桥江北方向的东西两侧，就有这样两处堆放着大量残冰、已经停用的采冰场。它们最初只是一些摄影爱好者的专属秘密基地，后来被游客们发现，成为热门的旅游打卡地点。

每天都有很多游客专程来到这里，只为看一眼它的美，留下哈尔滨之旅的美好影像。

这两个地方被称为钻石海，是因为冰块数量多、纯净度高，犹如晶莹剔透的大钻石。最开始的冰块犹如可口透心凉的淡蓝色方糖，到后来就像被施了法术一样，有心形、花形、鱼形的，雕花的、刻字

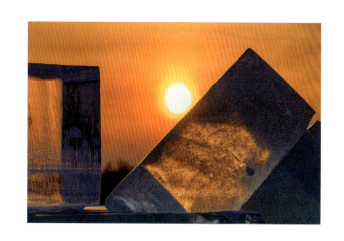

的……当然，施展法术的人就是可爱的市民和来自四面八方的游客，他们尽情享受着与冰块亲密接触和自由创作的乐趣。

就像钻石闪耀的火彩一样，不同的时间里，钻石海的冰块也有别样的色彩。晴朗天气下，太阳当空，人们便知晓了什么是真正的冰蓝色；而在金色朝阳和落日余晖的映衬下，晶莹剔透的冰块又成了冰冻的橘子味汽水，闪耀着璀璨光芒，美得令人窒息。

特定的时间里，钻石海有着特定的美。人不也是如此吗？可能每个人并不完美，但总有那么一瞬间，能绽放出独属于自己的耀眼光芒。

钻石海的美丽、生命的美好，期待每一个人自己去发现去体验。

❄ 哈尔滨松花江冰雪嘉年华：松花江上的冰雪狂欢节

哈尔滨的冬日里，不仅有限定的浪漫，还有限定的欢乐。

在人民防洪胜利纪念塔旁的松花江面上，就有这样一个地方。这里有几十项

冰雪娱乐项目，在哈尔滨最寒冷的日子里，为人们奉献了一场特别的冬日狂欢。这里就是哈尔滨松花江冰雪嘉年华。

嘉年华中，超级冰滑梯和欢乐雪滑梯是深受人们喜爱的明星项目，再加上雪圈漂移、雪地摩托、雪地四驱车等，人们可以尽情体验冰雪版的"速度与激情"。小孩子们也不用着急，免费的儿童雪滑梯、冰上陀螺、雪地秋千、滑冰场等可以供孩子们玩个够。大人们也可以感受一下雪地排球、雪地足球、冰盘运动的乐趣。更有冬泳爱好者，在蓝天白雪的映衬下，在透明的冰块之间，向人们展示自己强健的体魄和坚强的意志，惹得人们惊叹不已。

寒冷的江风吹不散人们的热情，冷硬的冰面磨不灭人们的斗志。人们在松花江上迎风踏雪，不仅能尽享冰雪活动之乐，又能强健体魄、磨炼意志。

这里不仅是人们释放自己冬日热情的娱乐场所，更是冰雪体育文化的完美体验地。

让我们所有人一起来加入这场冬日的狂欢吧！

❄ 哈尔滨外滩德嘉"雪人码头"冰河狂欢节：
松花江上的冰雪乐园

冬季里的松花江上，总是不缺少让人们尽情地撒欢儿打滚儿的地方，哈尔滨外滩德嘉"雪人码头"冰河狂欢节就是这样一个给人们带来体验式冰雪娱乐的绝佳场所。

哈尔滨外滩德嘉"雪人码头"冰河狂欢节位于道里区友谊西路与上江街交口，目前已成功开办四届。它充分利用了百里江滩游艇码头、冰封的江面和码头岸线等优势资源，给人们带来既好玩又好吃的愉快体验。

说到雪人码头，就不能不提一下它的名字由来。顾名思义，每年都有一个活泼可爱、憨态可掬的大雪人，伫立在码头前面，以治愈人心的温暖笑容迎接人们的到来。

码头内有几十项大众喜爱的冰

雪娱乐项目，比如超级大滑梯、欢乐迷宫、摇啊笑啊桥（网红桥）、雪地摩托、气垫船、雪地自行车、雪地转转、雪上碰碰车、雪地四驱车、雪地长龙、雪地香蕉船等。

码头内还会进行冬泳、冬捕、冰球、雪地足球、业余冰雕、堆雪人等赛事与活动，还有各种冰雕、雪雕景观等着人们来欣赏。

有兴致的人，还可以乘坐直升机，去百米高空俯瞰冰天雪地中的哈尔滨城市美景。

雪人码头将哈尔滨的都市风光和冬天的松花江完美结合在一起，是冰城风情与魅力的极致展现，让人尽情嬉戏，快乐玩转整个冬天。

❄ 侵华日军第七三一部队罪证陈列馆：
反 人 类 罪 行 的 历 史 见 证

在哈尔滨市平房区新疆大街，有一片建筑静静肃立，从它旁边经过时人们会不自觉地放轻脚步，怕打扰这一片土地上无辜牺牲者的安宁。

这里有世界战争史上规模最大的细菌战遗址群七三一部队遗址，而一座形似"黑盒"的建筑就建于遗址之中。这就是揭露侵华日军第七三一部队罪恶行径的

黑匣子——侵华日军第七三一部队罪证陈列馆。

走进陈列馆，一阵森冷气息迎面而来。序厅的墙上，以六种语言刻录的"反人类暴行"大字直入眼帘、落入心中，陈述了整个陈列馆的主题。展馆中的展陈，以卷宗中的罪犯、罪行及罪证、审判为主线，向侵华日军第七三一部队做了最严肃的控诉。

陈列馆中的展览分为六大部分：日本细菌战、七三一部队——日本细菌战的大本营、人体实验、细菌武器研制、实施细菌战、毁证与审判。七三一部队所犯下的桩桩暴行呈现于人们眼前，罄竹难书。

七三一部队研制了鼠疫、霍乱、炭疽、鼻疽等 50 多种细菌战剂，大规模生产了菌液、鼠疫跳蚤及陶瓷炸弹等，进行了惨绝人寰的细菌、毒气、冻伤等实验。甚至在 1945 年 8 月败逃时，七三一部队都没忘了在平房地区散播携带鼠疫菌的老鼠，导致了大批百姓死在了 1946 年暴发的鼠疫中。

这里的遗址曾是让人们冷到骨髓、痛彻心扉的地方，而今的陈列馆则为人们称量了今日的幸福生活中那不一样的分量，深深触动了每一个人的心灵。

迎着光，走向陈列馆的出口，馆中讲解员的深情话语回荡在耳边："别回头，向前走，出口有光，有人间烟火，有国泰民安；别忘记，来时路，有民族苦难，有国仇家恨。"

铭记历史，吾辈自强。感谢您在哈尔滨的行程里有这一站！

❄ 哈尔滨大剧院：世界最佳音乐厅

在"音乐之都"哈尔滨市，有这样一座建筑，它获评"2015 年世界最佳建筑"之"最佳文化类建筑"、2016—2017 年度"中国建设工程鲁班奖"、第十四届"中国土木工程詹天佑奖"，被媒体誉为"中国最美建筑""世界最佳音乐厅"。这就是哈尔滨目前规模最大、水准最高、功能最佳的文化地标——哈尔滨大剧院。

哈尔滨大剧院位于松北区文化中心岛内，由知名设计师马岩松率团队设计。大剧院采用了世界首创的将自然光引入剧场，丰富照明、节能环保；还特设了人行观光环廊和观景平台，供游人尽览湿地美景。内部建筑中简单的材料运用和巧妙的空间设计能给人们带来顶级的声音震撼。

这里不仅有多元化的剧目演出，还经常结合各种节庆活动，进行市民开放日、

创意市集、城市艺术展、艺术研学、演奏快闪等活动。

　　大剧院依松花江而建，冬日里就像是寒冷北风中屹立的雪峰，夏日里则化身为温柔飘荡在江边湿地中的银色绸带。它优美的曲线灵动非凡，既温柔多姿又充满未来感、科技感，与周遭自然环境的律动完美融为一体，充满生命力。

它契合城市和人民的艺术性格，满足了人们的精神文化生活追求。大剧院里，人们充分感受音乐艺术所带来的幸福感和获得感。大剧院外，有高翔的风筝、低飞的江鸥、悠闲的野鸭、起舞的蝴蝶、盛开的荷花、招摇的芦苇花、飘荡的雪花、夕阳的金色余晖、漫步的人群、嬉闹的孩子……一年四季里，不同时间和不同角度的大剧院之美和满脸笑容的人们一起构成了和谐完美的北国风光。

❄ 哈尔滨工业大学航天馆： 航天教育基地

远古时代，人类就有了飞天的梦想，也从未停止对宇宙奥秘的探索。而哈尔滨工业大学航天馆，则能满足人们对航空航天科普知识的迫切渴望。

哈尔滨工业大学航天馆是全国高校中规模最大、展品种类最全、展品数量最多的航天主题展馆，是东北地区唯一一所融航天科技实物和模型、航天知识介绍于一体的专业展馆。

航天馆内设有：中国航天事业发展、哈工大与中国航天、神秘的宇宙、世界航天科技进展四个主题展厅，导弹、发动机两个专题展厅；室外建有"卧震苍穹"航天主题文化园。

古代人类对天象的观察、天文仪器的制作、历法的编订，宇宙中的各种学说，各种星体的区别，各种航天器的模型及实物……航天航空科学的神秘面纱在这里被一一揭开。

航天馆从不同角度展示了人类航天事业发展历程，重点展示了中国航天事业从无到有、从弱到强的艰难自主创业历程和伟大成就，弘扬和赞颂了中国航天精神和文化。

❄ **马迭尔宾馆：** 第一届全国政协会议在哈联络处

在紧邻松花江的哈尔滨道里区中央大街 89 号，有这样一座充满了传奇色彩的建筑，它是"省级爱国主义教育基地""人民政协启航之地""省级文物保护单位""全国重点文物保护单位""龙江老字号""中华老字号"，也是"第二批中国 20 世纪建筑遗产"之一。这就是哈尔滨尽人皆知的马迭尔宾馆。

1906 年，投资目光长远的俄籍犹太人约瑟夫·开斯普多方联络、广筹资金，聘请欧洲知名的建筑师设计建造了一座三层的旅馆，其名为马迭尔旅馆（后更名为马迭尔宾馆），取摩登、时髦、现代之意。1914 年，宾馆开始营业，之后又经历了几次扩建和翻新，成为集住宿、餐饮、娱乐、休闲等多种功能于一体的多功能酒店。

马迭尔宾馆是一座砖混建筑，充分运用了新艺术运动风格，其窗户、阳台、女儿墙和穹顶装饰精美、富于变化、华美大气，其内部装饰精致典雅、富丽堂皇，有着法国路易十四时期的贵族气质。

20 世纪初期，马迭尔的舒适豪华之名享誉整个远东地区，宾馆老板约瑟夫·开斯普也因此成为当时哈尔滨的首富。因此，马迭尔宾馆也成为在哈尔滨活动的白俄法西斯党与日本人垂涎的对象。1933 年，约瑟夫·开斯普的小儿子在哈尔滨遭遇了绑架并被残忍杀害。约瑟夫·开斯普在悲痛之下深知幼子被害的缘由，再加上宾馆因频繁的政治动荡和军事干预而生意衰败，最后他只能伤心无力地离开了

哈尔滨。绑架案的发生也使得在哈尔滨生活的外国人感到十分缺乏安全感，他们纷纷离开哈尔滨，去往上海或者外国，对整个哈尔滨的政治和社会生活都造成了重大的影响。

马迭尔宾馆经历了清王朝、北洋军阀、中央国民政府、日伪统治等不同时期的百年风雨依旧保存完好，继续履行和发挥着它本身的职能和作用。

但它不仅是一座宾馆，它还是中国共产党领导的多党合作和政治协商制度形成的历史见证地之一。1948年，中共中央筹备新政协会议，就将与沈钧儒、章伯钧等民主党派人士会商之地选在了哈尔滨，选在了马迭尔宾馆。现在马迭尔宾馆二楼的"一号会议室"中依旧保留着当年召开"新政协诸问题座谈会"时的陈设和样貌。

百余年间，宾馆吸引了宋庆龄、郭沫若、梅兰芳、丁玲、徐悲鸿、埃德加·斯诺等中外政要名流来此下榻。至今宾馆中仍保留有18间名人住宿过的客房，记录着曾经的点点滴滴。宾馆的走廊两侧，向人们展示了宾馆中曾使用过的珍贵历史遗存，如钟表、电话、铭牌、照片等，向人们讲述那过去的故事。

现如今，"马迭尔宾馆""马迭尔冰棍""马迭尔面包""马迭尔西餐""马迭尔阳台音乐会""马迭尔精酿啤酒"都成了中央大街上的亮点、网络热搜的常客。

尤其走在冬日的中央大街上，咬一口马迭尔冰棍，随着熙熙攘攘的人群静静聆听马迭尔阳台传出的中外演奏家与歌手表演的美妙音乐，一切都充满了浪漫与自由的气息，吸引人们不自觉地向马迭尔宾馆靠近，去翻看那一页页回忆，细细品味它的别样魅力。

❄ 哈药六厂旧址（哈药六厂版画博物馆）：东方卢浮宫

在拥有许多异国风情建筑的哈尔滨，在一座高耸的城市立交桥旁，有一座灰色的建筑，它是哈尔滨人心中永不褪色的记忆。这就是现在被人们称为"东方卢浮宫"，当年大名鼎鼎的哈药六厂所在地——哈药六厂旧址。

哈药六厂旧址位于道外区南直路 326 号，主楼于 2004 年 11 月建成。其建筑外观颇具欧洲风情，拥有雄伟壮观的楼体、精致立体的浮雕、布满金色纹饰的窗户、高大的罗马柱，其精美程度可见一斑。

建筑内装饰精美、金碧辉煌、高贵华丽，布满了金色木质雕花装饰，精美壁画中的天使姿态各异、活灵活现，18 米高的水晶吊灯璀璨夺目。尤其是 6 楼的礼堂会议室，富丽堂皇，是艺术与美的完美结合，让人们

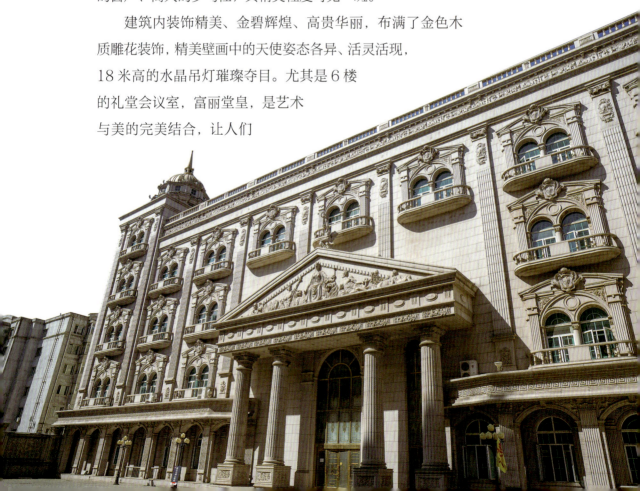

惊叹不已。

而主楼的 4 楼到 6 楼，则是哈尔滨
艺术宫版画博物馆，人们通常称其为哈药
六厂版画博物馆。这是由哈药六厂建立的
一家公益性文化艺术机构，珍藏了 300
余名版画家的 400 余幅不同风格的优秀
版画作品，其中的北大荒版画流派作品独
具东北特色。

哈药六厂旧址见证了哈尔滨工业发展
的辉煌历史，现在则成为交响乐、芭蕾舞、
民乐、创意互动秀、俄罗斯舞蹈等多种艺
术形式进行展示与交流的舞台。

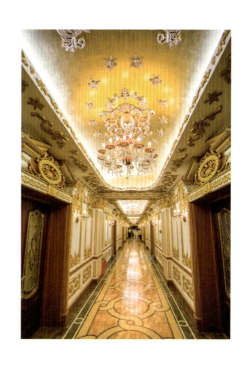

❄ 哈尔滨音乐公园：东西方音乐魅力展现地

如果说，人们去哈尔滨大剧院可以观看专业的歌舞与音乐表演，享受世界级
演出带来的视听盛宴。那么在哈尔滨音乐公园，人们可以更直观地感受到，哈尔
滨之所以被称为"音乐之城"的原因。

哈尔滨音乐公园位于道里群力新区，
沿松花江南岸而建，东起上江街，西至三
环路，占地 47 公顷。

公园中最醒目的音乐长廊是造型精
致、气势宏伟的巴洛克风格建筑。公园以
长廊为中心，分为东方音乐园和西方音乐
园，将哈尔滨百余年音乐历史、乐器、名
歌名曲、音乐名人、哈尔滨之夏音乐会等
众多音乐文化元素融于一体，通过建筑、
雕塑、小品和绿化植物等进行完美展示。

冬日里，公园里还会给人们带来特别
的惊喜。在东西音乐长廊的中心，有个戴
着小帽了、围着红围脖，被人们称为"超

级显眼包"的大雪人会在冬天准时来看望大家。不要小看这个嘴角弯弯的萌娃，它可是哈尔滨冬日"顶流"。

冰雪为哈尔滨附加了更多的浪漫色彩，但音乐绝对会让人们的生活变得更加美好。音乐流淌在哈尔滨的城市血液中，充斥于整个市民生活，为城市增添了无限活力，是哈尔滨人最浪漫的表达。

❄ 红专街早市：来冰城旅游必打卡的网红地

冬日里哈尔滨市道里区的一条街上，烟气缭绕，但这里不是仙境，而是最具人情味的早市。熙熙攘攘的人群在各个摊位前排起了长龙，就为吃那一口最新鲜、最热乎的人间美味。

这里就是将游客一大早就吸引过来的位于中央大街与经纬街之间的红专街早市。

人们常说，早市最先唤醒了一座城市。尤其在冬日，零下二三十摄氏度的天气里，热乎的羊汤、烧卖，风味烤红肠，中式汉堡鸡蛋堡，玫瑰豆沙馅儿的油炸糕，香中带脆的排骨包子，味道纯正的东北豆浆，新式巧克力油条，咸豆腐脑，甜甜糯糯的驴打滚，东北特色大楂粥、黏豆包、酸汤子、黄米糕、玉米面大饼子……

更是让人垂涎三尺、欲罢不能。

那越发精致的冻梨、冻柿子，在这里都是在天然大冰库中成筐成筐地以最粗犷原始的方式呈现，还有那真正的"冰"糖葫芦，这些都是独特的区域季节限定美食。更有摆在街上的大堆冻鸡、冻鱼、冻猪肉，直接放在户外售卖的一箱箱冰棍，直让很多游客大呼"长见识"。

除了美味的早餐，早市里还有红肠、木耳、蘑菇等东北特产售卖。可以说，人们来这里一趟连带给亲戚朋友的特产都可以毫不费力地准备好了。外来的游客如果缺少衣物和生活用品，来这里一趟也绝对是不虚此行。

当然，如果你离红专街还有一点距离，却不想错过"逛吃逛吃"的乐趣，也不必遗憾，在哈尔滨这座城市，还有三姓街、中兴街、建成街、永和街等众多早市等着你去挖掘，更有师大夜市、黑大夜市等着你去品尝。

人生一世，不过一日三餐。早市中，有城市烟火气和人情味，有哈尔滨人用心努力、热气腾腾的小生活，一切都是那么热闹与和谐……

❄ 波塞冬旅游度假区：神秘梦幻的海洋主题乐园

在世人普遍的印象中，雪的白、冰的蓝是哈尔滨冬天的色彩。不过，在哈尔滨有一个神秘的地方，它拥有的是另一种白和蓝，那是沙滩的银白、海洋的蔚蓝。这个神秘的地方就是波塞冬旅游度假区。

波塞冬旅游度假区位于哈尔滨市呼兰区汇江路153号，它是以希腊神话中的海神波塞冬为主线规划设计的主题旅游度假区，不论冬夏，四季温暖如春。

度假区整体建筑充满异域风情、恢宏大气，威严的海神波塞冬就在正门前随时准备着迎接来到这里的人们。

沙滩水世界中，人们可以勇闯浮桥，泡泡鲨鱼温泉，进行海底漫步、奇幻漂流，与鳐鱼开展互动，去浮潜探鲨。细软的银沙滩，还有超大的室内造浪池，让人或悠闲玩耍或体验逐浪的乐趣。水世界还有惊险大碗和30余组惊险刺激的滑道，让人尖叫连连。亲子儿童区中，小朋友们可以安全无忧地戏水玩耍。夏日里，海怪岛户外水乐园中，更是有着绝佳的清凉体验。

海底世界里，270度环形展缸，数以万计的淡水鱼，冰川小企鹅，小浣熊，可怕的鲨鱼，梦幻水母星海，美丽迷人的人鱼，憨态可掬的海狮、海象，聪明优雅的海豚……可爱的动物和鱼类，还有精彩纷呈的表演，都让人们不舍得离去。

当然，如果人们没玩够，还可以入住鲨鱼酒店，与鲨鱼来个亲密互动，继续体验难得的休闲时光。

也许在睡梦中，人们还能够化身海洋精灵，在海底世界里畅游呢！

❄ 圣·阿列克谢耶夫教堂：俄罗斯巴洛克建筑的代表作

在哈尔滨市南岗区士课街 47 号，有一座红白相间的砖木结构教堂，是哈尔滨现存保存状况最好的教堂，它就是圣·阿列克谢耶夫教堂。

这座教堂目前为天主教堂，依旧在履行它的宗教职能，正式名称是圣母无染原罪天主教堂，又因其所在位置，被人们称为革新街教堂或士课街教堂，而圣·阿列克谢耶夫教堂则是它作为东正教堂存在时的名称。

和圣·索菲亚教堂一样，圣·阿列克谢耶夫教堂也是随军教堂，不过它本来不在哈尔滨，是 1907 年俄军调防时从吉林公主岭迁过来的。迁入之时，它也不在士课街，而是在当时的懒汉屯一带，后来又搬迁到现在香坊区东部的小北屯，1912 年才迁到士课街。而 1935 年 10 月，一座崭新的教堂在旧教堂边建成，就是今天的圣·阿列克谢耶夫教堂。教堂由俄国建筑师设计，是典型的俄罗斯巴洛克风格建筑，整体呈十字对称，正门朝西。正门顶上有高耸的钟楼，顶端是经典

的帐篷顶。后面主厅上方则是经典的洋葱头造型。教堂窗户以铁艺窗框装饰，金色十字架点缀其上。教堂整体造型华丽、结构复杂、装饰繁复、气质庄严，极具韵律之美。

圣·阿列克谢耶夫教堂在繁华闹市中静静矗立，独自坚守着自己的神圣安详，等待着人们去走近它，感受它散发出的历史韵味，细细品味它的故事。

❄ 黑龙江省科学技术馆：驶向科普世界的航船

在风光秀丽的松花江北岸，有一座独特的帆船形建筑，它是"全国科普教育基地""国家 AAAA 级旅游景区""未成年人思想道德建设科技教育基地"，它就是为人们打开科学世界大门的黑龙江省科学技术馆。

黑龙江省科学技术馆为地上三层、地下一层，一层为机械、能源与材料、航空航天交通、力学、数学展区，二层为人与健康、电磁展区，二层半为青少年科学工作室，三层为儿童科学、走进兴安岭展区，地下为临时展区，另设有 4D 影院、IMAX 球幕影院、科学互动剧场、学术报告厅等科普服务设施。馆外的花园庭院里则有日晷、长征 2F 火箭、动脑风车等标志性展品。

机器人舞蹈、机器人比武、骑车走钢丝、混沌水车、风力发电、神奇的电磁、奇妙的人体、声音烟花、水工乐园、珍贵的大兴安岭动植物标本……馆里的一切都切实满足了小朋友们动手探索的欲望，让他们对各种神奇的科学现象惊叹欢呼，充分激发了他们的想象力和创造力，让人流连忘返。

科技馆犹如一艘巨轮，载着人们徜徉在科学知识的海洋里，向着未来勇敢前行。

❄ 黑龙江省博物馆：黑龙江历史文化遗产守护者

在哈尔滨市南岗区红军街 50 号，有一座建筑，它是全国重点文物保护单位、国家一级博物馆、省级爱国主义教育基地、省哲学社会科学普及示范基地。它就是黑龙江省博物馆。

20 世纪初，中东铁路开通，大批俄罗斯学者来到哈尔滨，在这里工作生活。他们提议，应该建立一座博物馆，供人们交流与学习。1923 年，东省文物研究会成立，东省文物研究会陈列所（黑龙江省博物馆前身）对外开放。就此，黑龙江省博物馆开始了发展之路。此后，黑龙江省博物馆几经变革与更名，于 1954 年定名。

黑龙江省博物馆共两栋建筑，前楼作为展厅使用，后楼用于收藏文物及工作人员办公。

展厅主楼建筑始建于 1906 年，是一座巴洛克风格建筑，原为哈尔滨最早商场之一的莫斯科商场，1923 年就作为陈列所的展馆使用，为国家一级保护建筑。

博物馆现有历史、自然、艺术及文献 4 大系列 52 个种类藏品 63 万余件，其中有国宝级文物金代铜坐龙，齐白石、徐悲鸿的作品，《中东铁路大画册》原件等。馆中特有的东北野牛骨架化石、黑熊、东北虎、丹顶鹤标本等自然类藏品更是独具地域特色，从不同角度展示了广袤黑土地的神秘自然魅力。

博物馆设有基本陈列展

览，如"哈尔滨往事——20世纪初哈埠社会生活展"；专题展览，如枫叶小镇奥特莱斯分馆的"贝林捐赠世界珍稀野生动物标本特展"；临时展览，如馆藏铜器展、清代珍品展等。

走进省博的百年建筑，可感受厚重的历史积淀，体验全新的创意文化。待到太阳岛上的省博新馆打开大门时，人们就可以在面积更大、功能更全、展示更丰富的崭新空间里，更加充分地领略苍莽北国的文化珍品，阅览白山黑水的历史长卷，把握黑龙江文明的发展脉络，感受哈尔滨历史文化传承的生生不息。

❄ 革命领袖视察黑龙江纪念馆：革命领袖精神的传承地

在哈尔滨市南岗区繁华的市中心，在婆娑树影的掩映中，藏着一座精美的小楼，它就是国家重点文物保护单位、省级爱国主义教育基地、国家AAA级旅游景区——革命领袖视察黑龙江纪念馆。

革命领袖视察黑龙江纪念馆位于颐园街1号，为经典的古典主义兼巴洛克风格建筑。

建筑始建于1919年，1923年竣工。其最初是波兰籍木材商人葛瓦利斯基的私宅。1946年，松江省委和哈尔滨市委接待处设于此处。

1950年2月27日，毛主席在周恩来陪同下访问苏联回国后视察哈尔滨时在此居住。刘少奇、朱德、邓小平、宋庆龄等党和国家领导人来黑龙江视察时也在此地居住和工作。

1975年，人们在此处筹备建立毛主席视察黑龙江住址纪念馆。

1977年2月27日，纪念馆正式对外开放。

1981年，纪念馆更名为毛泽东、周恩来、刘少奇、朱德同志视察黑龙江纪念馆。

1998年，纪念馆正式更名为革命领袖视察黑龙江纪念馆。

纪念馆展示了毛泽东同志视察黑龙江时用过的办公室、睡过的硬板床等，周恩来、刘少奇、朱德、邓小平、宋庆龄等革命领袖在黑龙江视察期间留下的珍贵照片与题词。从中，人们能够体会到党和国家领导人对黑龙江的深切关怀与期许，也能够体会到他们深入实际、重视调查研究、艰苦奋斗的作风。

❄ 东北抗联博物馆：东北抗联历史全面展示地

在 14 年的抗日斗争中，东北人民无疑经历了沉重漫长的苦难历程，但不屈的人民奋起反抗，抗日联军的力量遍布东北各地。在哈尔滨这个中国东北地区最早成立党组织的城市里，就有一座博物馆，记录了抗联队伍的顽强意志与流血牺牲。这就是东北抗联博物馆。

东北抗联博物馆位于哈尔滨市南岗区一曼街 241 号，是在原黑龙江省革命博物馆基础上改扩建而成，于 2009 年 2 月更为现名，建筑面积 3674 平方米，展厅面积 2234 平方米，馆藏文物 300 余件，是全国首批百家红色旅游经典景区之一。

杨靖宇、赵一曼、赵尚志、李兆麟、马占山……走近英雄的身边，他们带着人们穿越 14 年的风雨硝烟。

博物馆以"抗战十四年——东北抗日联军历史陈列"为主题，设置"民族危亡 义勇军抗击强虏""中流砥柱 东北抗联建立""民族脊梁 抗联浴血苦斗""坚强后盾 军民联合御敌""红星指引 党对抗联领导""完成使命 建树历史功勋"六大陈列区，再现了 14 年的东北抗日联军历史，歌颂了东北抗联不可磨灭的历史贡献，让东北抗联的红色精神代代相传。

❄ **东北烈士纪念馆：** 全国首家革命纪念馆

哈尔滨这座城市拥有悠久的革命历史文化，有很多革命故事流传，有很多革命英雄人物为了中国的革命事业在这片土地洒下热血。

哈尔滨市南岗区一曼街 241 号，有一座象牙白色的古典主义风格建筑巍然矗立，高耸的立柱之上，"东北烈士纪念馆"七个金色大字闪闪发光。

纪念馆成立于 1948 年 10 月 10 日，馆址为伪满洲国哈尔滨警察厅旧址，是新中国成立之前中国共产党领导建立的全国首家革命纪念馆。

纪念馆内现有馆藏文物万余件（套），基本陈列包括《黑土英魂——东北抗日战争和解放战争时期烈士事迹陈列》和《伪满洲国哈尔滨警察厅遗址及罪恶展》。

走进庄严神圣的纪念馆，看着杨靖宇穿过的大衫、赵尚志用过的手枪、赵一曼领导哈尔滨电车工人大罢工时的电车、东北抗联独立师七星砬子兵工厂的机床、李兆麟将军遇害时穿的衣物、朱瑞将军的手枪证、董存瑞荣获的毛泽东奖章，听

着露营之歌、八女投江、那尔轰会师、冰趟子战斗的故事，了解到当年这里的残暴统治者所犯下的滔天罪行，人们无不为前辈们的牺牲而感到胸口发闷、热泪盈眶。

烈士们用生命和鲜血与不屈的意志熔铸成东北抗联精神，为了人民的解放事业死而后已，挺起了民族的脊梁，成为引领后世人的信仰之源。

东北烈士纪念馆见证了历史，为英雄唱响了赞歌。

❄ 哈尔滨市博物馆：与众不同的综合性博物馆群

在哈尔滨市的繁华之地，离圣·索菲亚教堂只有几分钟距离的地方，隐藏着一个被人们低估的宝藏打卡地，人们戏称其为"文化大礼包"。这就是哈尔滨第一个集收藏、展览、研究、教育、文化交流于一体的综合性公益类博物馆群——哈尔滨市博物馆。

哈尔滨市博物馆位于哈尔滨市道里区柳树街 13 号，由哈尔滨市委原办公楼改建而成。

哈尔滨市博物馆目前有 1 号楼、2 号楼、6 号楼和 7 号楼开放，共布置了哈尔滨中苏友好协会旧址纪念馆、哈尔滨文物馆、黑龙江文学馆、古代陶瓷艺术馆、

金漆艺术馆、哈尔滨城市历史展馆、喜多方古董·艺术品收藏展馆、俄罗斯油画雕塑收藏馆、当代影像艺术馆、欧洲铜版画收藏馆、黑龙江版画馆、聚航钟表收藏馆和视界煤油灯艺术馆等多个展馆。

这些展馆展示的历史文物与艺术珍品，充分体现了哈尔滨的历史脉动、文化气质和艺术魅力。

在这个有着一百多年历史的院子里，有着深情的故事讲述、城市特有的浪漫情怀和浓烈的艺术气息，细细品味之下，哈尔滨的历史文化穿越时空，深深珍藏在人们的脑海里。

❄ **中东铁路印象馆：** 中东铁路历史文化集中展示地

在松花江畔的哈尔滨市道里区友谊路的一处公园广场上，有一辆火车机车似乎在向人们缓缓驶来，而它身后则是一栋酷似哈尔滨火车站的建筑。这辆火车机车就是我国首个以战斗英雄名字命名的机车"黄继光号"，它身后的建筑则是我国以中东铁路历史文化为题材的最大展馆——中东铁路印象馆。

中东铁路全长 2400 多千米，铁路网呈"丁字形"，是沙俄为攫取在中国的利益而建，但它同时促进了哈尔滨的城市建设，还连通了中国东北接收马克思主义的"红色国际线"，促进了中国共产党革命火种的传播。

中东铁路印象馆相较于普通博物馆而言，文物并不多，只有 1000 多件，最重要的是一本大画册，其中记录了 1897 到 1903 年中东铁路的整个筹备建造过程。

印象馆设立了中东铁路、建筑之美、音乐之都、老城岁月等展区，通过场景复原、多媒体、3D 模拟、历史档案、图片、文物等手段，再现了中东铁路从规划筹备、勘察建造到开通运营的整个过程，也展现了哈尔滨城市建设、兴起的变迁全过程以及百年前的风土人情。

逛完了室内展馆，再走上印象馆最特别的镇馆之宝"老江桥"——松花江铁路大桥，人们便能充分理解中东铁路的故事，感受其中的历史积淀，感悟"老江桥"的守望与坚持，体会它的独特魅力。它静静地屹立在那里，看着江水起落，看着新时代的高速列车载着人们奔向更美好的生活。

❄ 哈尔滨冰雪文化博物馆：冰雪文化艺术的传播展示中心

有人说，想要触摸城市的脉动，就要去参观城市的博物馆，那么想要了解冰雪之冠上的明珠——哈尔滨的冰雪文化历史，就要来到哈尔滨冰雪文化博物馆。

哈尔滨冰雪文化博物馆是全国第一个以冰雪文化为主题的专业博物馆，位于哈经开区松花路 9 号中国云谷 A2 栋 2 层，于 2023 年 8 月正式开馆。博物馆拥有展品 4000 余件，分为冰雪逐梦基本展陈区、赏冰乐雪冰雪体验区、奇幻冰雪文创区、冰雪未来文化学术区以及博物馆辅助功能区等五大展区。

基本展陈区包括中国现代冰灯发源地、世界四大冰雪盛事——哈尔滨国际冰雪节、中国雪雕艺术的巅峰、永不重复的冬日童话——冰雪大世界、热"雪"沸腾的城市、奥运冠军之城等篇章。

体验区里，人们可以享受冰雪娱乐与运动的乐趣 文创区里，有精美绝伦的冰花瓷、哈尔滨地道美食、定制版马迭尔冰棍等，人们还能自制创意伴手礼。

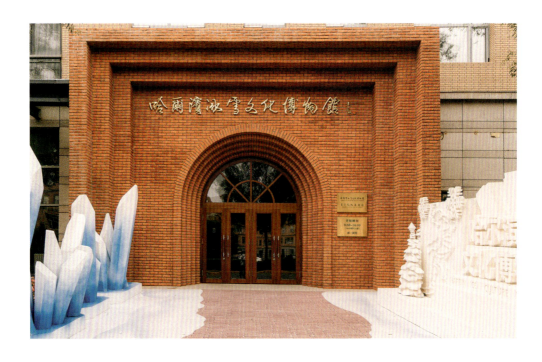

　　这里展示着哈尔滨丰富的冰雪资源与冰雪创意，体现了人们对冰雪艺术、冰雪运动最深沉的爱，让人体验和欣赏到冰雪的无限魅力。

　　当冬季远去时，冰雕雪塑便融化在温柔的春风里，因此被人们称为"消失的艺术"。而冰雪文化博物馆则让冰雪艺术定格在那最美丽的一瞬间，等着人们去发现。

❄ 哈尔滨党史纪念馆：全国首家地方类综合党史纪念馆

如果说人称建筑博物馆的中央大街能让人领略哈尔滨的百余年城市发展历程，那么哈尔滨党史纪念馆则带人重温了哈尔滨扣人心弦的百余年党史历程、峥嵘岁月。

哈尔滨党史纪念馆位于哈尔滨市道里区中央大街南端东侧的西十五道街33号，是一座折中主义风格建筑，曾是20世纪30年代哈尔滨著名左翼文化人士、共产党员金剑啸创办的天马广告社旧址，是重要的革命遗址。

纪念馆展区面积2100平方米，有历史图片近千幅，各类文物、展品500余件，油画、国画、版画、雕塑等艺术作品近百件，于2013年正式开馆。

纪念馆以1923年至1958年中国共产党在哈尔滨的发展历史为主线，基本陈列分为"中共哈尔滨组建立与活动""艰苦卓绝的抗日斗争""建立民主政权支援解放战争""巩固政权 全面开展经济建设"四大主题。

❄ 哈尔滨烈士陵园：革命英烈的安息地

"对为国牺牲、为民牺牲的英雄烈士，我们要永远怀念他们，给予他们极大的荣誉和敬仰。"哈尔滨烈士陵园就是这样一个怀念英雄烈士、纪念英雄烈士的地方。

哈尔滨烈士陵园位于香坊区体育街1号，始建于1948年10月1日，占地面积4.2万平方米，是全国兴建较早的烈士陵园之一。

烈士纪念建筑物设施包括烈士诗抄碑林墙、无名烈士纪念铜塑、三组烈士浮雕群、烈士英名录碑、革命烈士纪念馆、英烈骨灰安放堂、十八座烈士墓等。

在抗日战争、解放战争、抗美援朝、社会主义建设、改革开放等不同历史时

期牺牲的 200 多位英雄烈士长眠于此。他们中不仅有朱瑞、陈翰章、汪亚臣、何凌登、苏宁等人们耳熟能详的人物，更有许许多多的平凡英雄。

陵园内的革命烈士纪念馆，于 2008 年 4 月 4 日揭牌，布展面积 867 平方米，以"为了明天"为主题，分为曙光初照、抗日先驱、为了新中国、保家卫国、和平年代、新时代　新征程六个部分。

黑土有幸埋忠骨，千里江山念忠魂。

每一位英雄烈士都是人们心中永恒的丰碑，他们的牺牲和奉献，人们将永远铭记。

❄ 哈尔滨规划展览馆：城市未来的展望厅

在美丽的松花江南岸，热闹的人民广场与友谊公园之间，有一座恢宏大气、庄重且富有时代气息的建筑，这就是哈尔滨规划展览馆。

哈尔滨规划展览馆位于道里区友谊路 369 号，占地面积 8800 平方米，总建筑面积 21285 平方米，于 2014 年 4 月向市民开放。

展览馆以"留下历史印记，引领城市未来"为主题，共有 34 个展区，展陈丰富、特色鲜明。展区分三层：一层展示了哈尔滨的城市历史；二层展示了哈尔滨的城市规划与建设发展；三层则展示了哈尔滨各区县特色，并有各种互动设施。此外，展馆的天井中布置了面积 1600 平方米的哈尔滨市总体规划物理沙盘，通过声、光、电等技术手段，以历史、现在和未来为脉络，展示了城市的发展历程和未来规划蓝图。

哈尔滨的历史与遗存、兴起与发展、规划与未来、风俗与人情……无数的城市变迁都在这座展馆中毫无保留地向人们展现，供人们在这里感知城市历史、品味城市文化。

这里是人们探寻历史、追寻记忆的一条时光隧道，让人们读懂哈尔滨这座城、更加热爱哈尔滨这座城。

❄ 哈尔滨音乐博物馆："音乐之城"的文化名片

哈尔滨的音乐历史渊源深厚，有着独特的浪漫气质和艺术魅力。哈尔滨在 2010 年 6 月被联合国授予"音乐之城"称号。在哈尔滨市松北区文化中心岛，毗邻哈尔滨大剧院的地方，就有这样一座建筑，介绍了哈尔滨的音乐历史与城市记忆。这就是哈尔滨音乐博物馆。

哈尔滨音乐博物馆是一家专题性博物馆，于2021年4月开馆，馆内展厅面积4000平方米，设有走出故乡的音乐家、黑土地历史音乐文化、哈尔滨之夏音乐会的诞生、城市音乐的百年瞬间、儿童乐器、西方音乐等15个展区，有1500余件特色展品，讲述了哈尔滨中西交融的百年音乐史。

哈尔滨第一所高等音乐学校是如何诞生的？金源音乐什么样？哈夏音乐会的历史故事有多少？西部歌王王洛宾，在他的音乐启蒙之地哈尔滨创作的第一首歌曲是什么？世界著名指挥家祖宾·梅塔为什么将自己的指挥棒赠给博物馆？百年前的西式钢琴长什么样？传奇的苏联小号有着怎样的经历？为什么说西洋音乐在哈尔滨创造了中国的许多个"第一"？各种民族乐器有什么区别？为什么说哈尔滨是中国最先唱响《国际歌》的城市？哈尔滨的音乐代表人物都有谁？……

哈尔滨音乐博物馆——这个人称安放哈尔滨"音乐之城"文化灵魂的地方，会为人们一一解答。

❄ 李兆麟将军纪念馆：庄严的爱国主义精神缅怀地

在哈尔滨这座英雄的城市里，有几处以"兆麟"之名命名的地方，比如兆麟公园、兆麟小学、兆麟街。其中的兆麟街是哈尔滨较为繁华之处，商铺众多，车水马龙，热闹非凡。在兆麟街88号，则是李兆麟将军纪念馆。

纪念馆于2011年4月28日开馆，馆舍就建在原水道街9号——李兆麟将军遇害地。

踏入馆内，街面的喧闹声便离人远去，一段厚重的历史迎面而来。

纪念馆分为"少年立志　寻求救国救民之路""重返家乡　走上武装抗日之路""转战北满　创建朱河、汤旺河根据地""艰苦岁月　率部西征""野营整训　凯旋归来""血沃北疆　精神永存"六个部分，以文物、图片、雕塑、影视等方式展示了李兆麟将军短暂而辉煌的一生。

李兆麟是东北抗日联军主要创建人和领导人之一，也是少数历经抗战14年全过程的抗联领导人。1945年，东北解放。1946年初，国民党正式从苏军手中接过哈尔滨市的各级政权。而李兆麟作为中国共产党在哈尔滨唯一的公开代表，专任哈尔滨中苏友好协会会长。

李兆麟坚持通过各种媒体和集会宣传我党的革命思想，揭露国民党"假和平真内战"的阴谋，引起国民党方面的强烈不满。于是，1946年3月9日，在水

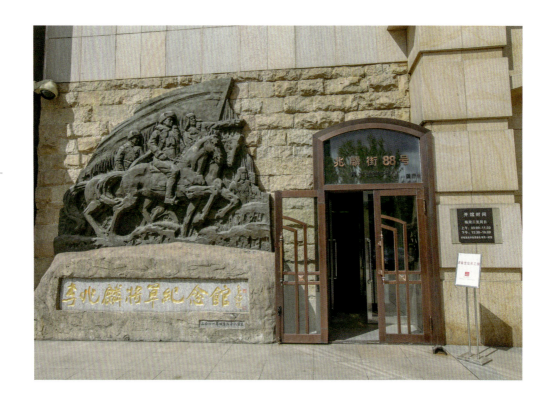

道街 9 号的小楼中，李兆麟被蓄谋已久的国民党特务残忍杀害。

1946 年 4 月 28 日，东北民主联军解放了哈尔滨，哈尔滨成为中国第一座解放的大城市。李兆麟将军就倒在了黎明到来前的一个多月。

李兆麟用自己的革命热血铸就了自己的辉煌，为后人诠释了生命的意义，他的精神一定会永远闪耀，被人们世代传承。

❄ 金上京历史博物馆：金源文化展示中心

"女真肇兴地，大金第一都"，这说的就是拥有丰厚历史积淀的哈尔滨市阿城区。阿城区位于哈尔滨市中心城区东南 23 千米处，是金代发源地，这里有着全国唯一一座专题展示金代文物、弘扬金代历史的专题博物馆——金上京历史博物馆。

金上京历史博物馆位于哈尔滨市阿城区金源路 49 号，始建于 1961 年 9 月，时为阿城县博物馆，1997 年新馆于现址建成，1998 年 10 月向公众开放。新馆占地面积 50000 平方米，展厅面积 6800 平方米。其东邻金上京故城"上京会宁府"遗址，南为金代开国皇帝完颜阿骨打陵园，与二者形成了一个有机组合

的文物群。

博物馆设有：序言厅、金源寻踪、雄峙北方、以儒治国、金源魁硕、赫赫上京、金源遗韵、金中都及再探白城9个主展厅，另有6个附馆和1个石器长廊，共有馆藏文物3000余件（套）。

博物馆展示了金上京地区的历史变革和金代政治、经济、文化等发展情况，描绘了金代的辉煌历史图景，是中华民族多元文化的重要体现，是中华民族团结融合的完美展示。

金太祖 完颜阿骨打
（公元 1068—1123）

❄ 哈尔滨热雪奇迹室内滑雪场： 四季皆宜的滑雪天堂

在"冰雪之城"哈尔滨，在漫天的白雪中，有一架华丽醒目的红钢琴状建筑静静矗立，而在这座建筑内，有着一个超大室内滑雪场、奇妙的冰雪乐园——哈尔滨热雪奇迹室内滑雪场。

哈尔滨热雪奇迹室内滑雪场位于松北区世茂大道99号，建筑面积8万平方米，相当于11个标准足球场，全年温度保持在 -5℃。

热雪奇迹拥有初、中、高级8条不同坡度雪道，都以可爱且具有哈尔滨地域特色的名字命名。其中大熊道和松鼠道适合初级滑雪者；小熊道适合入门滑雪者；雪兔道和麋鹿道适合中级滑雪者；老虎道、黑龙道和公园道最高垂直落差80米，适合高级滑雪者。

这里有成体系的滑雪课程规划、专业热情的教练，让初学者从滑雪的一开始便能产生无限的热爱。当然，想要挑战高难度动作的滑雪高手，也能获得充分的指导，让自己的技术完美进阶。

一楼还设有面积1.5万平方米的娱雪区，有雪圈、雪地转转、雪地跷跷板等经典冰雪游戏设备，能满足各类人群的娱雪需求。

热雪奇迹，让人们不必远行便能享受雪上滑行的乐趣。在这里，人们无论是跌倒还是爬起都止不住满脸笑意。

冰雪容易消融，但热雪奇迹四季在等你！

❄ 亚布力滑雪旅游度假区：中国滑雪胜地

在可以畅玩冰雪的冬季，很多人喜爱那踏着滑雪板从高山上飞驰而下的自由感觉，而在亚布力滑雪旅游度假区，人们可以获得完美的滑雪体验。

亚布力滑雪旅游度假区位于尚志市东南的亚布力镇，由大锅盔山、二锅盔山和三锅盔山组成，是国家级滑雪度假地、国家体育旅游示范基地、国家AAAA级旅游景区，冬季滑雪期近150天，被誉为"滑雪圣地"。

这里是中国大众旅游滑雪的发祥之地，承办过大冬会、亚冬会等国际国内重要赛事，第一家国际滑雪学校就诞生在这里。度假区内拥有5S级滑雪场2家、3S级滑雪场2家；共有滑雪道56条，其中高级道9条、中级道20条、初级道14条、越野道7条、专项道6条；滑雪道总长度90余千米，其中高山雪道49千米、越野雪道30千米；索道25条（其中脱挂式索道5条）；雪道最大落差912米，单条雪道最长5千米。

除了冰雪运动设施，度假区还建有水上乐园、熊猫馆、森林温泉馆、山地自行车公园、世界第一滑道等大型游乐设施，另有20千米长的木质观光栈道，可供人们休闲游览。

春赏烂漫山花、夏乘绿树阴凉、秋游五花山色、冬享滑雪之乐，亚布力的四季好风光必不负人们的期待。

❄ 亚布力熊猫馆：中国最北熊猫馆

要说哪种动物在人们心中的地位最高，当然是我们的国民萌宠大熊猫。而在哈尔滨想要亲近我们的国宝，那就一定要去亚布力熊猫馆了。

亚布力熊猫馆位于尚志市亚布力滑雪旅游度假区，分为室内熊猫活动场与参观区、室外熊猫活动场与参观区、科普宣教区、工作区及熊猫笼舍区五大部分，是目前我国纬度最高、区域最北、温度最低的大熊猫馆。

熊猫馆中生活着两只大熊猫，分别是"思嘉"和"佑佑"。

思嘉拥有一张自带微笑的小嘴巴，是大熊猫界的美女标杆，胖乎乎、圆滚滚的，最喜欢安静地待着或者睡个小觉，被人们亲切地称为"大美女""大美嘉"。

而佑佑则性格活泼，酷爱运动，一刻也闲不下来，整天溜达个不停，是一个拆家小能手，人称"亚布力冰雪小王子"。

2016年7月，思嘉和佑佑从四川来到黑龙江，开始了它们快乐惬意的北方

生活。已经完全适应了东北气候的思嘉和佑佑，最爱的冬日活动就是在雪地里撒欢打滚。

而亚布力熊猫馆中，除了大熊猫，还生活着猴子、梅花鹿、野猪、矮马、骆驼、羊驼、黑天鹅、孔雀等 10 余种动物，也是小朋友们的好伙伴。

思嘉和佑佑，与其他萌宠们一起，随时等待着人们如约而至。

❄ 哈尔滨平房区冰球馆：中国冰球人才的摇篮

在素有"中国女子冰球运动之乡"美誉的哈尔滨市平房区，有着全国第一家公办学校校园冰球馆，国家体育总局命名的中国女子冰球队后备人才培养基地，中国冰球协会授予的全国教练员、裁判员培训基地，推进"三亿人参与冰雪运动"基地——哈尔滨平房区冰球馆。

哈尔滨平房区冰球馆位于平房区哈南九路 3 号，是全国首个校园冰球馆。冰球馆整体结构为两层，占地面积 3350 平方米，内部冰场、滑道完全按国标建设，有 5 条国际专业标准赛道，分为比赛场地、观众看台等，为 2025 年第九届亚冬会冰壶比赛场地。

冰球馆暑假期间为平房区中小学生提供免费训练，平均每年为专业、业余运动队和公众提供千余场次的冰上训练和比赛。

冰球馆先后为国家、省、市培养冰球运动员近 300 人，这里是冰球的"摇篮"，优秀冰球后备人才的梦想在这里起航。

第一篇

北国风光

❄ 哈尔滨平房区冰上运动中心：冰上运动推广基地

哈尔滨平房区冰上运动中心位于平房区哈南十一路 6 号，建筑面积 3920.36 平方米，内设国际标准 1800 平方米冰场，可同时容纳 180 余人在冰上运动。

运动中心开设有冰盘、冰球、花样滑冰等冰上项目，为各种冰上赛事和运动队提供了专业的比赛和训练场地；同时，运动中心开设了滑冰课，每周提供 24 小时"公益冰"时间，公众可以免费租借冰刀和上冰。

在运动中心，专业运动员们挥洒汗水，朝着自己的竞技体育梦想不断冲击；而每到节假日，喜爱冰上运动的普通群众则络绎不绝，纷纷来到这里各种参与各种公益冰上运动项目。

运动中心不仅满足了人们的专业需求，更带动了更多人零距离地接触冰上运动，让冰上运动走进了千家万户。

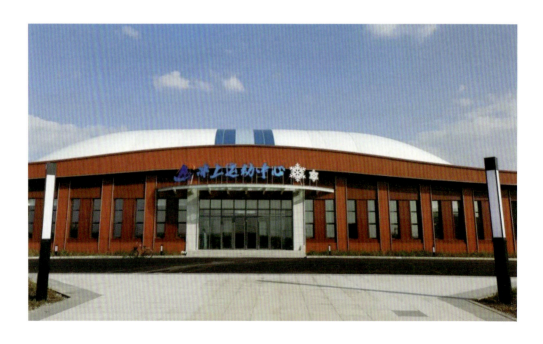

❄ 哈尔滨市奥禹冰壶运动中心：冰壶运动推广中心

冰壶运动，素来有"冰上国际象棋"的美誉，被人们认为是一项动静结合、充满智慧的运动，也是奥运会的项目之一。在哈尔滨，有这样一座场馆，它是东北三省最大的冰壶运动综合体，是国内首个举办国家体育总局、中国残联和教育部三大系统冰壶赛事的场馆。它就是哈尔滨市奥禹冰壶运动中心。

哈尔滨市奥禹冰壶运动中心位于哈经开区天池路1号，占地面积2万平方米，共有2个冰壶场馆、7条国际化标准赛道，配有综合训练馆、健身中心等，不仅能为各级别的冰壶运动队提供赛事及训练服务，同时也能让冰壶运动爱好者在这里体验到优雅一掷的快乐。

中国的冰壶运动从哈尔滨走向国际赛场，普及全国，哈尔滨人的冰壶运动之梦持续发光发亮。

奥禹冰壶运动中心是哈尔滨这个"冰雪运动之都"的又一张亮丽名片，让人们的冰壶运动梦想持久续航。

❄ 帽儿山高山滑雪场：专业滑雪训练基地

帽儿山高山滑雪场，位于哈尔滨市尚志市帽儿山镇，是哈尔滨体育学院附属滑雪教学基地、SSSSS级滑雪场。

帽儿山高山滑雪场占地面积 260 万平方米，建筑面积 2.35 万平方米。雪场目前开放 6 条雪道，包括 2 条初级道，宽度达 130 米，为全国最宽初级雪道；1 条中级道和 3 条高级道，相对落差 300 米，最大坡度 40 度，最长距离达 2000 米。此外，滑雪场还设有 1 条雪圈道和 2 个单板"U"形技巧场地，能满足不同水平滑雪者的需求。

滑雪场设有多条索道，包括脱挂式 6 人吊箱、4 人吊椅混合快速索道、4 人吊椅式索道、T 把拖牵式索道以及魔毯等，配套设施齐备。

滑雪场是重要的大学生冬季运动项目训练基地，承担过多种国内国际赛事，也是黑龙江省中小学生的重要校外活动基地。

滑雪场具有专业的设施和配套服务，且所在区域降雪时间长，即使在冬末春初时依旧有优质的粉雪持续降下，让人们继续享受极致的雪地体验。

❄ 平山神鹿滑雪场：家庭滑雪乐园

在哈尔滨市阿城区平山镇，在国家 AAAA 级景区、全国最大的野生散养鹿场皇家鹿苑，有着阿城区唯一一家 SSSS 级滑雪场——平山神鹿滑雪场。

滑雪场始建于 2002 年，其雪道与常见的半坡式雪道不同，可以从一山滑到二山，相当的惊险刺激。滑雪场设置了高、中、低三种雪道，雪道总长度 8000 余米，可以满足不同水平滑雪爱好者的需求。

滑雪场还设有雪圈雪道、教学专用雪道和雪上儿童雪圈娱乐区及雪地摩托、雪地自行车、雪圈、雪爬犁等设备，在这里人们不仅可以专心地进行滑雪训练，还可以无忧地尽享亲子之乐。

住木刻楞营舍，尝森林美食，与梅花鹿亲密互动，在雪道上风驰电掣……人们在这里放松心情、放飞自我，享受回归自然的宁静与快乐。

❄ 玉泉国际狩猎场（滑雪场）：中国最早的滑雪之乡

在哈尔滨市阿城区，有这样一个地方，它是国家 AAA 级生态旅游度假区、亚洲最大的封闭式狩猎场、中国最早的滑雪之乡，它就是玉泉国际狩猎场（滑雪场）。

玉泉国际狩猎场占地面积 3000 公顷，前身是 1957 年建成的哈尔滨玉泉养鹿场，于 1987 年正式对外营业。场内共有 17 座山峰，其中最高峰灵秀峰海拔 547 米，森林覆盖率在 85% 以上，是金朝皇家狩猎胜地。山中栖息着山鸡、灰鼠、

松鼠、梅花鹿、野兔等 60 多种林下动物。

狩猎场中还有一口"神泉"，即使在寒冷的冬季，依然流淌不息，传说中是神灵留下的饮水处，被古时的人们赋予了治百病的美好寓意。

滑雪场起源于 20 世纪 30 年代，目前为 SS 级滑雪场，设有初、中级滑雪道，坡度小，尤为适合初级滑雪者游玩体验，可同时容纳约 500 人滑雪娱乐。

除了滑雪，人们在狩猎场（滑雪场）中还可以参与逐鹿、射箭、投壶、非遗文化、祈福、鹿宴等各种金源文化活动。

❄ 枫叶小镇温泉度假村：温泉文化体验中心

这里有火遍全网的"火锅温泉"、哈尔滨市最大的室外温泉池，是国家 AAA 级旅游景区，这里就是枫叶小镇温泉度假村。

枫叶小镇温泉度假村位于哈尔滨市松北区智谷三街 5555 号，在枫叶小镇奥特莱斯北侧，占地面积 7 万平方米，于 2018 年开始营业。

度假村引入世界十大地质奇迹之一的冰岛蓝湖温泉概念，打造了面积近 3000 平方米的室外大型湖泊型温泉池。室内则一比一引入了德国卡拉卡拉水疗馆的设计，有着通透的穹顶与幕墙，极易让人放松地沉浸其中。

度假村有特色鸳鸯火锅温泉、冰火池、玫瑰池、五行池、鱼疗池等近 40 个特色温泉池，冬日里，室内暖泡池与室外的美丽雪景交相辉映，给人绝佳的治愈体验。

景区还设有火山穹庐房、绿玉桧木房、黄土热石房、喜马拉雅盐房、木炭中药房、紫晶之恋房等汗蒸房，让人体验大汗淋漓的畅快。

嬉水童乐区、狮子星宝贝乐园，则是小朋友嬉戏玩耍的乐园。

孩童戏水，大人养生，生活中的美好，就从一池温泉开始吧！

❄ 宾县英杰温泉：天然寒地温泉瑰宝

隐隐带着一丝青绿的松树枝上，白色积雪簌簌落下，而温暖的汤池中雾气缭绕，仿佛人间仙境一般。这样的美景就在有着"真山真水真温泉"的独特优势的宾县

英杰温泉里。

宾县英杰温泉位于哈尔滨市宾县西南部的英杰风景区内，温泉引自地下2208.94米的深层温泉水，出水温度52℃，属碳酸钙泉，是优质的花岗岩寒地温泉。景区有锦鲤池、贵妃池、药物汤池、鱼疗池、SPA水疗池、游泳池等80余个温泉泡池。

景区中有九个独立小院，院中有温泉池，所以称为"九天池汤院"，院中的茅草房错落有致，古朴自然，颇有韵味。

除了舒适的室外内外汤泉，景区内还有功能各异的汗蒸房、马拉爬犁、东北火炕、特色农家菜等，能让人充分放松，沉浸式体验东北风情。

在冰天雪地中，泡在冒着热气的温泉里，这真是北方冬日里独有的挑战与享受。

大庆景点

　　大庆市位于黑龙江省西部、松辽盆地北部，是世界著名的石油城市、现代宜居生态城市，被人们誉为"绿色油化之都""天然百湖之城""北国温泉之乡"，拥有影响深远的石油文化和淳厚古朴的民俗风情，以银湖山、黎明湖、赛车小镇为节点的冰雪运动文化休闲区，依托杜尔伯特与林甸丰富的地热、湖泊、草原资源而形成的以连环湖、北国温泉、鹤鸣湖为核心的冰雪自然生态景观带。

　　雪地温泉、冰雪运动、渔猎冬捕、生态康养和冰雪节庆等是大庆的特色资源优势。

　　冰雪汽车越野赛、冰雪游园会、冰上龙舟赛、雪地温泉节、冰雪渔猎"那达慕"……各种特色冰雪娱乐活动能让人充分领略"油城"的雪原雪乡韵味。

❄ 大庆油田历史陈列馆：石油工业的百科全书

大庆油田历史陈列馆，位于大庆市萨尔图区中七路 73 号，是国内第一座石油工业题材原址性纪念馆，前身是大庆石油会战指挥部旧址——"二号院"。

陈列馆整体建筑是一座红砖四合院，走进四合院，人们便踏上一条青铜铺设的"大道"——"大庆之路"。随着人们脚步的前进，大庆油田自 1959 年 9 月 26 日至 2006 年 9 月 26 日的开发、建设和变迁的历史过程便慢慢展现在人们眼前。

陈列馆设有"岁月·大庆""松辽惊雷·油出大庆""艰苦创业·光辉历程""大庆赤子·油田脊梁""大庆精神·民族之魂""巨大贡献·卓越品牌""春风沐雨·光耀征程""百年·油田"八个展厅。

陈列馆馆藏珍贵文物 300 余件，是展示大庆精神和石油文化的重要窗口，现为全国爱国主义教育示范基地、中国石油企业精神教育基地、全国工业旅游示范点、国家二级博物馆、国家 AAAA 级旅游景区。

❄ 铁人王进喜纪念馆：中国第一座工人纪念馆

铁人王进喜纪念馆，位于大庆市让胡路区中原路2号，是我国第一座工人纪念馆，于1989年建成。新馆于2003年10月8日铁人王进喜诞辰80周年之际奠基，于2006年9月26日大庆油田发现47周年纪念日正式开馆。

纪念馆占地面积11.6万平方米，展厅总面积4790平方米，主体建筑外形为"工人"二字的组合，鸟瞰为"工"字形，侧看为"人"字形，高47米，顶部为钻头造型，正门台阶共47级，寓意铁人47年的非凡人生历程。

纪念馆基本陈列以"爱国、创业、求实、奉献——石油魂"为主题，分为序厅"石油魂"、"不屈的童年"、"赤诚报国"、"艰苦创业"、"科学求实"、"无悔奉献"、"鞠躬尽瘁"、"精神永存"、尾厅"永远的铁人"等九大部分展览。

纪念馆以一张张宝贵的照片、一件件珍贵的实物、一份份翔实的资料、一段段震撼人心的视频资料，客观、真实地展示了铁人王进喜的生平业绩和其所体现的铁人精神，为爱国主义教育示范基地、国家AAAA级旅游景区、国家一级博物馆、中国石油企业精神教育基地。

❄ 银湖山滑雪场：城市中的滑雪乐园

银湖山滑雪场位于大庆市让胡路区大庆银浪生态体育公园内，是大庆市最大的滑雪场，也是全国唯一一处平原国家 2S 级标准化滑雪场。

滑雪场占地面积 60 万平方米，山体落差 85 米，拥有初、中、高级滑雪道 3 条，越野滑雪道 1 条。初级道坡度在 7 度左右，中级道坡度为 11 度至 14 度，高级道坡度在 18 度至 20 度之间。

滑雪场设施安全、交通便捷，不仅可以滑雪，还拥有戏雪、观雪、雪乡体验、冰上帆船、雪地摩托等十余项冰雪娱乐项目。

❄ 杜尔伯特·连环湖温泉景区：草原上的蒙医药浴基地

连环湖温泉景区，位于大庆市杜尔伯特蒙古族自治县连环湖镇，是黑龙江省蒙医药学术委员会设立的唯一蒙医药浴基地。

连环湖拥有 18 个相互连通的湖泊，水域面积 560 平方千米。冬日里，冰雪覆盖湖面，把这里映衬得犹如一个晶莹剔透的童话世界。而连环湖温泉就坐落其中。

景区地下 1800 米处有长年 48℃的千年古水，在零下二三十摄氏度的天气里，

能给人极致的"冰火两重天"的温差体验。景区拥有圆形、方形、八卦形、哆啦A梦形等 33 个功能各异的室内外温泉池，人们能在其中享受中草药浴、蒙医药浴、玫瑰花瓣浴等特色汤浴。

景区还建有水上别墅、水上餐厅、室外温泉戏水乐园、生态采摘园、唐宫别墅等特色体验设施，冬季除体验雪地温泉外，人们还可以享用雪洞火锅，赏雾凇，滑雪，驾驶冰上卡丁车，参与冬捕，抽冰尜，玩冰滑梯……冰雪世界里的快乐，只有想不到，没有玩不到。

夏季，人们可围炉煮茶、泛舟游湖，欣赏湖光山色之美景，尽享休闲好时光。

❄ 林甸·北国温泉养生休闲基地："中国十大温泉"之一

北国温泉养生休闲基地，位于大庆市林甸县庆丰街，国家 AAAA 级旅游区，曾被媒体评为中国十大温泉之一。

北国温泉养生休闲基地占地 7.2 万平方米，由室内温泉区、水上动感娱乐区、森林静泡药浴区、心灵养护区、豪华休息大厅、私家温泉别墅区、美食自助餐厅（西餐）、关东古街和北国温泉酒店九大板块组成。

北国温泉有 80 多个温泉池，包括小鱼浴、牛奶浴、玫瑰花浴、药浴、咖啡浴、高温浴等。除了温泉养生，这里还有水上娱乐及休闲健身设施，可以深度缓解人们的压力，改善人们的疲劳状态。其中最具特色的药浴池药种齐全、池形美观；而飞瀑温泉则水花四射，给人以壮美之感。

在这里，人们除了可以享受温泉水的滋润，还可以体验针灸理疗、聆听古琴之音、品尝中式茶道、试练太极八段锦等康养项目。

❄ 林甸·鹤鸣湖湿地温泉度假区：
中国首家"大型原生态湿地温泉"

鹤鸣湖湿地温泉度假区，位于大庆市林甸县鹤鸣湖镇，被扎龙湿地所环抱，是独具特色的湿地温泉景区。

鹤鸣湖湿地温泉水取自地下 1980 米，出水温度 61℃，其特有的有益人体的矿物质和微量元素超过普通温泉。

度假区拥有云鹤度假温泉、鹤野嬉水温泉、羽屼溶洞温泉、鹤径漂流温泉、仙野湖景温泉、村内天幕温泉、私汤温泉等七大温泉板块，其中有 4000 平方米

的超大全景透明室内阳光水疗中心。

其药泉、彩色温泉、小鱼温泉等，各具特色、各有风光，能滋润皮肤、舒展筋骨、抚慰心灵。

度假区将湿地风景、冰雪娱乐、水上游乐和寒地温泉有机结合，给人以优美的游览环境、丰富的游玩体验。

❄ 林甸·飞泷四季温泉旅游度假村：四季皆宜的温泉天堂

飞泷四季温泉旅游度假村，位于大庆市林甸县城南新区，为国家 AAAA 级旅游区、爱国主义教育基地。

度假村拥有美丽的田园风光，还有浓郁的俄罗斯风情，二者完美融合，给人世外桃源的原生态体验。

飞泷温泉的泉水取自地下 2000 米，矿物质含量丰富，出水温度在 60℃以上，含钙、锌、硒、钠、镁等 20 多种对人体健康有益的微量元素。

度假村设有 11 个室内温泉池，包括 SPA 温泉池、游泳馆、养生馆、药王谷等，以及 9 个儿童游乐池；22 个室外温泉池，包括森林温泉、花瓣温泉、特色石板浴及情侣户外泡池和冬季特色雪地温泉。

　　度假村内不仅有室内外温泉，还有露营地、儿童乐园、彩虹滑梯、萌宠乐园、室外娱乐区等休闲娱乐场所以及各种冬日冰雪娱乐运动项目。

　　2017年5月，公益性民办博物馆东北军事文化博物馆在此开馆，设军事馆、军服馆和党史馆三大展厅，为度假村增添了新的文化内容，使人们的游览体验更加丰富。

牡丹江景点

牡丹江市位于黑龙江省东南部，是全国重要的沿边开放城市和黑龙江省东南部区域中心城市。牡丹江山清水秀、生态环境良好，因其特有的冰雪风光而被人们称为"雪城"，素有"林海雪原中的塞北江南、白山黑水间的鱼米之乡"的美誉。牡丹江还有着深厚的历史文化和红色底蕴，多个民族在这里愉快和谐地生活。

牡丹江有雪乡景区、镜泊湖风景区、横道河子东北虎林园、横道河子机车库、威虎山影视城、中兴朝鲜族民俗风情园、绥芬河国家森林公园、绥芬河爱情谷、牡丹峰滑雪场、二浪河风景区、冰雪十里画廊、林口雾凇谷、东宁要塞、宁安市马骏纪念馆、牡丹江市八女投江革命烈士陵园、杨子荣烈士陵园……

镜泊胜景、林海雪原、童话雪乡、边境游览、朝鲜族民俗、虎园熊场、红色经典——"湖林雪边俗特红"是牡丹江竭力发展的七大特色旅游资源。

牡丹江，人们心心念念、去了就忘不掉的"梦想之地"。

❄ **镜泊湖风景名胜区：**中国十大最美湖泊之一

提到牡丹江的游玩地，人们脑海中第一个出现的名字可能就是国家 AAAAA 级旅游景区、世界地质公园、国家重点风景名胜区——镜泊湖风景名胜区。

镜泊湖风景名胜区位于牡丹江市宁安市，由百里长湖景区、火山口原始森林景区、渤海国上京龙泉府遗址景区三部分组成，拥有丰富的景观资源，包括湖泊、河流、瀑布、湿地、火山、熔岩台地、地下熔岩隧道、原始森林、野生动植物栖息地、古城遗址和民族民俗等。

镜泊湖是世界第一大的火山熔岩堰塞湖，景区尤以湖光山色的胜景吸引着人们来此休闲游览。

不过，镜泊湖的冬日是它最有特色、最具性格的季节。冬日的景区一改满眼的绿树丛林和银光闪烁的湖面，而是白雪覆盖、霜花遍地、湖面结上了蓝冰。景区特有的大冰场、大雪场、大渔场、大冰瀑是这个冰雪秘境最迷人的风景。

壮观的吊水楼冰瀑布和灯光秀完美结合，为人们再现了火山喷发的震撼场景；湖面的冰捕盛典，热闹非凡；雪堡乐园中，人们的笑声直入云霄；一碗热乎的鱼汤，更为人们增加了游玩的能量……

冬日的镜泊湖是起于火、美在冰的梦幻世界，是大自然写给人们最动人的情书。

❄ 中国雪乡旅游风景区：雪中的童话世界

如果人们心中有对冬的向往、雪的期待，那么中国雪乡一定是一个不可错过的地方。

中国雪乡旅游风景区位于牡丹江大海林林业局施业区内，地处长白山脉张广才岭与老爷岭的交会处，雪期从每年10月到次年4月，长达7个月，积雪厚度可达2米。其积雪姿态各异，形成了独一无二、无法复制的独特雪景。

中国雪乡旅游风景区内，有雪韵大街、梦幻家园、雪乡文化展览馆、雪乡滑雪场、亚雪驿站、羊草山、雪谷、雪乡影视城等景点。

　　这里有最纯净的冬天，积雪覆盖了屋顶、树梢、道路，雪舌悄悄探出屋檐，整个村庄被打扮成了一个纯白的童话世界，让人体会到了自然的和谐宁静。

　　这里有最具东北风情的冬天，住进小木屋，盘腿坐在热乎的大炕上，啃着冻梨，抓着嘎拉哈，倾听热情的村民讲述那过去的故事，人们便体验到了最真实的东北乡情。

　　这里还有最欢乐的冬天，人们在厚厚的积雪中打滚，在冰上打出溜滑，坐在爬犁上自由驰骋，跟着秧歌队伍欢乐扭动，欢笑声、呐喊声是人们对冬日白雪的最好回应。

　　来雪乡吧，把雪乡当故乡，游一游最美丽的童话世界，赴一场最尽兴的白雪之约。

❄ 横道河子·俄罗斯风情小镇：东方小莫斯科

在黑龙江省东南部，有一个有着童话般的风景、充满俄罗斯风情的"宝藏小镇"，人们在这里可以化身为油画中的"牧羊人"，也可以演绎动人的"冬日恋歌"，这里就是横道河子镇。

横道河子镇位于牡丹江海林市，始建于 1897 年，因中东铁路的修建而兴起，被誉为"火车拉来的小镇"。镇中有 256 栋俄式建筑，是中东铁路沿线俄式建筑遗存最多、保存最完整的一个小镇，仿佛还是百年前的模样。

横道河子俄罗斯风情小镇现为国家 AAAA 级景区，于群山环绕之中，有佛手山、大石门、人头峰等自然景观，有中东铁路遗址、俄式教堂、中东铁路机车库、大白楼、专家楼等建筑遗存，还建有中东铁路博物馆、王洛宾纪念馆、国际油画村、文化艺术主题街区等。

小镇的每一帧画面，那似乎快要溢出屏幕的美景，都是值得人们留恋的永恒。

❄ 横道河子·东北虎林园：

世界最大东北虎人工饲养繁育基地

20 世纪七八十年代，东北虎的生存环境不断恶化、种群数量不断减少。为保护和科学研究东北虎，我国最早的东北虎保护机构、世界最大东北虎人工饲养繁育基地——中国横道河子猫科动物饲养繁育中心于 1986 年成立了。横道河子东北虎林园就是繁育中心下属的虎园之一，有"中国虎乡"的美称。

横道河子东北虎林园位于牡丹江海林市横道河子镇，是国家 AAAA 级旅游景区，目前东北虎存栏数 400 余只，是世界上最大的东北虎人工饲养繁育和野化训练基地。

景区内设有游乐场、虎文化休闲广场、虎字丁香迷宫、繁育区、科普教育展览馆、休闲区、步行参观区、研学教育基地、野化训练区、灵长类展区等，是亲子游、研学游的极佳目的地。

虎园内山岭起伏、林木茂盛、水草丰美，森林覆盖率高达 98%，无限接近东北虎的自然生长环境，是东北虎生活和野化训练的好地方。

凶猛的虎、温柔的虎、可爱的虎、呆萌的虎……人们想要了解的关于东北虎的一切，在这里都可以知晓。

❄ 二浪河风景区：中国小雪乡

雪乡和亚布力是很多人冬天看雪玩雪的首选地，但鲜为人知的是，在两地之间藏着一个极美的风景区——二浪河风景区，也是一个不容错过的好去处。

二浪河风景区位于牡丹江海林市亚雪公路中段，距亚布力滑雪场 40 千米，距雪乡 44 千米。

二浪河景区内的年降雪量与雪乡相差无几，气候也十分相似，素有"小雪乡"之称。

冬日的二浪河风景区空气纯净、街道干净，门边的柴火、院外的雪堆，一切

都充满着东北朴素传统的生活气息。待到夜晚，木屋内灯光亮起，街道两边红灯笼高高挂起，映衬着满天星斗和地上的皑皑白雪，显得那么静谧而梦幻。

在屋里宅够了，出门去吧，雪峰、冰川、雪谷里逛一逛；马拉爬犁、滑雪圈、冰河漂流等，玩个不停；玩累了就吃上一口热乎乎的地瓜、美味的铁锅炖……天是冷的，胃是暖的，心是火热激动的。

二浪河的雪，总会给人意料之外的惊喜。

❄ 绥芬河·国门景区：中国北方第一高国门

在黑龙江的东南部边境，有一座风景秀丽、多姿多彩的小城绥芬河，它的百年口岸被称为连接东北亚和走向亚太地区的"黄金通道"，口岸之处建立的国门更是见证了中国繁荣发展的峥嵘岁月。

绥芬河国门景区位于中俄边境的公路口岸，建有新旧国门，是中国国门景区中唯一一个集三代国门于一体的景区。景区占地面积 10 万平方米，有"两碑、两房、四门、二十四景"。

1987 年 10 月 26 日，绥芬河与俄罗斯滨海边疆区正式开通易货贸易，双方设立了一处铸铁手动挡杆，这便是绥芬河的第一代国门。1990 年 10 月，第二代国门开始建设，并于 1991 年国庆节投入使用，其造型似火箭发射架，寓意祖国经济腾飞。第三代国门于 2014 年底投入使用，建筑以中华文化元素为主，建有南北塔楼，以连廊连接，人们可在其中观光远眺，一览两国风光。

国门之上，国徽闪耀；界碑之前，国旗飘扬。三代国门静静地矗立，和人民一起守卫着边疆。

❄ 林口·中国雾凇谷：冬日的香格里拉

冰雪晶莹、琼楼玉宇、人间仙境，这是人们对雾凇美景的贴切阐释，而在牡丹江市林口县的中国雾凇谷，人们便能欣赏到这一冬日里寻常地方难以得见的美丽景象。

中国雾凇谷位于牡丹江市林口县莲花镇牡丹江畔的莲花电站大坝下游，因莲花电站间歇发电、牡丹江三九天不封冻,江面水汽蒸腾,而形成雾凇美景,有雾凇村、雾凇湾、雾凇岛、雾凇岭、雾凇大道、雾凇长廊等奇观。

　　寒冷是冬日的常态,但寒冷中美丽的冰雪可感可触。千年古榆银装素裹,婀娜的杨柳顶着琼枝玉叶,挺拔的松柏枝头银花怒放……雾凇谷的美素净淡雅,却仪态万方,颇有一种"瑞树开花冷不香"的清冷气质。雾凇美景飘然而至,又随着温暖的日光随时离去,默默在大地上打造独属于它的冰雪胜地。

　　不必寻寻觅觅,人们想要的惊艳冬日美景就在这里。

伊春景点

伊春市位于黑龙江省东北部，森林覆盖率为 83.8%，动植物资源丰富，有大小河流 702 条，是黑龙江省重要的森林生态旅游区，素有"中国林都""红松故乡""恐龙家园""天然氧吧"之美誉，是休闲度假、康体养生的理想之地。

伊春也是黑龙江省五大冰雪旅游城市之一，雪质好、雪期长，有特色鲜明的冰雪森林景观，富有雾凇雪凇、寒地温泉、森林滑雪、亲子研学等丰富的冰雪旅游资源。

上甘岭溪水国家森林公园，乌马河冰雪童话乐园，铁力透龙山风景区，梅花山、日月峡、九峰山滑雪场，铁力呼兰河畔冰雪乐园，朗乡花海（冰雪童话世界），红星库尔滨雾凇，桃山桃源湖景区，汤旺河林海奇石景区，宝宇森林生态小镇，金山鹿苑，峰岩山寨（冰湖雪村），五营红松林海景区，大箐山森林公园，小兴安岭户外运动谷，永达工艺研学体验基地，自在香里景区……

伊春的雪如精灵般漫天飞舞，成全了伊春最美的季节，让人们在这里玩不尽、乐不尽，演绎着一曲曲欢乐的歌。

而在最美的冬季里，人和心，总要有一个在伊春。

❄ 上甘岭溪水国家森林公园：自然的生态博物馆

在伊春市友好区上甘岭镇，有着一个国家 AAAA 级旅游景区、省级旅游度假区，集森林、湿地和溪流自然生态景观于一体的人间仙境，素有"森林生态博物馆"之称的公园——上甘岭溪水国家森林公园。

上甘岭溪水国家森林公园，总面积 4580 公顷，森林覆盖率达 96% 以上，是一个森林康养胜地。

公园内，有爱国主义教育基地——抗联遗址"老钱柜"，有小兴安岭地区保存最完整的植物群落区"原始乔木观赏区"，有位于森林深处、空气清新的世外桃源"醉蝶花谷"，有生活着羊驼、梅花鹿、宠物牛、亚洲黑熊等动物的溪水熊牧场，还有溪水采摘园、水上乐园、鹿溪牧场等观赏游玩区域。东北大秧歌展演、冰捕、冰钓、雪滑梯、大爬犁、雪迷宫、冰壶、雪地足球等精彩的游玩项目，更是冬日里人们的快乐源泉。

❄ 铁力·日月峡滑雪场：日月峡雪域乐园

当春风送别哈尔滨的冰雪时，在黑龙江东北部"超长待机"的伊春地区，人们还可以继续享受冰雪的乐趣。其中，铁力日月峡滑雪场就继续为人们带来高山飞驰的体验。

日月峡滑雪场位于铁力林业局马永顺林场日月峡国家森林公园，是一家 SSSS 级滑雪场，拥有初、中、高级三条雪道和一条 U 形单板滑道，总长度 5000 多米，有滑雪圈、雪地摩托及雪地自行车场地。滑雪场拥有一条 1400 多米长的吊椅缆车索道，设有两条拖牵道，还有各种丰富多彩的娱乐设施。

脚踏滑雪板，在雪场中纵横驰骋，"穿林海、跨雪原"的快乐，就在这里。

❄ 铁力·桃山桃源湖景区：黑龙江的后花园

在小兴安岭南麓，有一个集酒店住宿、餐饮、温泉、冰雪旅游为一体的国家AAAA级旅游景区，其有着"北国休闲地、龙江后花园"的美誉，这就是桃山桃源湖景区。

桃山桃源湖景区位于伊春市铁力市，有世界唯一全部以玉石为汤池原材料的森林玉温泉，是康养理疗胜地。尤其在冬日里，白雪中的露天温泉，更是有着不一样的温暖体验。2018年，桃山玉温泉被评为第一批国家中医药健康旅游示范基地创建单位。

除了森林玉温泉，景区内还有桃源湖度假宾馆、豪华房车营地、高端湖畔度假别墅群、中草药花海园、冰雪乐园、逍遥八仙湖戏水区、摩托车赛车场、环湖栈道、八仙岭品山步道、湿地观赏区等丰富多彩的旅游休闲度假设施，放眼望去，美景无边。

❄ 五营·五营国家森林公园：小兴安岭绿肺

伊春，人称"红松故乡"，其称呼的由来，就与境内亚洲面积最大、保存最完整的红松原始森林有关。而这片原始红松林，就在国家 AAAA 级旅游景区、黑龙江省森林生态旅游示范区五营国家森林公园内。

五营国家森林公园位于伊春市丰林县，占地面积 141.41 平方千米，主要有松乡桥、观涛塔、森林小火车、绿野仙居、黑瞎岭、虎啸山、观松大道、森林浴场、响水溪、园中园、丽丰湖、观光小火车等景点，园内还建有 17 千米长的环园公路，一年四季分明，景色各异。

春天到来，盛开的兴安雪莲和兴安杜鹃组成花的海洋，壮观而美丽；夏日里，满眼生命的绿色更使公园内气候舒爽、景色怡人；秋日的五花山色景色壮观、色彩烂漫；更别说冬日里大雪压青松，静谧的白色世界里，有着滑雪、溜冰、冰钓、穿越冰雪丛林的浪漫。

五营是人们口中"红松故乡"的一颗"祖母绿"，演奏着冰雪中白与黑的森林交响曲，是人们的心灵归处、宁静港湾。

❄ 汤旺·汤旺河林海奇石景区：汤旺河石林秘境

秋收冬藏是大自然演化的规律，可是在汤旺河林海奇石景区里，冬日的好风光是怎么也藏不住的。

汤旺河林海奇石景区位于伊春市汤旺县境内，是伊春唯一一个国家 AAAAA 级旅游景区汤旺河国家公园的核心景区，保存着造型丰富、类型齐全、发育典型的印支期花岗岩地质遗迹。景区内石峰奇险、森林秀丽、冰雪晶莹、湖涧幽深，可登山、漂流、垂钓、探险、采摘、研学，给人独特的游玩体验。

冬日的景区内，虽然没有了花红柳绿、枝繁叶茂、流水潺潺，但是湛蓝的天空、挺拔的青松和皑皑的白雪，在阳光的映衬下，与深沉奇特的花岗岩一起为人们呈现了一派层次分明的美景、原始壮丽的奇观，让人们对大自然的神奇与慷慨产生了无限的眷恋与喜爱。

冬日冰雪森林的美丽童话中，奇妙的旅程不妨就从这里开始吧！

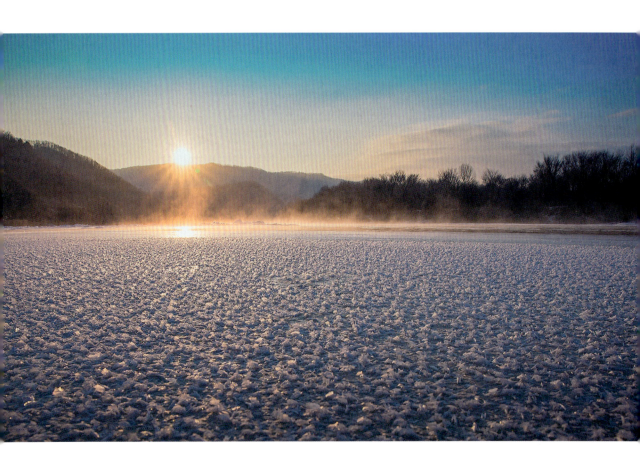

❄ 嘉荫·恐龙国家地质公园：恐龙化石王国

　　边陲小城嘉荫，整洁、美丽而温馨，冬日里更是素白宁静，一片祥和。但在这个素有"中国第一龙乡"之称的小城里，在恐龙国家地质公园里，小朋友们的热情足以让这个冬天变得火爆而热烈。

　　嘉荫恐龙国家地质公园位于伊春市嘉荫县红光乡，地处黑龙江嘉荫段的右岸，为国家 AAAA 级景区、全国科普教育基地。公园内有占地面积 4650 平方米的综合展馆嘉荫神州恐龙博物馆、满园恐龙雕塑的恐龙谷、世界恐龙园、中华恐龙塔等景点。

　　1902 年，这里挖掘出了第一具完整的恐龙化石骨架，被命名为"黑龙江满洲龙"，被世人称为"神州第一龙"。

　　鸭嘴龙、霸王龙、虚骨龙、甲龙……追寻"恐龙足迹"，行走于形态各异的恐龙骨架和化石之间，人们犹如穿越了时空，恍惚间窥见了远古时期恐龙生活的画面。

　　来嘉荫吧，探寻恐龙的奥秘，领略亿万年前神秘封存的远古奇观。

第一篇

北国风光

大兴安岭景点

　　大兴安岭地区位于祖国版图的"金鸡之冠"、黑龙江版图的"天鹅之首"，是祖国最北部边疆。其地处黑龙江省西北部、内蒙古自治区东北部，属黑龙江省行政区的面积为 6.48 万平方千米。

　　大兴安岭地区气候独特，境内层峦叠嶂，风光旖旎，冬季极端气温 -53℃，有长达 7 个月的冰封期，素有"冬季最早、雪期最长、方向最北、气温最冷"之称。

　　在高高的大兴安岭上，在神州北极，人们可以在极寒中挑战自我极限，体验泼水成冰的神奇，体验汽车穿越极地冰雪森林的激情、冰雪运动的豪迈；可以在极地追寻极光的律动，或感受极夜的浪漫；可以体验鄂伦春民族特色非遗活动，感受冬捕、尝鲜鱼、杀年猪、包饺子、剪窗花、扭秧歌等东北民俗文化；可以用镜头留下冰河红柳、白雪杜鹃、梦幻窗花、极地星空、冰泡湖、十里雾凇、千里冰封、万里雪飘等大兴安岭特有的美丽极地风光。

　　最北邮局、最北人家、最北哨所、北极岛、最北点……人们找到"北"了。

❄ 漠河·北极村： 极地梦幻村

在黑龙江上游南岸、大兴安岭山脉北麓，与俄罗斯隔黑龙江相望的地方，在我国最北端，有着一个AAAAA级旅游景区，是我国观赏北极光和极昼极夜的最佳地点——漠河北极村。

北极村位于大兴安岭地区漠河市，因其独特的地理位置，素有"神州北极"之称。北极村入口处的"北极村"村碑、神州北极广场中央竖立的"神州北极"石碑、位于北极村大门附近的"中华北陲碑"，都是北极村的标志性建筑。

最北邮局中，人们可以用最原始的邮寄方法为远方的亲朋好友送上来自中国最北端的问候和祝福。

鄂温克族是中国唯一饲养驯鹿的民族，驯鹿是林间的精灵，是鄂温克族最忠实的伙伴。在鄂温克驯鹿园里，温顺可爱的驯鹿会与人们亲昵地互动，显得友好而热情。

漠河舞厅中，人们欢乐起舞，体会20世纪80年代的浪漫怀旧情怀。

在户外，泼水成冰的快乐也让人们沉浸其中，不能自拔。

幸运的人们还能在这里见到绚丽壮观的极光，那充满魔力的红色与绿色交相辉映，映出人们心中最绚烂的色彩。

❄ 漠河·北极圣诞村：极地的圣诞童话

北极圣诞村距北极村 22 千米，根据芬兰圣诞村风格和样式设计，建有古朴典雅、风情浓郁的欧式木质建筑，是亚洲唯一拥有圣诞主题的村落，于 2010 年 12 月 20 日正式开园迎客，有真正的来自芬兰罗瓦涅米的持证上岗的圣诞老人在这里出没。

圣诞村中设有圣诞老人之家、圣诞邮局、圣诞老人广场、巨型圣诞袜、圣诞礼堂、白雪公主乐园、七个小矮人藏宝屋等。

北极圣诞滑雪场，则拥有独特的地理位置和风光景色，吸引着越来越多的人来到这里游玩。

❄ 漠河·北红村：中国最北点

漠河市的中俄交界处还有一个北红村，严格意义上来说，它是中国最北的未经开发的原始村落。北红村三面环山，黑龙江由西向东从村北穿过，远离城市喧嚣，四周均为未开发的原始森林，林木茂盛，野猪、狍子、野兔、飞龙等动物在林间自由地活动，是真正的人间净土。

"最北第一哨"中，最可爱的人驻守着祖国的边疆。"中国最北点"的石碑，也在这里静静伫立。

距离北红村32千米处的神龙湾，有着成片的白桦林，其树干高耸挺拔，尤其在冬日白雪的映衬下，更显得纯净、唯美而又充满浪漫气息。

❄ 漠河·龙江第一湾：北国第一湾

在漠河市北极镇洛古河村西北 15 千米处，中俄界河额尔古纳河与俄罗斯方向流过来的石勒喀河汇合后就成为了黑龙江源头。黑龙江以这里为起点沿着内外兴安岭交界处的低谷向东流，流经红旗岭段的江面时，回流急转，形成了独特的"Ω"字形的江湾景观，这就是著名的"龙江第一湾"。

神奇的江湾中，形成了三个半岛，中国一侧的半岛为"北极岛"，两边的俄罗斯一侧的半岛为"金环岛"和"银环岛"。

景色优美的北极岛是中国最北界江半岛，其被江水环绕，岛上是针阔叶混交而成的原始森林，主要的树种有獐子松、落叶松、黑桦、白桦、杨树等；还有清末采金遗址、黄金古驿道、渔人地窖子、獐子洞、野猪窝、玛瑙滩和"北极岛"石碑等历史遗迹与人文景观。

　　龙江第一湾，一处江水三道湾，江水浩荡、景致非凡，堪称天下奇观。

❄ 呼玛·鹿鼎山景区：金庸武侠文化体验地

在大兴安岭地区唯一的百年老县呼玛县，有一个地方是民间传说中的"大清龙脉"所在，传说这里埋葬着大清的宝藏。而这个地方就是鹿鼎山。

鹿鼎山位于呼玛县城西南 12 千米处，原名"呼玛尔窝集山"，因金庸先生著作《鹿鼎记》而得名，山势险峻、风景秀丽，以"奇松、怪石、神泉、云雾"四绝而著称。

鹿鼎山景区是国家 AAAA 级旅游景区，目前核心区域面积 15 公顷，分为山上、山下两部分，景区内有金庸先生题写的"鹿鼎山"墨宝、金侠纪念园、鹿鼎记文化园、阳元石、龙脉栈道等几十处景观，是一处以武侠为题材的景区。

对饮"摔碗酒"、欣赏武侠技艺切磋、身着侠客服饰与人们抱拳行礼、唱响《笑傲江湖》的豪迈歌曲……人们在此体验豪迈的武侠文化，体验穿越武侠世界的奇妙之旅。

❄ 加格达奇·甘河湿地"十里画廊"：北国水墨画廊

　　在加格达奇林业局施业区南部，甘河国家湿地公园里，同时存在着低山丘陵、河流、沟谷与草甸等复杂的自然地理条件，是保护嫩江上游生态系统及加格达奇城区水源地的重要场所。

　　而在甘河湿地公园西部，地热资源十分丰富，有约十公里的河段，即使在冬季零下40多摄氏度的严寒天气里依然不会结冰，被人们称为不冻河。不冻河水质清澈，水草丰美，冬季里，河面水汽与河岸植被相遇形成了美丽的雾凇、冰花等景观，使得不冻河宛如人间仙境一般，形成了一幅绝美的冬日画卷，因此不冻河被人们称为"十里画廊"。

　　而在"十里画廊"里，森林精灵"傻狍子"也经常在河边嬉戏玩耍，与蓝天、白雪和黄色的树木共同组成了和谐的自然画卷。

❄ 五大连池风景区：火山温泉秘境

在黑河境内，最令人向往的地方莫过于五大连池风景区，它以其特有的火山地质地貌资源优势，获得了世界地质公园、国家 AAAAA 级旅游区、中国矿泉水之乡、中国著名火山之乡等称号，有天然火山博物馆、打开的火山教科书等美誉。

五大连池地处小兴安岭山地向松嫩平原的转换地带，内有数百处矿泉，有 14 座火山和 5 个水脉相连的火山堰塞湖，拥有天池、老黑山、温泊、南药泉、北药泉、水晶宫、地下冰河、龙门石寨等景点。

五大连池的美梦幻而神奇，在冬日里更是散发着不一样的迷人光彩。

湛蓝的晴空下，挂着雾凇的玉树琼枝，婀娜多姿，雾气缭绕的温泉池中，人们惬意地享受着暖暖的矿泉浴的滋润；药泉湖上，最神秘的醒网祭湖仪式和欢快

的乐舞祭拜，是人们在冬捕中对大自然恩赐的最高敬意；五大连池火山地质博物馆，向人们介绍了关于火山喷发的故事和原理，记录了岁月的变迁；钟灵禅寺里，人们登高而至，在这里祈福纳祥，许下最美好的祝愿……

火山冰川雪谷乐园里，样样活动都是孩子们的最爱，他们在这里尽情玩耍、恣意欢笑；中俄携手开展的各种冰雪狂欢活动，

圆了人们的冰雪之梦；冰上龙舟赛、冰雪文化创意展示、冰窗花冰雪摄影创作、中俄少年雪地足球友谊赛、冬季冰雪试驾活动……丰富多样的冰雪节庆活动，在寒冬里点燃了人们的激情。

奇妙的冬天、神奇的火山，二者共同造就的五大连池之美绝对让人不虚此行。

❄ 逊克·大平台雾凇景区：梦幻雾凇仙境

雾凇，俗称树挂，是霜的一种，它因为形成条件严苛、观赏时间短而成为冬日里最受人们喜爱的美丽景致之一。而在号称"中国红玛瑙之乡""北国雾凇之都"的宝藏小城逊克，就有这样一个观赏雾凇的绝佳地点——大平台雾凇景区。

大平台雾凇景区位于逊克县东南部山区克林镇大平台村，有着风景独特的自然风光——春游杜鹃花海、夏能漂流采摘、秋赏五花山色、冬可戏雪娱乐。这里一年四季都吸引着人们，但冬季的景区绝对有着最致命的吸引力。

大平台村的冬日寒冷而漫长，利用库尔滨河水发电的水电站依旧工作不停。所以，严寒的冬日里，库尔滨河依旧奔流不息，河中蒸腾的水汽便在零下二三十摄氏度的低温中凝结于河两岸的树枝上，形成了晶莹美丽的霜花，并绵延几十里，造就了奇妙壮丽的雾凇景观。

大平台雾凇面积大、持续时间长，"夜观雾、晨看挂、近午看落花"是人们对其最客观的评价。

齐齐哈尔景点

齐齐哈尔市，位于黑龙江省西北部的嫩江平原，曾先后作为嫩江省、黑嫩省、黑龙江省省会存在。齐齐哈尔拥有厚实肥沃的黑土层，湿地草原资源丰富。"齐齐哈尔"作为达斡尔语有"天然牧场"之意，是珍禽丹顶鹤的家乡，因此有"鹤城"之美誉。除此之外，齐齐哈尔也被人们称为"中国历史文化名城""中国优秀旅游城市""全国十大工业旅游城市""国际烤肉美食之都"。

观雪地仙鹤、吃喷香烤肉、泡舒适温泉、打刺激冰球、滑畅快的雪；参与滚冰节、抹黑节、冬捕节等民俗节庆活动，体验民族风情；冰雪汽车越野、徒步穿越扎龙，追求极限的人们在冰雪大地上挑战自我；各种冰雪系列演出、冰雪景观小品大赛、特色展览等，层出不穷，精彩连连……

欢天喜地的齐齐哈尔向人们展示着冰雪运动、江湖冬捕、雪地温泉、雪地观鹤、非遗民俗等靓丽的冰雪旅游名片，为人们献上了一场场冬日文旅盛宴。

❄ 扎龙生态旅游区：丹顶鹤的故乡

在"世界大湿地、中国鹤家乡"的鹤城，有一个梦幻如童话的地方，这里是世界最大的沼泽芦苇湿地、国家生态环境科普基地、国家AAAAA级旅游景区——扎龙生态旅游区。

扎龙生态旅游区位于齐齐哈尔市东南部松嫩平原、乌裕尔河下游湖沼苇草地带的扎龙国家级自然保护区内。1979年，黑龙江省扎龙自然保护区正式建立。1987年，其晋升为国家级自然保护区，是我

国以鹤类等大型水禽为主的珍稀水禽分布区，是世界上最大的丹顶鹤繁殖地。

扎龙生态旅游区建有鹤蛋造型的扎龙湿地博物馆、望鹤楼、宣教长廊等设施，既丰富了科普研学活动，又有力地宣传了鹤文化。

丹顶鹤属于候鸟，对生存环境要求严苛。旅游区采取了人工驯养方法和适当的保护措施，经人工繁育的丹顶鹤成为"留鸟"，并不南飞。因此，"雪原观鹤"就成为旅游区冬季独一无二的景观。

冬日的扎龙，白雪皑皑，金黄色的芦苇丛在风中摇荡，丹顶鹤在空中盘旋起舞，人称"白雪映丹顶，仙姿舞长空"，尽显仙姿风韵。

❄ 水师森林温泉度假区：森林温泉乐园

在生态宜居城市齐齐哈尔，有一个休闲养生、放松身心的好地方。这里就是国家级 AAAA 景区、省级研学基地、省级中医药健康旅游培育基地——水师森林温泉度假区。

水师森林温泉度假区，位于齐齐哈尔市昂昂溪区水师营满族镇，占地面积253万平方米，于2016年初对外营业。

度假区中，森林公园拥有200余种近30万株珍稀树木，两季有果、三季有花、四季常青，是天

然的生态氧吧；独具特色的天然温泉水采自地下 1500 多米深处，常年出水温度 39.5 ～ 41.5℃，尤其在冬日 -30℃的室外雪地高空温泉中，人们泡在泉水中，感觉格外舒适惬意；其他区块，如水上乐园、温馨客房、特色餐饮、教堂婚礼、丹丹乐园、户外拓展、生态采摘等，能给人带来最贴心细致的休闲娱乐美食体验。

度假区远离喧闹的城市，有亭台楼阁、湖光山色，美不胜收；这里宁静舒适、医养结合，是人们亲近自然、疗愈自我的度假胜地。

❄ 奥悦碾子山国际滑雪场：森林越野滑雪胜地

在齐齐哈尔市，有着黑龙江西部最大的高山滑雪场、唯一的越野滑雪场、SSSS 级滑雪场——奥悦碾子山国际滑雪场。

奥悦碾子山国际滑雪场，位于碾子山区 AAAA 级景区大黑山风景区内，滑雪场内建有戏雪区、教学区、缓冲区、雪圈道。滑雪场南北两侧群山环绕，林密雪厚，风景宜人，丛林中的雪道不仅能让人体验越野滑雪的速度与激情，还能欣赏到雾凇等美景。待太阳落山之后，雪场中灯光绚烂，夜间的滑雪体验另有一番别致的浪漫。

壮丽的自然风光中，人们享受着丰富优质的雪道资源、先进的设施、专业且经验丰富的教练团队、优秀的配套服务，身体在雪山上尽情飞舞、驰骋，耳边是飕飕的风声，快乐的心情飞扬天际。

❄ 龙沙动植物园：北纬 47° 动植物乐园

在齐齐哈尔市，有一个国家 AAAA 级旅游景区、独具北方特色的动植物主题公园——龙沙动植物园。

龙沙动植物园，位于齐齐哈尔市建华区碾北公路 1 号，占地 67 万平方米，生活着五大洲的 200 多种 3000 余头（只）珍稀动物和神奇的北纬 47° 上的 120 多种珍稀植被。

动植物园拥有德州牧场、非洲部落、澳亚世界、灵长雨林、奇幻生态、北美大草原等20余个场馆。

动植物园内，猕猴、金丝猴在林中自由游荡，丹顶鹤不时翩翩起舞，一"脖"三折的长颈鹿体现了生命的顽强，悠闲的水豚让人心情平静，蹦蹦趶趶的秃鹫生活得无忧无虑……

在龙沙动植物园可以与老虎来一场近乎零距离的"亲密接触"。在这里，百无聊赖的东北虎和白虎见惯了每天的人头攒动，听腻了"两脚兽"的各种莫名惊诧。它们偶尔来了兴致，会懒洋洋地靠在玻璃墙上，睥睨天下的眼神瞬间暧昧不清，顿时惊起一片呼声。

而在寒冷的冬日，室内园区里，人们能够继续观赏可爱的动物，与它们进行友好互动。

在龙沙动植物园，人们亲近大自然生灵、观看趣味十足的表演、赏冰乐雪，一样也不能少。

❄ 泰来·江桥抗战纪念馆：世界反法西斯战争的起点

1931年，震惊中外的九一八事变爆发，日本侵略者开始了武装侵略中国的第一步。而在滔滔嫩江上的一座江桥边，马占山将军领导的中华民族有组织抵御外来侵略的第一枪在这里打响。而今静守岸边的江桥抗战纪念馆，就向人们讲述了关于这第一枪的开始与结局。

江桥抗战纪念馆位于齐齐哈尔市泰来县江桥蒙古族镇，于2008年开馆。馆内1号展厅308平方米，陈列着马占山部队在嫩江血战、马占山亲赴前线视察及马占山在江桥抗战中的讨日通电等200多幅历史照片及实物。2号展厅中央设有一个128平方米的战地沙盘，再现了江桥抗战时期从江桥到齐齐哈尔市70多千米的地形地貌及马占山部队的布防情况。

馆外建有江桥抗战纪念碑、马占山将军铜像等，江桥抗战遗址亦归属纪念馆。

　　轰轰烈烈的江桥抗战因马占山部队的孤立无援而失败了，但它不仅是中华民族有组织抵御外来侵略的第一枪，也是世界反法西斯战争的第一枪。它不仅震慑了日本侵略者的嚣张气焰，也点燃了东北各地义勇军的星星之火，掀起了全国人民的抗日救国浪潮。

佳木斯景点

　　佳木斯，坐落在世界三大黑土地之一的松花江、黑龙江、乌苏里江汇流的三江平原腹地，位于我国的最东端，是我国最早迎接太阳升起的地方，素有"华夏东极"之称。

　　"抗联精神"与"北大荒精神"在这里形成和延续，有着永不褪色的红色印记；这里是神秘的赫哲族最主要的聚居地，赫哲文化源远流长；这里还是快乐舞步健身操的发源地，人们乐观向上，充满健康活力。

　　华夏东极、赫哲之乡、中国粮仓、美丽三江，这是佳木斯最闪亮的名片。

　　佳木斯冰雪大世界、松花江敖其湾滑雪场、桦川雪寨、奥林射击场、沿江公园、建三江七星旅游名镇、三江口生态旅游区、华夏东极旅游区、富锦冰雪乐园、黑瞎子岛、抚远鱼博馆、同江非物质文化遗产展示馆、桦南百年蒸汽火车、同江俄罗斯风情园，"东极之冬"冰雪文化季、"东极之冬"三江泼雪节、同江冬捕文化节、冰糖葫芦节、国际冰雕展、赫哲族非遗婚俗冰上展演……

　　佳木斯充满了北国风光，各个游玩目的地精彩纷呈、各种文旅活动层出不穷，让人们畅享冰雪时光、尽赏冰雪魅力。

❄ 同江·三江口生态旅游区：三江交汇处的明珠

有人说，如果错过了同江的春、夏、秋，那么就不要再和同江的冬天擦肩而过。尤其是三江口生态旅游区，能带人领略同江最美丽的冬日风情。

三江口生态旅游区位于同江市区东北7.5千米处，黑龙江和松花江在此相汇，汇合后俗称"混同江"，故名为"三江口"，以"江汇于此、路始于此、海通于此"而闻名。

黑龙江水色黑，而松花江水泛黄，两江交汇时便形成了黑黄二色界线分明的自然奇观。

春夏时节，三江口边稻花飘香。

秋时，一望无际的平原上，金色的麦浪随江风起起伏伏，煞是迷人。

而初冬里明水期与封江期交界时，可以欣赏到独具北方特色的跑冰排景观，大大小小、晶莹剔透的冰排顺流而下，气势恢宏、景象壮观，江岸雾凇如梦似幻、令人震撼。

待到三江口江面彻底封冻，广阔的冰雪天地可以任由人们滑冰、戏雪和渔猎。

旅游区中的主景区则是顺应贯穿中国南北的大动脉——同三公路而建设的起点广场，其中有起点纪念碑、起点标志塔，体现了人生起点的大主题。起点广场东侧有一座赫哲族博物馆，展示了赫哲族人源远流长的历史文化。

❄ 抚远·东极阁：东极日出胜地

在东极之地抚远，东极阁是迎接第一缕阳光的地方。东极阁是抚远市的最高点，这里的日出要比东极广场早上那么几秒。

东极阁，有"华夏东极"之称，位于伊利嘎山之巅，南山公园山顶，海拔266.5米，为仿唐木制榫卯结构阁楼，二明一暗，共三层。

东极阁连接犹如龙形的盘山公路，似龙头高昂于山巅。在这里登高远望，不只能迎接朝阳，还可以看绵绵群山、缓缓江水，将山上江边的绝美自然风光尽收眼底。霓虹满街时，城市的灯火璀璨，繁华热闹中带着宁静祥和，盛世美景展现在人们面前，美如诗篇。

❄ 抚远·东极广场：东方起始点

抚远市地处中国陆地最东端，是最早将太阳迎进我国的地方。而在抚远，东极广场无疑是观赏日出的最佳地点之一。

东极广场，也称太阳广场，位于佳木斯抚远水道与乌苏里江交汇处的三角形沙洲之上，可观览边境风光、异国风情、三江湿地等。广场主要以河口广场、太阳亭、游廊、华表、水榭、四极文化墙、中国地图等景观组成。

广场中39.5米高的"东极标志牌"（世界上最大的东字），就似桅杆一样，以河口广场为舰艇，象征着中国如巨轮一样扬帆起航。而东极抚远就是这艘巨轮的船头，迎接每日朝阳。

❄ 抚远·黑瞎子岛旅游区：东方第一岛

2008 年 10 月 14 日，中俄两国政府在黑瞎子岛上举行"中俄国界东段界桩揭幕仪式"。黑瞎子岛西部约 171 平方千米陆地及其所属水域正式回归中国。

黑瞎子岛是国家 AAAA 级旅游景区，东西两侧分属俄罗斯与中国，有"一岛两国、国境线上的绝美风光"之美誉。

走过连接黑瞎子岛和陆地的唯一通道乌苏大桥，人们便进入了黑瞎子岛。

黑瞎子岛湿地公园中，人们可以沿着木栈道自在地漫步，游览黑瞎子岛湿地的原生态景观。

黑熊主题动物园探秘野熊园里，黑熊、狍子、鹿、野兔、狐狸等野生动物愉快地生活。这里有绿野熊踪、黑熊地带、观熊平台、山林密境、河岸丛林五大神秘区域，可供人们乘车游览。

东极宝塔处，人们可以尽览宝塔、"神龟探水"、"麒麟献瑞"、"中华东极宝鼎"、大型浮雕"华夏长卷"等景观设施。

"东方第一哨"就位于黑瞎子岛，哨所邻近乌苏里江，是每日里第一个把五星红旗升起在祖国最东方的哨所。

❄ 抚远·鱼文化博览馆：东方淡水鱼文化宝库

在黑龙江畔，有国内唯一一座针对黑龙江、乌苏里江流域的水生物和生态环境进行主题展示，兼具体验、传播功能的淡水鱼文化博物馆——抚远鱼文化博览馆。

抚远鱼文化博览馆位于"淡水鱼之都"抚远市的佛山路与沿江路交口，于2017年投入使用，占地面积为10000平方米，建筑面积为4000平方米，是典型的俄式风格建筑，为亚洲最大的淡水鱼博物馆。

博览馆一层是水族馆，以"鱼行两江"为主题，其中鱼类均来自黑龙江和乌苏里江，有活鲟鳇鱼100多条，各种江鱼品种齐全，是一个自然欢快的水底世界。

博览馆二层以"鱼聚抚远"为主题，由标本馆和赫哲民俗渔猎文化馆两部分组成。标本馆中大型鳇鱼标本1000斤以上的4条，其中镇馆之宝大鳇鱼标本，出水称重1128斤。还有大马哈鱼标本10条，三花五罗十八子应有尽有，共21科70多种鱼类。

鹤岗景点

  鹤岗，黑龙江省东部中心城市之一，位于黑龙江、松花江和小兴安岭"江臂岭怀"合拢的生态金三角区域，北部与俄罗斯犹太自治州隔江相望，是绿色有机塞外鱼米之乡、黑龙江沿岸生态康养之都、对俄开放的前沿阵地、黑龙江省冰雪旅游目的地。

  大界江、大森林、大湿地、大农业、大矿山、大冰雪等是鹤岗独具特色的生态旅游资源。

  龙江三峡、梨花谷、十里河林场的锦绣风光，带人领略界江风姿、森林风情；鹤立湖冰雪大世界、天水湖冰雪乐园、凤栖湖冰雪乐园，是玩冰戏雪的好地方；松鹤滑雪场、凤凰山滑雪场，给人绝佳的滑雪体验；东明朝鲜族乡红光村里，民俗、美食人们欢乐同享；中国青年志愿垦荒纪念馆，带人重回那段激情燃烧的垦荒年代；宝泉岭现代农业生态园、绥滨农场现代农业观光景区，温室景观、生态采摘、乡村年货应有尽有；谕霖射击场、亿豪马术冰雪乐园中，雪地里骑马、射击的快乐，无与伦比。

  这个边陲之地的山川之美、人文风情，等待着人们的探索与发现。

❄ 萝北·龙江三峡：中俄界江奇观

北国好风光，尽在黑龙江。

而黑龙江地区内，龙江三峡则可以称得上"黑龙江最美的地方"之一。

黑龙江是我国第三大河流，为中俄界江，四季分明，各时节风景迥异，皆有震撼人心之美。龙江三峡位于黑龙江中游萝北江段，西起嘉荫河口，东至太平沟乡兴东风景区，水路全长 80 千米，拥有丰富的自然植被资源。

顾名思义，龙江三峡中有三段峡谷——龙门峡、金龙峡、金满峡，其中金龙峡内又有三段小峡谷——龙头峡、龙腾峡、龙凤峡，这样就形成了"大峡套小峡，

峡中又有峡"的奇特风光。

春季，开江时节，冰层崩裂、冰排相撞，一江春水缓缓东流，声势浩大、奇景壮阔。

夏季，雾绕青山、鸟鸣蝶舞、江风送爽，令人心旷神怡、乐而忘忧。

秋季，江水壮阔，五花山中色彩斑斓，两岸风光尽收眼底。

冬季，清澈透蓝的冰一望千里，一尘不染的雪万里飘飞，江面反复冰冻后形成的龙鳞冰块是神奇的大自然馈赠给人们的珍品。

"岸上观是江、船上看为峡、高处望成湖、空中览似龙"，是人们对神奇的龙江三峡的最好总结。

龙江三峡，无论在何处停留，无论在何处回眸，一定都是最美的人间邂逅。

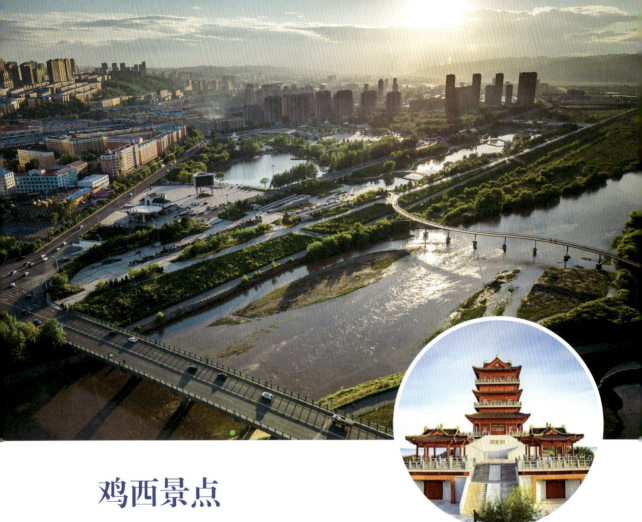

鸡西景点

　　鸡西市位于黑龙江省东南部，有煤炭、石墨、硅线石、钾长石和镁等矿产资源，是世界优质石墨主产区，为"中国石墨之都"；拥有中俄界湖兴凯湖、中俄界江乌苏里江，是一个生态环境优越、天蓝地净水清的"生态之城"、天然"江湖"胜地；是满族先祖肃慎人的发祥地、中国空军的诞生地、第二次世界大战终结地、珍宝岛事件发生地、"北大荒精神"发源地。

　　在鸡西，人们可以逛逛冰雪花灯游园会，看看精彩的文艺演出；去鱼亮沟打卡梦幻冰雪小镇，玩一玩畅快的大滑梯；在兴凯湖上参与热闹的冬捕，感受古老的肃慎文化；还可以看汽车在冰雪赛道上驰骋，体会雪地越野的惊险刺激；可以在鑫人合旅游滑雪山庄放手一滑，纵享滑雪之乐；更可以纵身一跃，在红星湖水库冬泳场挑战自我。

　　在鸡西的大界湖、大界江、大森林、大湿地、大冰雪中，人们赏冰雪、观花灯、扭秧歌，畅玩冰滑梯、冰迷宫、雪地摩托、雪地漂移……

　　对于跨越山海来寻冰踏雪的人们，鸡西准备好了一切，从不辜负！

❄ 密山·兴凯湖旅游度假区：中俄大界湖

"兴凯湖，不一样的江湖。"这是兴凯湖向人们推介自己的豪迈宣言，也是其身为亚洲第一大淡水界湖的底气所在。

兴凯湖位于密山市东南部，原为中国内湖，1860 年中俄《北京条约》签订后，变成了中俄界湖，总面积 4380 平方千米，其中北部约三分之一属于中国，南部约三分之二属于俄罗斯。

这也是人们常说的大兴凯湖，与其相连的还有小兴凯湖，其为内陆湖，面积 176 平方千米。二者共同构成了兴凯湖的美丽景观。满族人的祖先肃慎人就在这大小兴凯湖边创造了悠久而独特的渔猎历史和"新开流文化"。

夏季的兴凯湖烟波浩渺、气候宜人，一湖碧水吸引着人们纷纷来此消夏避暑。

冬季，兴凯湖冰期长，从 12 月一直到第二年的 5 月，冰层厚度近 1 米，有着永不封冻的入江口。由于兴凯湖水体巨大，封冻过程缓慢且艰难，待温度下降，寒风吹动，冰层从中心向岸边扩展，形成冰柱、冰墙、冰丘、冰长城、冰瀑布等景观。

封冻后的兴凯湖，堆砌着美丽的蓝冰，成了一个巨大的天然冰雪乐园，冬捕、头鱼拍卖、马拉松、拉力赛、冰雪嘉年华、冰雪徒步穿越等活动热闹展开。

兴凯湖当壁镇景区，位于大兴凯湖最西端，有世界上最小的界桥、王震将军

开发北大荒纪念馆；兴凯湖新开流景区位于度假区的中部，有万人沙滩浴场、观景平台、游船码头、兴凯湖湿地公园、新开流遗址、兴凯湖博物馆； 泄洪闸景区位于兴凯湖中心，汛期开闸时，涛声震耳；龙王庙风景区与泄洪闸景区紧紧相连，这是观鸟的最佳地点；兴凯湖湖湾渔港，则是冬日里的冰雪娱乐王国。

❄ 虎林·虎头旅游景区：中俄边境历史名镇

虎林，第二次世界大战终结地，珍宝岛自卫反击战发生地，东北抗联主根据地，北大荒精神、知青文化的发祥地，乌苏里江的起点。这里有说不完的历史、讲不完的故事，也有看不尽的风景，黑龙江省6个AAAAA级风景区之一的虎头旅游景区就在这里。

在虎头旅游景区里，人们可以赏界江风光、看战争遗址、去湿地探险、感悟历史文化、缅怀先烈前辈。这里不仅有身与心的放松，更有爱与美的洗礼。

"天下第一虎"，雄踞乌苏里江畔，傲视天下；"乌苏里江第一塔"上，人们可以尽赏界江风光；虎头镇特色冰雪小镇，是人们嬉冰乐雪的天堂；东方第一庙、东方第一抗联地下交通站——关帝庙，则是历史与文化的见证者；侵华日军虎头地下军事要塞遗址博物馆，展示了抗联英雄事迹、侵华日军罪证、虎头要塞遗址，

是向青少年进行爱国主义教育和国防教育的绝佳教材；第二次世界大战终结地纪念园，是人们聆听英雄故事、缅怀纪念过去的地方。

　　森林、湿地、河流、冰雪及厚重的历史，虎头旅游景区，人们的自然与文化家园。

双鸭山景点

　　双鸭山，位于黑龙江省东北部，地处完达山脉北麓、三江平原腹地，隔乌苏里江与俄罗斯相望，是黑龙江省重要的煤炭、电力、化工、钢铁和粮食生产基地，有"黑土湿地之都""绿色生态之城""中华玉文化摇篮"的美誉。

　　每到雪花在大地上飞舞之时，冬日独有的快乐便在双鸭山大地上沸腾起来。

　　笔架山冰雪乐园、光辉雪村、宝清县知青文化街区、饶河冰雪嘉年华、友谊县冰雪大世界嘉年华、双兴冰雪欢乐谷、云峰山滑雪场、青山滑雪场、东湖雪谷、圣洁摇篮山滑雪场、七星山国家森林公园……这些都是人们开展冬捕、冬泳、滑雪、玩雪、滑冰等冰雪娱乐活动及冰雪运动的好地方。

　　人们还可以听着《乌苏里船歌》、赫哲族特有的伊玛堪说唱，在四排赫哲风景区，在农家小院中，体会纯正的赫哲民族特色和东北民俗风情。

　　雪的声音、雪的画面、雪的味道、雪的风情、雪的韵味，都在双鸭山等着人们的到来。

❄ 乌苏里江国家湿地公园：乌苏里江边的生态绿洲

乌苏里江水长又长，乌苏里江边好风光。在双鸭山欣赏中俄界江乌苏里江的美景，就一定要到乌苏里江国家湿地公园来。

乌苏里江国家湿地公园位于双鸭山市饶河县东部的乌苏里江畔，主要有沼泽、湿地、草甸和林木等多种植被，生活着多种禽类和鱼类。且湿地公园紧邻饶河城区，是我国少有的城边上的界江湿地公园。饶河与抚远在同一经度线上，同为我国最早迎来第一缕阳光的地方。

乌苏里江畔的小南山风景区和沿江景观带，与湿地公园一起形成了自然和谐的美丽画卷，是人们夏季纳凉、冬日赏玩的绝佳去处。

尤其是冬日生成雾凇的湿地公园，一派银装素裹，冰枝妖娆、雪树浪漫，走入其中，人们就仿佛置身于一幅北国水墨画中，如梦如幻。

待到冰雪消融之际，成群结队的东方白鹳和苍鹭等候鸟更是迫不及待地回到它们的东北快乐老家，在这里嬉戏觅食，更显得生机无限。

绥化景点

　　绥化市，位于黑龙江省中部，松嫩平原的呼兰河流域，是黑龙江省重要交通枢纽、离省会哈尔滨最近的地级市，有"中国寒地黑土特色物产之乡"的美誉。"绥化"二字，是满语"艾蒿"的音译，取自《诗经》中的"福履绥之，安好造化"，有安顺吉祥之意。

　　绥化市冰雪奇园、北林金龟山庄、庆安望龙山滑雪场、千鹤岛旅游风景区、望奎植物园中，可爱有趣的冰雕雪塑、体验感十足的冰雪娱乐项目、观赏性十足的冰雪运动表演，带给人们非同寻常的冰雪乐趣。

　　黄崖子关东民俗文化旅游村、兰西彭氏灯彩冰雪花灯游园会、望奎县满族博物馆、兰西县锡伯部落旅游景区、四大坊民俗文化村里，人们走一趟，就能观赏东北乡野风光、领略东北本土乡风、了解东北传统文化、体验东北民情民俗。

　　壮美的冰雪风光、灿烂的冰雪艺术、丰富的冰雪活动、独特的民风民俗，绥化与人们共赴浪漫的冰雪之约……

❄ **肇东·千鹤岛旅游风景区：** 千万候鸟的湿地家园

在肇东市黎明镇，有一个松花江流域保存完整、景色秀丽、鸟类种群丰富、湿地多样性特征显著的自然遗迹——千鹤岛湿地。黑龙江省林业厅鸟类研究基地、省级水利风景区、国家AAA级景区千鹤岛旅游风景区就处于其中。

每到春风送暖、大地回春之时，东方白鹳、丹顶鹤、白头鹤、鸬鹚、白琵鹭、鸳鸯及其他成千上万的候鸟便来到千鹤岛湿地开始它们悠闲自在的春夏生活。人们乘着游船穿梭在芦苇荡中，便可与它们近距离地接触。

这里还生活着芦苇、狭叶香蒲、小叶樟、羊草、星星草、野古草等114种药用、饲用及纤维植物，十足是一个"百草园"。

而萌宠小镇里，每时每刻都能听到孩子们欢快的笑声。

到了冬季，千鹤岛风景区则化身为冰雪乐园，等着人们的到来。

各种大小不一、形态各异的雪人，是人们的欢乐伙伴；曲折回环的冰雪迷宫，充满乐趣和挑

战；趣味雪圈、拉力雪圈，雪圈的多种玩法让人们乐翻天；冰雪滑梯、雪地摩托，让人们的身和心一起飞扬……

❄ 兰西·彭氏灯彩冰雪花灯游乐园：非遗灯彩冰雪奇观

在绥化市兰西县兰西镇有一个彭家大院，20 世纪 70 年代起，每年的元宵节，这里就会因举行"彭氏灯彩"家庭元宵灯会而成为城中最热闹的地方。

彭氏灯彩有 200 余年的历史，创始人彭金福生于 1769 年，是山东省历城县人。彭氏灯彩的第四代传人彭谦，将彭氏灯彩由山东带到了黑龙江兰西。

彭氏灯彩于 2016 年列入黑龙江省非物质文化遗产保护项目。其历代传承人创作了百余种灯彩，在技艺技法上不断推陈出新，实现了非物质文化遗产和冰雪文化的有机结合。

彭家大院内，冰雪花灯游乐园已成功开办六届，占地面积 5 万平方米，园内建有彭家大食堂、彭家超市、彭家灯彩年画博物馆、非遗体验馆、怀旧民俗小院等建筑。而彭氏族人精心制作的百余盏彩灯，别致精巧、灵气十足、流光溢彩，有人物、动物、建筑等各种题材，与美轮美奂的冰雪景观一起为人们献上吉祥富贵、连年有余、平安幸福的美好祝愿。

七台河景点

　　七台河市，位于黑龙江省东部，处在完达山山脉的低山丘陵地区，有倭肯河和挠力河等河流流过，是一座山水风光十足的园林城市。

　　四新悠然主题度假村、红胜休闲农业观光谷中，人们可以体味乡村风景，体验农家之乐；仙洞山风景区、佛宝寺，充满神秘色彩，是人们访幽探秘、祈福纳吉的绝佳场所；万宝雪雕展、万宝山滑雪场、九州雪域雪乐园里，人们领略冰雪风光，体验冰雪娱乐的惊险与刺激；走出冰刀造型的高铁站，欣赏城市之光主题雕塑，踏入冠军湾，走上冠军桥，进入冠军馆，无处不在的冠军文化元素，更是让人们体验了这个东北小城的豪迈与激情、冰上运动的奇迹。

　　在七台河市，校校有冰场，人人会滑冰，对冰上运动人才的培养，真正做到了从娃娃抓起。这里是当之无愧的"中国短道速滑之乡""奥运冠军之城"。

❄ 七台河市短道速滑冠军馆：

冬奥冠军精神传承地

七台河每年有 4 个月的气温低于 -20℃，具有开展冰雪运动的天然优势。40 多年间，有 12 位冬奥冠军和世界冠军从这个小城走向世界，而七台河市短道速滑冠军馆就记录着小城的骄傲与辉煌。

七台河市短道速滑冠军馆位于七台河市桃山区山湖路 15 号，最初作为城市观光塔于 2011 年建成，2019 年改造成短道速滑冠军馆并对外开放。

冠军馆整体建筑高 83 米，塔基 12 米见方，共 8 层，塔身四面设置钟表，寓意七台河是"一座手握秒表的城市"。第一层布置着四个板块——金牌榜、荣誉墙、冠军路、冰之梦，第二层为著名短道速滑教练、"冠军城市"的奠基人孟庆余和历代教练影像展示，第三至五层分别是杨扬、王　、张杰展厅，第六层是"冠军辈出的城市基因"展示。

馆内的金牌榜、千余双冰刀展示墙、冠军的训练日记、冬奥金牌、一座座雕塑、一个个关于短道速滑运动的励志故事……让人们的情绪激荡不已，仿佛也生出一股敢拼敢闯的豪气。

冠军馆不仅是一座单纯的建筑，更是人们心中不朽的丰碑，它传承和弘扬了"敢为人先、永争一流"的冠军精神文化，激励着人们勇毅向前。

第二篇

行游龙江

大美龙江的冰雪画卷上，每一处景点都有独特的色彩。

深入体验冰雪文化，感受东北民俗风情，在雪地中寻找刺激……

选择一条线路，就是选择了一种旅行方式。

一段难忘的冰雪之旅等你来开启。

150

冰城艺术之旅

线路一

太阳岛国际雪雕艺术博览会

地址：哈尔滨市松北区太阳岛风景区内

❄ 雪博会适合白天去逛，户外温度很低，一定要注意保暖。

松花江观光索道

地址：哈尔滨道里区通江街 218 号

❄ 如果想要拍摄到完美的日落，记得要提早到达，建议在傍晚三点半左右到达，可以带一点小零食。

红专街早市

地址：哈尔滨市红专街

❄ 红姐油条、尹胖子油炸糕、鸡蛋堡、冻柿子、冻梨等美食不要错过，排队人多建议早点儿去。

哈尔滨极地公园

地址：哈尔滨市松北区太阳大道 277 号

❄ 极地公园里有餐厅，不用出园区就可以解决吃饭的问题。在极地公园内部还有酒店，可以和北极熊做邻居，适合外地游客和需要午睡的宝宝。

冰雪大世界

地址：哈尔滨市松北区松北大道西侧

❄ 冰雪大世界一定要早点去，里面项目很多。而且是通票，晚去太亏了～

冰城艺术之旅
线路二

松花江冰雪嘉年华

地址：哈尔滨市道里区人民防洪胜利纪念塔广场下松花江江面上

❄ 不建议买套票，可以到景区内选择自己感兴趣的单个项目游玩。

人民防洪胜利纪念塔

地址：哈尔滨市道里区斯大林街 20 号附近

❄ 白天与晚上的景色不同，夜晚会有灯光秀。

兆麟公园冰灯艺术游园会

地址：哈尔滨市道里区友谊路 74 号

❄ 户外温度很低，一定要注意保暖。等到夜幕降临就可以来赏冰灯啦！

哈尔滨市博物馆

地址：哈尔滨市道里区柳树街 13 号

❄ 博物馆在特别活动或其他情况下会调整
参观时间，具体以官方通知为准。此外，
为保证观众参观体验，场馆可能会在客流
高峰期采取人员限流措施。

中央大街

地址：哈尔滨市道里区

❄ 哈工大中心、中央大街邮局、
中央书店等都可以盖章打卡。马
迭尔西餐厅、欧罗巴西餐厅、华
梅西餐厅、塔道斯西餐厅等是不
错的选择。

圣·索菲亚教堂

地址：哈尔滨市道里区透笼街 88 号

❄ 拍"俄式公主"写真时要注意保暖，晚上的教
堂也非常出片。这里还有一个美食聚集地——道
里菜市场，从传统的东北小吃到现代的快餐，这
里应有尽有，满足不同口味的需求。

冰城艺术之旅

线路三

哈尔滨大剧院

地址：哈尔滨市松北区文化中心岛大剧院街 1 号

❄ "哈尔滨大剧院"公众号会发布演出预告，可以在线预约购票。到了大剧院千万别错过哈尔滨音乐博物馆，它是一座以音乐文化为主的专题性博物馆。

哈尔滨音乐公园

地址：哈尔滨市道里区友谊西路与松花江外滩湿地中间公园绿地（三环桥—上江街）

❄ 户外温度很低，一定要注意保暖。

东北虎林园

地址：哈尔滨市松北区松北街 88 号

❄ 乘车入园游览时长约 30 分钟，步行区自行游览，不限时间；有看马戏的游客可根据时间自行安排游览。

钻石海

地址：哈尔滨市松北区沙滩部落附近（公路大桥两侧）

❄ 日落的时候很美，但游客较多，建议可以日出去。

哈尔滨德嘉码头

地址：哈尔滨市道里区友谊西路 1966 号

❄ 门口有免费的停车场，建议晴朗的白天会更出片哦~

冰城艺术之旅
线路四

中华巴洛克历史文化街区

地址：黑龙江哈尔滨市道外区

❄ 街区内有许多老字号美食和特色商铺，可以品尝地道的哈尔滨小吃。建议您随性漫步，探索别样的胡同和小巷。

黑龙江省博物馆

地址：哈尔滨市南岗区红军街 50 号（期待哈尔滨市松北区天马街省博新馆）

❄ 需要提前在"黑龙江省博物馆"微信公众号或"黑龙江省博物馆官方网站"进行预约。

哈药六厂版画博物馆

地址：哈尔滨市道外区南直路 326 号

❄ 哈药六厂版画博物馆实行预约参观制，并携带身份证件原件和预约凭证。

圣·阿列克谢耶夫教堂

地址：哈尔滨市南岗区士课街 47 号

❄ 教堂通常只在举行宗教活动时开放，平时不开放参观。

冰城研学之旅
线路一

人民防洪胜利纪念塔

地址：哈尔滨市道里区斯大林街 20 号附近

❄ 白天与晚上的景色不同，夜晚会有灯光秀。

哈尔滨规划展览馆

地址：哈尔滨市道里区友谊路 369 号

❄ 展馆提供团体参观服务，并配备了不同语种的讲解员以满足外宾参观需要。

滨州铁路桥（哈尔滨松花江铁路大桥）

地址：哈尔滨市道里区斯大林公园东侧松花江上

❄ 桥上的"松花江"三个大字是这座桥最具代表性的标志之一，站在桥头堡旁，可以俯瞰整个河流及对面的风景。

中东铁路印象馆

地址：黑龙江省哈尔滨市道里区友谊路 1 号

❄ 参观该馆需要大约 1 小时的时间，记得带上相机或手机，以免错过任何精彩瞬间。

冰城研学之旅

线路二

哈尔滨冰雪文化博物馆

地址：哈经开区松花路 9 号中国云谷 A2 栋 2 层

❄ 参观建议时长 90 分钟。

哈尔滨市平房区冰球馆

地址：哈尔滨市平房区南城九路 3 号

❄ 室内温度较低，一定要注意保暖。

哈尔滨市奥禹冰壶运动中心

地址：哈尔滨市经济开发区天池路 1 号

❄ 室内温度较低，一定要注意保暖。

哈尔滨平房区冰上运动中心

地址：哈尔滨市平房区哈南十一路 6 号

❄ 这里不仅为冰上项目赛事和运动队提供专业场地，同时在固定时间段向社会公益开放，带动更多市民零距离接触冰雪运动。

冰城研学之旅

线路三

黑龙江省博物馆

地址：哈尔滨市南岗区红军街 50 号（期待哈尔滨市松北区天马街省博新馆）

❉ 需要提前在"黑龙江省博物馆"微信公众号或"黑龙江省博物馆官方网站"进行预约。

侵华日军第七三一部队罪证陈列馆

地址：黑龙江省哈尔滨市平房区新疆大街 23 号

❉ 馆内入展通道墙壁上及各个展厅内均贴有二维码，可扫码免费听语音讲解。

哈尔滨市博物馆

地址：哈尔滨市道里区柳树街 13 号

❋ 博物馆在特别活动或其他情况下会调整参观时间，具体以官方通知为准。此外，为保证观众参观体验，场馆可能会在客流高峰期采取人员限流措施。

哈尔滨工业大学航天馆

地址：哈尔滨市南岗区和兴路 95 号哈尔滨工业大学校园内

❋ 学校为教学科研单位，非旅游景点，不向任何机构和个人收取参观费用。

❋ 参观人员在校园内可乘坐校园小巴进行参观哦！

行游龙江

冰城研学之旅
线路四

哈尔滨极地公园

地址：哈尔滨市松北区太阳大道 277 号

❄ 极地公园里有餐厅，不用出园区就可以解决吃饭的问题。在极地公园内部还有酒店，可以和北极熊做邻居，适合外地游客和需要午睡的宝宝。

黑龙江省科技馆

地址：哈尔滨市松北区太阳大道 1458 号

❄ 科技馆经常举办各种科普活动和特别展览，如科普讲座、科学实验表演等。

东北虎林园

地址：哈尔滨市松北区松北街88号

❅ 乘车入园游玩时长约30分钟，步行区自行游览，不限时间；有看马戏的游客可根据时间自行安排游览。

太阳岛国际雪雕艺术博览会

地址：哈尔滨市松北区太阳岛风景区内

❅雪博会适合白天去逛，户外温度很低，一定要注意保暖。

冰城亲子度假之旅
线路一

东北虎林园

地址：哈尔滨市松北区松北街 88 号

❄ 乘车入园游玩时长约 30 分钟，步行区自行游览，不限时间；有看马戏的游客可根据时间自行安排游览。

太阳岛国际雪雕艺术博览会

地址：哈尔滨市松北区太阳岛风景区内

❄ 雪博会适合白天去逛，户外温度很低，一定要注意保暖。

波塞冬旅游度假区

地址：黑龙江省哈尔滨市呼兰区汇江路 153 号

❄ 记得带上相机，记录下每一个美好瞬间；尽量早点出发，以免错过精彩演出。

哈尔滨极地公园

地址：哈尔滨市松北区太阳大道 277 号

❄ 极地公园里有餐厅，不用出园区就可以解决吃饭的问题。在极地公园内部还有酒店，可以和北极熊做邻居，适合外地游客和需要午睡的宝宝。

第二篇

行游龙江

167

冰城亲子度假之旅

线路二

枫叶小镇温泉度假村

地址：哈尔滨市松北区智谷三街5555号

❄ 住宿、温泉、洗浴相结合，是一个理想的休闲度假胜地。

哈尔滨热雪奇迹

地址：哈尔滨市松北区世茂大道99号融创茂F1

❄ 对于初学者来说，这里有专门的新手教学课程，专业教练全程陪护，短时间内掌握基本技巧。

松花江冰雪嘉年华

地址： 哈尔滨市道里区人民防洪胜利纪念塔广场下松花江江面上

❄ 不建议买套票，可以到景区内选择自己感兴趣的单个项目游玩。

兆麟公园冰灯艺术游园会

地址： 哈尔滨市道里区友谊路 74 号

❄ 户外温度很低，一定要注意保暖。等到夜幕降临就可以来赏冰灯啦！

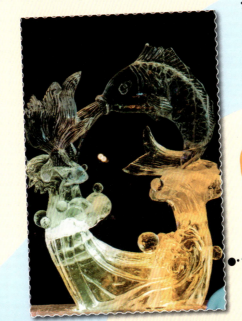

冰城亲子度假之旅
线路三

龙塔

地址：哈尔滨市南岗区长江路 178 号

❄ 如果你想欣赏美丽的落日，建议在傍晚三点半左右到达。

中央大街

地址：哈尔滨市道里区

❄ 哈工大中心、中央大街邮局、中央书店等都可以盖章打卡。马迭尔西餐厅、欧罗巴西餐厅、华梅西餐厅、塔道斯西餐厅等是不错的选择。

圣·索菲亚教堂

地址：哈尔滨市道里区透笼街 88 号

❄ 拍"俄式公主"写真时要注意保暖，晚上的教堂也非常出片。这里还有一个美食聚集地——道里菜市场，从传统的东北小吃到现代的快餐，这里应有尽有，满足不同口味的需求。

伏尔加庄园

地址：哈尔滨市香坊区成高子镇哈成公路 16 公里处

❄ 冬季这里有城堡雪圈、马爬犁、滑雪、雪国列车等各种冰雪娱乐项目。同时，还可以欣赏伏尔加庄园内梦幻般的美景，随手一拍就是大片。

冰城亲子度假之旅

线路四

哈尔滨音乐公园

地址： 哈尔滨市道里区友谊西路与松花江外滩湿地中间公园绿地（三环桥—上江街）

❄ *户外温度很低，一定要注意保暖。*

冰雪大世界

地址：哈尔滨市松北区松北大道西侧

❋冰雪大世界一定要早点去，里面项目很多。而且是通票，晚去太亏了~

哈尔滨德嘉码头

地址：哈尔滨市道里区友谊西路 1966 号

❋门口有免费的停车场，建议晴朗的白天会更出片哦~

龙江红色教育之旅

线路一

东北烈士纪念馆

地址：黑龙江省哈南岗区一曼街 241 号

❄ 参观前需要通过"东北烈士纪念馆"微信公众号进行网上实名制预约。

侵华日军第七三一部队罪证陈列馆

地址：黑龙江省哈尔滨市平房区新疆大街 23 号

❄ 馆内入展通道墙壁上及各个展厅内均贴有二维码，可扫码免费听语音讲解。

东北抗联博物馆

地址：南岗区一曼街 243 号

❄ 展厅将利用声、光、电、3D 等高科技手段与实物展品相结合的方式，再现东北抗联战斗环境和场景。

哈尔滨烈士陵园

地址：哈尔滨市香坊区体育街 1 号

❄ 您可以规划一次有意义的参观之旅，缅怀先烈，传承红色精神。

龙江红色教育之旅
线路二

江桥抗战纪念馆

地址：齐齐哈尔市泰来县江桥蒙古族镇

❄ 在去往江桥抗战纪念馆的途中，可以顺路到齐齐哈尔品尝当地最具特色的美食——烧烤。

铁人王进喜纪念馆

地址：大庆市让胡路区中原路 2 号

❄ 请文明参观，并请将手机设置为静音以免影响他人参观。

大庆油田历史陈列馆

地址：大庆市萨尔图区中七路 73 号

❄ 陈列馆里见证了中国石油工业的发展史，还可以参与一些互动项目，如模拟钻井现场，亲身体验石油工人的辛苦。

❄ 周边有很多特色餐厅和小吃店，不要错过。

龙江红色教育之旅

线路三

第一届全国政协会议在哈联络处

地址：哈尔滨市道里区中央大街 89 号

❄ 推荐在此主楼留宿一晚，虽然设施略显陈旧，也没有了过去的繁华，但却是一次值得回忆的体验。

哈尔滨党史纪念馆

地址：哈尔滨市道里区西十五道街 33 号

❄ 这里距离道里菜市场很近，参观完可以顺路去品尝哈尔滨红肠、格瓦斯、油炸糕、干炸里脊等美食。

李兆麟将军纪念馆

地址：哈尔滨市道里区兆麟街 88 号

❄ 不赶行程的话，这里公交地铁都很方便。

革命领袖视察黑龙江纪念馆

地址：哈尔滨市南岗区颐园街 1 号

❄ 馆内严禁摄影和录像，请大家遵守规定，保持安静。

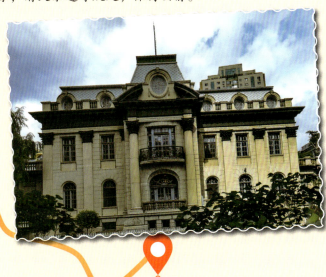

龙江游经典路线

激情滑雪之旅

哈尔滨

阿城

亚布力

◎阿城和亚布力拥有丰富多样和专业的滑雪资源，适合各类人士选择。

◎出发前应确认当地天气情况适合滑雪。

◎确认自己的身体情况能够适应寒冷气候和高强度的户外活动。

◎可以自己携带或者到场地租赁滑雪服装及用具。

◎穿戴好防护装备，听从教练指导。

◎不要在没有教练陪同的情况下挑战高难度的滑雪道。

多彩雪域之旅

哈尔滨

林口

横道河子

牡丹江

绥芬河

镜泊湖

◎在横道河子和绥芬河均可以欣赏俄罗斯风情。

◎在绥芬河可以购买俄罗斯纪念品或特产。

◎在横道河子东北虎林园喂食老虎时要注意喂肉夹子不要碰伤老虎。

◎在牡丹江和镜泊湖均可欣赏自然风光、体验冰上活动。

◎林口的雾凇特别适合摄影爱好者拍照。

快乐雪乡之旅

哈尔滨

亚布力

雪乡

二浪河

◎雪乡夜间的灯光雪景最出片，住宿、门票等一定要提前预订。

◎二浪河是体验东北民风民情的小众宝藏村落，有着不逊于雪乡的风景。

◎在二浪河和雪乡体验东北民俗时，尊重当地文化和生活习惯。

冰雪森林之旅

嘉荫

汤旺

伊春

五营

绥化

铁力

哈尔滨

◎ 本路线景点有湿地、森林、温泉、狩猎场等绝佳体验地。

◎ 森林资源丰富，适合休闲或徒步探险活动。

◎ 进行夏季或冬季徒步探险要做好防晒或防寒准备。

◎ 游玩前可以下载离线地图，以防信号不佳。

◎ 在森林中游玩时不要偏离指定路径，避免迷路。

◎ 游玩时要做好行程规划，注意休息。

温泉鹤舞之旅

齐齐哈尔

林甸

杜尔伯特

大庆

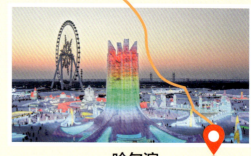

哈尔滨

◎参观大庆各类展馆时注意开放时间，提前预约。

◎在杜尔伯特蒙古族自治县，可以体验蒙古族文化风俗，注意尊重民族习惯。

◎泡温泉时不要时间过长，以免身体不适。

◎在扎龙保护区参观丹顶鹤时，注意保持安静，拍照时不要使用闪光灯，以免影响鸟类正常生活。

火山边城之旅

黑河

逊克

五大连池

哈尔滨

◎在五大连池游览时，注意不要偏离指定路径，避免进入危险区域。

◎在逊克和黑河等边境地区，注意遵守边检规定。

◎在口岸地区可以购买俄罗斯商品，注意商品质量，选择正规店铺购买。

◎通过黑河口岸可以进入俄罗斯远东第三大城市布拉戈维申斯克（海兰泡）游览，如有计划需提前备好相关证件。

◎黑河早市中也是领略东北民俗的绝佳地点。

界江界湖之旅

哈尔滨

虎林

鸡西

兴凯湖

◎界江界湖均可体验自然风光与俄罗斯文化风情。

◎在边境地区，注意遵守边检规定。

◎提前了解当地文化，有助于增加更好的游玩体验。

◎享受优美的自然风光的同时，注意保护环境。

萝北

鹤岗

哈尔滨

神州北极之旅

漠河

加格达奇

哈尔滨

◎冬季户外是极寒天气，要格外注意防寒保暖。

◎体验漠河极夜、欣赏漠河极光需要提前规划时间，做好功课。

◎注意遵守边检规定，不要擅自越过边界线。

华夏东极之旅

抚远

同江

哈尔滨

佳木斯

双鸭山

◎抚远黑瞎子岛是中国与俄罗斯的界岛，登岛可以感受"一岛两国"，体验边境文化。

◎有的景点需要清晨参观，领略中国第一缕阳光的美丽。

◎在同江参观中俄边境口岸，可以购买特色商品。

冠军传奇之旅

哈尔滨

七台河

◎在七台河了解冠军背后的故事，感受冠军们的奋斗历程。

◎体验丰富多彩的冰雪活动，感受冠军之城的独特魅力。

◎幸运的话，还可以看到运动员的训练或比赛。

龙江游特色路线

"林都号"豪华旅游专列（小环线 + 大环线）

◎ 提前预订座位，在冬季旅游旺季，座位可能会很快售罄。

◎ 考虑购买旅行保险，以应对可能的突发状况。

◎ 注意行李大小和重量限制，避免超重或过大无法带上列车。

◎ 提前到达车站，确保有足够的时间办理登车手续。

哈尔滨

伊春

小环线

雪乡

◎列车停靠站点时，上下车注意保暖，防止身体不适。

◎列车沿途将经过美丽的雪景，准备好相机或手机，记录美景。

◎遵守车厢内的规定，需要帮助及时联系列车工作人员。

漠河

伊春

大环线

抚远

哈尔滨

雪乡

雪域漫行自驾游

冰雪幻境"哈亚雪"

哈尔滨

G10 绥满高速 G10

亚雪公路

亚布力

二浪河

雪乡

G333 莫延公路

镜泊湖

两极之旅——"醉"美征途"G331"

呼玛

漠河

黑河

逊克

◎出发前必须更换雪地轮胎，以适应冰雪路面行驶。

◎加强汽车日常保养，检查车辆各部件是否正常。

◎规范驾驶行为，正确使用安全带和安全座椅。

◎使用车载暖气时注意通风换气，防止疲劳驾驶。

◎冬季气象复杂，注意保持车速和车距，正确使用灯光。

◎沿车辙行驶，谨慎超车和变道，慢打方向，避免急刹车。

嘉荫

抚远

萝北

同江

游玩锦囊：

❋ 冬日里出行要全面做好保暖防护工作，手机、相机也要做好保暖。哈尔滨室内外温差很大，穿衣搭配要方便增减衣物～

❋ 暖宝宝、充电宝或备用电池必带，同时，在赏玩雪景时，冰雪反射光会让眼睛产生不适，墨镜也是不可缺少的。

❋ 因为部分景点有优惠，所以65周岁（含）以上老人、残疾人持本人有效证件，学生党记得带上学生证，可以享受优惠价格～

穿衣指南：

冬季的黑龙江，在游玩中因户外的气温较极寒，所以要特别重视防寒保暖。

❋ 上衣

建议轻薄自发热的保暖内衣是首选。内衣外尽量选择羊绒毛衣或是贴身的厚卫衣，尽量不要选择太过宽松的衣服。

外套的话太空棉服或羽绒服外套是最佳选择。但千万记得要穿过膝的长款。（建议来本地购买或网购前询问一下可以抵挡的最低温度，许多南方适配的羽绒服在东北游玩并不适用。）

❋ 下装

棉裤！棉裤！棉裤！重要的事情说三遍！来到黑龙江一定要穿棉裤！棉花或者羽绒填充的最好，如果觉得穿起来笨重，可以选择轻薄一些的毛绒款，外裤以防风为主，最好可以遮住脚踝，收口设计是对腿最友好的款式。

❊ 鞋子

寒从脚下生，脚部保暖最重要。建议穿内部带厚毛厚绒的防滑雪地靴和加厚毛袜，鞋里最好垫上棉垫，如果比较怕冷的话可以贴上发热鞋垫，这样才够暖和。买鞋时一定看好，选择鞋底花纹深且材质摩擦力较大的才能有效防滑，让你无后顾之忧地在冰雪上撒欢玩耍。

❊ 其他防护

帽子、手套、围巾三件套要备齐，如果喜欢拍照的话手套尽量是选择五指可触屏的款式，在尽情拍照的同时也要保护好双手。

对于第一次来东北的小朋友，可以准备一个只露鼻子眼睛的连体帽，可以护住脖子，抵御严寒。

第三篇

饕餮盛宴

龙江美食，不仅仅是一种享受，更是一种生活的态度。

每一道都充满了东北的热情与豪迈，每一口都是对寒冷冬日的最好回应。

在冬季来黑龙江的餐桌，享受这味蕾的盛宴吧！

大炖菜

😊 排骨炖豆角：东北家常菜的温情之选

◎ "道听途说"

排骨炖豆角是一道具有浓厚乡土气息的家常菜。这道菜在黑龙江极负盛名，是当地人招待客人的特色菜肴。相传，皇太极征察哈尔部期间，曾在黑龙江的一个村落休整。由于猪肉不足，村民们将剔下的排骨与自家种的豆角一起炖制，以招待官兵。皇太极品尝后大为赞赏，并承诺胜利归来后赏赐村民。后来，他果然兑现了诺言。之后，当地农户都会用自家杀的猪的新鲜排骨和菜园子里种的鲜嫩油豆角一起炖制这道菜来招待尊贵的客人。据一些村子里的老人说，"四野"部队扩军，新入伍的战士吃的头一顿饭就是高粱米干饭、排骨炖豆角。后来才知道，其寓意当兵打仗要啃硬骨头，不要当孬兵。随着时间的推移，排骨炖豆角逐渐传播到整个东北地区，并成为东北传统四大炖菜之一。

◎ **饕餮诱惑**

　　鲜嫩的排骨和新鲜的豆角搭配在一起炖煮，用各种作料调味后，产生美妙的香气、味道和口感。这种美味组合像优美的旋律让食客陶醉其中，使其成为一道备受百姓喜爱的家常菜。烹制排骨炖豆角时，除了烂熟鲜嫩的排骨与豆角，还有的放进玉米块共同炖煮，菜名"大丰收"。这道菜，充满了喜庆吉祥之意。炖熟后，玉米粒变得愈加软糯入味，吸收了鲜美的排骨汤汁，香味更浓郁，品尝后满嘴溢香。人们的筷子在美食间流连忘返，似乎排骨炖豆角最对大家的口味。而浓郁的汤汁有着鲜美的滋味，带有豆角、玉米的清新和排骨的肉香，让这盘炖菜在冬季里满足每一个食客的胃肠，使他的口腔里充斥着丰富而美妙的味道。品味之间，人们的肚子被填得饱饱的，还有一种温馨、舒适、满足的感觉，就像享受到一次灵魂的盛宴。

😊 得莫利炖鱼：来哈尔滨必尝的鲜美鱼肴

◎ "道听途说"

　　东北名菜得莫利炖鱼风靡大江南北，成为南方游客来东北旅游必翻的"牌子"。人们品尝美食的同时很疑惑于这道菜名字的起源：这道菜是一个叫得莫利的人发明的还是这道菜的做法叫得莫利？还是这道菜的名字和一个叫得莫利的地方有关？

　　得莫利镇是黑龙江省哈尔滨市方正县下辖的一个乡镇，得莫利属于满语音译，是渡口的意思。当年渔民捕鱼时，在江边搭上草窝棚，垒上锅灶，把刚打上来的鲜鱼用江水炖着吃。但久而久之，渔民对这种清汤寡水的吃法失掉胃口，于是有人带一把粉条，有人带一块豆腐，还有的人带点红辣椒或者其他作料，这样的江边炖鱼就形成了这道菜的雏形。

　　当地人招待客人、新上门

的女婿，吃厌了其他菜肴，也会端出一大盆炖鱼，便形成了当地一种约定俗成的饮食文化。

◎ **饕餮诱惑**

人们在寒冷的北国风尘仆仆劳累了一天，躁动的味蕾急需美食的慰藉。人们循着弥散的香气，看到一大盘热气腾腾的得莫利炖鱼：鱼肉在慢火炖煮下浓香入味，金黄的汤汁与雪白的豆腐、晶莹的粉条、翠绿的葱段和鲜红的辣椒相互映衬。八角、桂皮、花椒等香料的加入，更是让这道菜的香气层次分明。

顾不得惊叹，顾不得保持优雅，舌头上的味蕾已经变成小馋虫，口腔溢满了口水，混合着鱼肉的绵软、粉条的顺滑、豆腐汤汁的浓郁，下咽的瞬间还能品味到辣椒的辣味和小葱的葱香，真是令人陶醉其中。

☺ 杀猪菜：东北年味的极致体验

◎ **"道听途说"**

最早在东北，杀猪菜是只有杀年猪才能吃得上的农家大菜。相传，杀猪菜最早源于满族人临近新年时祭祀祖先的习俗。每到年关将近，满族人便会宰杀一头猪，将猪肉与酸菜一同炖煮，以此祭祖并慰劳一年的辛苦。这时候杀猪就叫杀年猪。杀完猪后，全家人及亲朋好友相聚在一起，共同享用丰盛美味的杀猪宴。从猪头到猪尾，从猪皮到猪内脏，几乎猪身上的每个部分都会被巧妙利用制作成美味佳肴。这种习俗下，杀猪宴逐渐演变成为今天的杀猪菜。

◎ **饕餮诱惑**

到了年关，东北城乡弥漫喜庆气氛，杀年猪、请客吃杀猪菜，是每年的重要礼仪。杀年猪要请四邻八舍、亲朋好友吃上一顿颇有特色的杀猪菜，酸菜里炖血肠、白肉、猪下水，还有粉条、冻豆腐等。一盘又一盘肥美的五花三层猪肉片切出来，紫红色的血肠在盘子里颤抖，蘸上蒜酱吃进嘴里，再喝上两口白酒，浑身热乎乎的。平时很难吃到的肚片、肺片、猪肝等，也都切成零碎，大家吃着、聊着、推杯换盏，把这顿杀猪菜引向高潮。现在，东北城镇到处挂有杀猪菜的牌匾，哪里杀猪菜有品味、口感好、有营养，哪儿就成了饕客们争着一饱口福的热门旅游地点。在哈尔滨吃这道美味首推双城杀猪菜了，尽管天寒地冻饕客们也要前往。双城的街上到处可见专营杀猪菜的牌匾，而且做出的杀猪菜味道鲜美、香气扑鼻、菜品纯正，吃在嘴里油而不腻，咀嚼之间回味无穷。

☺ 小鸡炖蘑菇：来自兴安岭的山野好滋味

◎ "道听途说"

小鸡炖蘑菇是东北招待尊贵客人的一道必备的佳肴。农村俗话说："姑爷领进门，小鸡吓掉魂儿。"女儿新婚回门时，娘家要是没有其他好吃喝招待，抓一把蘑菇，杀一只小鸡，再加一些粉条炖上就可以了。因此，新婚的姑爷进了丈母娘家，小鸡炖蘑菇招待新姑爷，是东北农村的习俗。另外，小鸡炖蘑菇也是清廷皇室御膳名菜。相传，小鸡炖蘑菇曾是乾隆、光绪、宣统皇帝以及慈禧太后的御膳单子上必备的菜品，当时被称为"口蘑肥鸡"。这道菜不仅味道鲜美，而且调料里有人参、枸杞等补品，营养丰富，因此备受皇室喜爱。在民间，女人生孩子坐月子，用小鸡炖蘑菇补充气血；老人生了病，或者有人身体虚弱，也要用小鸡炖蘑菇这道菜滋补身子。

◎ 饕餮诱惑

一道热气腾腾的小鸡炖蘑菇，对美食家有很大吸引力，也是温暖人的心灵港

湾。端上桌的这道菜，香气浓郁，味道鲜美，让人馋涎欲滴。轻轻夹起一块鸡肉，软烂的肉丝散发出鲜香的滋味。女食客最喜欢啃鸡脖子、鸡爪子与鸡肋，丝丝缕缕的鸡肉在舌尖化开，滋润每一个味蕾，给女食客带来无尽的快乐。经过火炖，鸡肉的鲜嫩与蘑菇的香气完美融合，鸡肉的嫩滑细致、蘑菇的柔韧鲜香、粉条的筋道软糯，形成了丰富多样的口感，给人带来更多的愉悦感受。

😊 鳇鱼烧土豆：黑龙江江鲜与土豆的绝妙搭配

◎ "道听途说"

自从 1736 年清廷开禁放垦后，大量流民从关内来到松花江两岸落户，这里丰富的水产资源让他们成为渔民。松花江盛产包括鳇鱼在内的多种鱼类。这些鱼被认为是进贡皇室的鲜品。鳇鱼烧土豆这道菜与北方的渔业文化和饮食传统密切相关。哈尔滨松北区有一处名为"龙江第一村"的地方，这里开办了许多以鱼为主题的餐馆。有很多家渔村餐馆把鳇鱼烧土豆当成招牌菜。这道菜因鱼肉鲜嫩、土豆软烂入味、配菜新鲜而闻名，成为东北的特色菜肴。

◎ **饕餮诱惑**

　　有经验的厨师说，鳇鱼烧土豆这道菜，首要是火候的控制和调料的搭配。由炖转为烧，一字之变，有了口味上的变化。鳇鱼烧土豆的火候要适中，掌握每个用火的节点，保证鳇鱼肉质的细嫩，又不能破坏鱼肉的鲜美味道；同锅烧的土豆也需要注意火候的掌控，既要达到恰到好处的熟软糯面，又不能烧到泥烂碎裂的程度。调料的搭配与运用也有讲究，既要显出鳇鱼的鲜美，又要衬出土豆的面香味儿。在调料的配合下，厨师把食材搭配得恰到好处，火候掌控适度，既不用重油破坏鳇鱼的口感，又突出鳇鱼的鲜香，让鳇鱼的鲜味与土豆的香味相互交融、相互浸润，形成独特、浓郁的味道，令人食欲大增。

😊 铁锅炖：东北农村的传统烹饪

◎ **"道听途说"**

　　铁锅炖在东北垦荒发展中起到非常大的作用。当时关内饥民闯关东，到东北的逃荒百姓众多，而集市距离又很远，购买铁锅等生产生活用品极不方便，往往几十户人家只有两三口铁锅。万般无奈之下，人们只得将蔬菜和肉类放置于铁锅中一块儿炖，虽然蔬菜、肉味混杂，但是吃起来十分可口，也很方便。这也是各地烹饪技艺交流融合的结果。后来，这种形式流传于餐饮行业，经过厨师的改进，

终于成了铁锅炖这种菜肴形式。

◎ **饕餮诱惑**

食客围着铁锅，服务员点燃灶里的柴火，同时在锅里放上主料、配菜和作料，又在锅边贴上一圈大饼子或者蒸上花卷。等到食物烂熟，掀开锅盖，各种香味儿弥漫开来，刺激着每一个人的味蕾。铁锅炖食材量足，菜肴多种多样，给人一种丰盛与回家的感觉。从口味与营养上讲，各种食材味道相互交汇融合，让汤汁越发浓郁、味道愈加醇厚，拥有综合性的营养成分。而肉类、鱼类、禽类等炖出的香味与作料味、蔬菜味等交织在一起，香气扑鼻，互相中和了味道，又不会让食客感到油腻，带来了令人满意的味觉体验。享用完菜品，再吃一个被肉汤香味熏过的大饼子，这顿朴实且滋味鲜香的饭菜，就更让人倍感亲切和温暖。

😋 鲇鱼炖茄子：黑土地上的浓郁风味

◎ **"道听途说"**

鲇鱼炖茄子是一道味道鲜美的鱼类菜肴。北方的江河很多地方可以捕捞到鲇鱼，也为制作这道菜提供了丰富的食材。传说，北宋末年，徽钦二帝及宗室、宫人等被金军俘虏，被押往金地。途经松花江时，士兵们打来一些鲶鱼，请当地渔民将这些鱼做成菜肴。渔民见鱼少人多，为了充数，便在鱼中放入茄子一同炖煮。士兵们将炖好的菜分给宋徽宗和宋钦宗食用，二帝吃后赞不绝口，连声称好。从此以后，"鲶鱼炖茄子，撑死老爷子"的民谚便流传开来。

◎ **饕餮诱惑**

鲇鱼肉质细嫩，有着丰富的蛋白质，虽然有一些腥味，但厨师利用料酒除腥，加上调味品的作用，能取得较好的除腥效果。经过厨师的操作，入锅后经过炖煮，各种佐料使出锅的鲇鱼肥而不腻、鲜而不腥，鱼香诱人。吃这道菜，有人习惯先品尝一口鲜汤，才夹起鲇鱼脊背的嫩肉品尝。洁白细嫩的鱼肉进入齿间，香醇的味道弥散开来，让食客从中体会到鲇鱼的鲜美。再用筷子夹起炖得烂熟的茄子，

一口下去饱含鱼汤，滑软、鲜嫩无比，有一种清新柔和的香味。茄子沾了鲇鱼的鲜香味，甜丝丝、滑溜溜的。有的厨师习惯在这道菜里放上农家大酱调味，所以品味时带有酱香味，味道更加浓郁。

😊 红烧肉：肥而不腻的诱惑

◎ "道听途说"

红烧肉是一道著名的大众菜肴，历史悠久。红烧肉的一个著名故事与苏东坡有关。相传，苏东坡在杭州做官时，百姓为了感谢他率民抗洪筑堤的恩情，送来了猪肉。苏东坡将猪肉烧制后分发给百姓，这种烧法做成的猪肉后来被称为"东坡肉"，也就是红烧肉的一种。不同地区的红烧肉有不同的特色和风味，从东坡肉、本帮红烧肉、毛氏红烧肉到东北的红烧肉，烹饪方式与调料各不相同，各有特色和口味。

◎ 饕餮诱惑

对于美食家来说，品尝红烧肉不仅仅是味蕾的享受，更是一种对美食的好奇、

崇拜与体验。厨师选用五花三层的肉做食材，进行烹饪处理，加上调味品的作用，使这道菜味道十分鲜香、口感十分软糯。视觉上，红烧肉有着诱人的色泽，让人一看便垂涎欲滴。红烧肉混合了各种香料烹制而成，充分突出肉香、油香与汤香，香气扑鼻，肥而不腻，充分激起人的食欲。红烧肉的肉质经过高温烹炒，肥肉愈加软烂，油脂完全熬出来了，也让肉的香味充分显现出来。喜欢这道菜的食客嗅着泛出焦糖味儿的肉香，品尝那入口即化的美食，有种欲罢不能的感觉。

对美食家来讲，品尝红烧肉不仅是满足口腹之欲，更是一种对烹饪艺术和传统美食文化的尊重与欣赏。每一盘红烧肉都承载着厨师的匠心独运和对传统烹饪技艺的传承，更是厨艺的展示、中华美食的精髓所在。因此，食客在品尝红烧肉时，往往能从中感受到深厚的饮食文化底蕴和烹饪者的艺术投入。

熘炸菜

☺ 锅包肉：外酥里嫩的哈尔滨传奇经典

◎ "道听途说"

锅包肉起源于清朝光绪年间的哈尔滨。据传，锅包肉原名锅爆肉，是由哈尔滨滨江关道（俗称"道台府"）道员杜学瀛的专用厨师郑兴文所创。为了迎合当时道台府宴请的外国宾客，尤其是俄罗斯客人的口味，郑兴文在哈尔滨滨江关道衙门担任官厨时将原本咸鲜口味的"焦烧肉条"改良成了酸甜口味的菜肴，这就是锅包肉的前身"锅爆肉"。由于俄罗斯人的发音将"爆"读作"包"，所以"锅爆肉"逐渐演变成了"锅包肉"。

锅包肉是全民喜爱的美食，其做法多样，但是以东北地区的锅包肉比较出名，色香味俱全。2024年6月29日—30日，吉林市举办了世界锅包肉大赛，把这道东北特色美食，推向全国，推向世界。

锅包肉以其金黄酥脆的外皮和鲜嫩多汁的内里，诱惑着每一位食客的味蕾。其金黄色的外衣在高温的油锅中沐浴之后变得酥脆，轻轻一触就会碎裂开来，空气中便弥漫着酸中带甜的香味。

锅包肉表面滑腻的触感，碰触嘴唇的刹那，仿佛恋人青涩的唇吻，带着丝丝的甘甜和醇香。清脆的"咔嚓"声在耳边响起，是锅包肉外皮破裂的声音，与此同时一股酸甜的汤汁滑上舌尖，与肉的鲜美滋味完美融合。酸甜的味道刺激着味蕾，里脊肉的柔嫩与外皮的酥脆形成鲜明对比，每一口都是对味觉的极致挑战。细细咀嚼，肉片中的汁水在舌尖上缓缓释放，与酸甜的汤汁交织，带来层次丰富的口感体验，胡萝卜丝、姜丝和香菜等的加入，不仅为这道菜增添了清新口感，更让整道菜品的营养搭配达到了完美的平衡。

😊 熘肉段：肉香四溢的东北熘炒艺术

◎ "道听途说"

熘肉段是一道传统的东北名菜，其起源众说纷纭。有一种说法称，清朝时期，宫廷一位御厨不满宫中烦琐的规矩，辞职后在市井中开了一家餐馆。他把宫廷烹

饪的名菜搬出来售卖，惹得宫廷御厨不满，他只得把拿手菜进行一番改造，其中把焦烧肉条勾芡后做成一道新菜，当时称为勾芡肉段。一位食客很有文化，尝后连声称好，建议说，莫不如叫熘肉段更贴切。从此，这道美食以熘肉段的名称流传开来。

◎ **饕餮诱惑**

熘肉段这道菜最大的特点就是厨师巧妙组合食材，运用调味品突出美食的鲜香，利用油炸突出酥脆，吊住食客的胃口。这道菜刚出锅时色泽金黄，口感酥脆，味道鲜美。厨师巧妙地处理（菜肴）的清香、咸香与酥脆的关系，极大地发挥主要食材与配菜作用，才成为食客选择这道美食的理由。从油炸肉块到勾芡熘炒，每道程序都得用心完成。只有把握好火候，才能烹饪出一道外脆里嫩、香气袭人的熘肉段。

品尝熘肉段的时候，食客最喜欢咀嚼葱的焦香、辣椒的清香与嫩肉的酥香，舌尖满是香脆焦嫩的味道并慢慢地逸出。配菜掺杂着肉香，还有恰到好处的火候、作料的处理，让人无法抗拒这道浓香型美食的诱惑。

😊 地三鲜：地道的东北田园风味

◎ **"道听途说"**

地三鲜的食材在东北采购容易，而且烹饪手法简单，渐渐地成为东北家常菜里的招牌菜。地三鲜的主要食材是茄子、土豆、辣椒，再辅以其他作料。厨师利用烹饪手段，较好地融合了三者之间的味道，创造出不同寻常的口味。而地三鲜也曾因为烹饪手法的特别、烹炒的菜肴入味，且又价格低廉、菜肴丰富，成为普通食客的最爱菜肴之一。

◎ **饕餮诱惑**

经过厨师的烹饪，地三鲜不仅味道鲜美、口感丰富，而且营养价值高，深受中老年食客的偏爱。地三鲜的味道和口感的独特组合，使其成为味道鲜香、口感鲜美、百吃不厌的佳肴。

虽然这道菜用重油烹饪，却油而不腻；虽然蔬菜比例高，口感十分丰富。这些特点非常符合东北菜的风格。辣椒的清嫩、土豆的糯香、茄子的鲜美，加上重油勾芡，端上餐桌的菜肴香气浓厚、色泽喜人，让食客胃口大开。

😊 东北炸三样：东北节日必备的传统炸食

◎ "道听途说"

在远古时候，东北人烟稀少、资源丰富。猎人打到野猪、狍子、鹿等猎物，将皮毛剥下换钱，肉类当食物，而下水只能喂猎狗。时间久了，猎狗对下水也不感兴趣了。猎户珍惜猎物来之不易，把质量好的肝肺肠肚收拾干净，或者当下酒菜，或者提炼荤油，做菜时用以炸锅。有一年天气奇寒，大雪封山，猎人进不了山，困在屋里。有几个猎人围在一块儿打牌。到了傍晚，大家饿了，房主老靳准备几盘菜，招待大家。那时候蔬菜稀缺，弄出三样菜，无非是清水煮狍蹄筋、一盆野猪肉和一盘酸菜炖粉条，老靳再也掂量不出什么菜了。忽然他发现冻在大缸里的狍子下水，便用开水焯开后，切出肚片、肝片和瘦肉。想到这么吃也没有啥滋味，他又熬热油锅，将其下油锅炸了。油亮而酥脆的炸三样蘸盐吃，口味十分鲜香，从此炸三样问世了。后来这道菜传到大城市，厨师把炸三样进行了改造，有用猪腰子、猪连体（猪脾脏）、猪大肠炸的三样，也有用猪里脊肉、猪连体、猪大肠炸的三样，只是蘸的佐料有所改变，味道也越来越丰富了。后来，由这道菜又发展出熘三样等菜品。

◎ 饕餮诱惑

虽然东北炸三样是一道用油炸提香的菜肴，但是其中有很多说道。这是独具风格的菜品，从切墩到腌料，乃至下锅烹炸，都是很有讲究的。稍有马虎，炸出的三样色泽不亮、口感不酥、味道不香，就彻底丢了手艺。喜欢吃东北炸三样的美食家，早把这道菜的滋味烙进脑海里了，从炸出微焦呈现金黄色的三样，到吃上一口香味绝妙的感觉，调动起对这道菜的认知。东北炸三样

不仅浑身透出金黄的色泽，也透出独特的香脆口感，还有蘸料的独特香味。

现今的食客大多数喜欢微辣的菜肴，有的厨师据此大胆尝试，推出一道又一道精美可口的东北大菜。东北炸三样从原有的传统口味，潜移默化地发生了变化。这道菜在保留原来的香酥脆咸的口味的前提下，蘸料上不再是单一结构，而是充分利用新的调味品进行改良，让食客从油腻的重口味向健康的饮食方式转变，从而让这道老牌的美食蜕变出了新形象。

😊 酥黄菜：酥脆可口的东北小吃代表

◎ "道听途说"

酥黄菜是发源于哈尔滨的传统菜肴。其口感松软中带着酥脆、甜蜜里透出糯香，是老少皆宜的菜品。这道菜最初被称为"酥白果"，20世纪60年代才更名为酥黄菜。这道菜最早源于清末的哈尔滨的道台府，由道台府的厨师郑兴文首创。

恰逢正月十五观看花灯，受道台府道员的邀请，各位大员偕夫人前来赴宴。这次宴请官员场合，一道甜品意外没有掌握好火候，失败了，让厨师感到束手无策。而宴席有众多官员夫人，这些夫人早听说道台府的甜品最有特色，她们主要

想吃这道甜品。没有想到甜品没有做好，丢了手艺。郑兴文便将鸡蛋用油炸成金黄色角子，迅速进行挂浆，创造出这道菜。菜端上桌子，夫人们品尝后纷纷称赞，这让道员杜学瀛十分有面子。有人问郑兴文，这道甜品叫啥菜名。因为那天恰好是元宵节，他粗通文字，随口称为"冰花白果"，有顺应喜庆之意。后来，这道菜传到民间，又被称为"酥白果"，最后经过改进，被命名为酥黄菜。这道菜在东北大饭店中流行起来，有的厨师在酥黄菜挂浆时撒上芝麻、裹上大枣，有的做成酸甜口的、微辣口的、咸甜口的。

◎ **饕餮诱惑**

酥黄菜以松软酥香、甜美甘脆的口感让人心动。酥脆金黄的菜品上面有一层诱人的软黄金般的糖浆，且又香气袭人。这样制作出来的酥黄菜外酥内软、甜而不腻、脆而香甜，充满迷人的香味，是众多食客舌尖上最好的选择，也是女食客的最爱。这道菜可以说老少咸宜，使男女食客皆为之倾倒。吃上甜而不腻、酥脆有度的酥黄菜，唇齿间滋生甜丝丝的感觉，让人心情愉悦。那不仅仅是味蕾上的享受，更是一段齿间留香的记忆、一场心灵的盛宴。

熏酱菜

😊 哈尔滨熏鸡：东北百年特色熏香美食代表

◎ "道听途说"

相传，哈尔滨道台府的厨师正在准备一场宴会，苦于菜品不够丰富新颖，烦恼不已。恰好有一个沿街叫卖熏鸡的小贩经过道台府，被他喊住，打开蒸笼，里面的熏鸡香味儿立刻四溢，厨师高兴地买了几只熏鸡。厨师询问小贩的熏酱配方，才知道是从宫里御厨那儿传出来的。在他的帮助下，这个小贩在哈尔滨开了一家专营熏酱的小铺，让这种熏鸡流传开来，熏鸡的手艺也传承下来了。

◎ 饕餮诱惑

哈尔滨熏鸡需要多道工序，经过宰杀、清内脏、抹作料、整形、涂料油到蒸煮与熏制等。打开熏炉之际，香气毫无顾忌地四处散开，勾起每个人的食欲。经过熏制的白条鸡从旧的形象转变了，油亮的躯体蜷缩着，皮质发出金黄或暗红色的光泽，独特浓郁的烟熏后的香味刺激着人的嗅觉，让人产生强烈的食欲。多香的美食！熏制出的鸡肉鲜嫩多汁、肥而不腻，尤其金黄或暗红的色泽十分诱人，咬上一口，口感丰富，香气宜人。无论作为正餐还是小吃，熏鸡都是上得了台面的美食。凡是人们来哈尔滨旅游，或者当地人外出野餐，必须选购一只熏鸡，才会使此次出行富有情调。

☺ 熏肥肠：肥而不腻的传统熏制美味

◎ "道听途说"

自远古以来，人类一直为填饱肚子而奔波、寻觅，想扩大食物来源。从古至今，富含肉类蛋白的食材除了人们饲养的家畜、禽类，就是打猎所获取的猎物了。而东北地区冬季寒冷漫长，人们无论对宰杀的牛、羊、猪等，还是对猎取的野兽，都十分珍惜其来之不易，认为全盘食用是最好的选择。相传，古代北方人利用动物脂肪、肥肠熬油，用以补充身体缺乏的油水。而剩余的油渣子吃后口味鲜美，渐渐地被有心的人注意到，从此人们开发出口味独特、鲜香十足且又具备焦香味道的熏肥肠这道佳肴。熏肥肠因为香味浓厚，渐渐成为哈尔滨地区的一道特色美食，并传承至今。现今哈尔滨的厨师各展厨艺，熏制出的肥肠以其独特的口感和风味闻名于世，成为来哈尔滨旅游的各地游客最喜爱的美食之一。

◎ 饕餮诱惑

熏肥肠是东北菜谱上极具创意的美食，也是一道制作巧妙、风味独特的美食。经过熏制的肥肠通体金黄至暗红，在作料的加工下，味道鲜美，口感醇香。品尝

时其外表拥有酥脆的口感，还有肥而不腻、香气逼人的焦香味道，让很多食客不顾忌其他也要大快朵颐。

由厨师精心熏制的肥肠，利用各种作料调味，熏制成焦嫩脆香的美味，首先从视觉上征服了食客，早让人馋涎欲滴了。熏肥肠有与众不同的口感，有与众不同的酥脆和与众不同的鲜香味儿。其酥脆中略带焦香味，蘸着味道别致的佐料吃，独特的味道从齿舌间溢出。熏肥肠虽然有一层酥硬的外皮，焦香味却很张扬地冲击嗅觉，在舌尖中显示出美食的柔情。

😊 酱骨棒：骨肉相连的东北酱香一绝

◎ "道听途说"

酱骨棒是哈尔滨当地独有风味的一道菜品。每当餐桌上摆一盆热气腾腾、香气扑鼻的酱骨棒，食客们都会套上一次性手套，捧起大骨棒旁若无人地品尝起来。酱骨棒这道菜实惠、口感丰富，是东北地区典型的补充热量的一道菜肴。相传，猎人打到大型野兽，都要用剔掉大部分肉的兽骨棒制作酱骨棒，献给最尊贵的人品尝。这种习俗在杀年猪时得到了延续。每当乡村各户杀年猪，年长辈分高的人另设一桌，上面多一道酱骨棒，寓意身子骨强壮、延年益寿。

当今，哈尔滨精明的餐饮界人士，利用酱骨棒这道菜做文章，开出特色的餐馆。道外区有一家"富强大骨棒"就用酱骨棒当招牌菜，其微辣稍咸中透出骨棒的酱香味儿，形成独具特色的菜品。

◎ 饕餮诱惑

酱骨棒浓郁的酱香味让食客神清气爽、胃口大开。啃嚼酱骨棒主要品尝醇厚鲜香的味道。经过炖煮、酱色，骨棒愈加鲜嫩多汁、口感丰富。其既有香味又有容易咬下的肉丝，带来令人满足的咀嚼体验，让食客乐不可支。酱骨棒上残留的肉并不丰厚，却因为只是骨缝间的肉丝，显得格外香，也格外有营养。很多女士为了体验啃酱骨棒的乐趣，宁可有失淑女形象，也要一饱口福。这种豪放的吃法，增添了独特的饮食氛围。大骨棒本身在炖煮过程中散发出诱人的肉香，与酱色的调料融合，形成别具风味的复合香味，是让人无法拒绝的美味。

酱骨棒还可以搭配各种配菜吃，如豆腐、蘑菇及其他各种应季鲜蔬等。豆腐滑爽润实，丰富了肉的香味，蘑菇可以衬托出酱骨棒的鲜嫩肉香，其他各种时鲜蔬菜能强调综合的层次感，又中和了酱骨棒的油腻。酱骨棒满足了不同人

的口味需求，也以独特的味道、口感和餐饮体验，成为一道极具性价比的美食招牌菜。

😊 水爆肚：鲜嫩爽脆的特色凉菜

◎ "道听途说"

原始社会食物匮乏，狩猎到野生动物后，其内脏也要食用。人类进入文明时代，渐渐地把动物内脏弃之，而回族人民利用牛羊内脏制作出可口的水爆肚，引起食客的关注。最初水爆肚是京津两地特有的清真风味小吃，还流传有独特的历史传说和典故。随着时间的推移，水爆肚流行至全国，成

为一种深受人们喜爱的风味佳肴。据说，涮羊肉盛行于京城，而水爆肚则是在涮羊肉的基础上发展起来的。两者的制作方法相似，但水爆肚更注重肚丝的口感和筋道，还有佐料的搭配，才能充分发挥水爆肚的美食作用。

◎ **饕餮诱惑**

经过沸水焯烫的肚丝颜色不够亮眼，却筋道而瓷实。它尽管没有鲜肉那么香，也没有海鲜那么吸引人眼球，但当佐料倒在上面拌好了，四散的香味立即冲破食客的味蕾，让食客贪婪地伸出了筷子。品尝水爆肚时那种脆嫩口感、浓郁的佐料香味，还有筋道劲儿，在齿舌间快乐地咀嚼，感觉味道如此美妙。虽然搭配了麻酱等佐料，其实水爆肚的原始味道更丰富，只需要添加简单的拌料，吃起来便能让人回味无穷，给人一种纯粹而又诱人的享受。

😊 浇汁鱼：汁浓味美的龙江经典之选

◎ **"道听途说"**

松花江流域盛产"三花五罗十八子"等名贵鱼种，为满足人们的口腹之欲提供了各种鱼类美味佳肴。制作鱼类菜肴有多种烹饪方式，如油炸、红烧、清蒸、清炖、糖醋、香煎等，给厨师提供了丰富的操作空间。哈尔滨市道里区的中央八道街（最初叫中国八道街），曾经是著名的饭店一条街，有一家名为北平张包铺的饭店，因

为饭菜美味、名气大，每天顾客盈门，赚了不少的钱财，同时也遭到社会泼皮的嫉恨。经常有人想难为老板，从而达到"免单"目的。有一次，三个"有来头"的人就餐，对老板提出要吃鲤鱼，要求采用从未有过的方法烧制鲤鱼，而且味道要鲜美。北平张包铺的老板为难了，与后厨掌勺大师傅商量。掌勺大师傅胸有成竹，很快端上一盘浇汁鱼。其口感独特，无可挑剔。来人问起菜名，回答称之"蟠龙鲤鱼"，恭维中带有挖苦的滋味。

后来，这道浇汁鱼菜肴几乎失传。有心人在研究哈埠菜的历史时，挖掘出这道菜，将其重新命名为"浇汁鱼"。其便成为流行于餐饮业的一道哈尔滨有名的大菜。哈尔滨老松滨饭店所做的浇汁鱼这道菜，无论是火候、配料还是汤汁调制，都达到了炉火纯青的地步，深受美食家的好评。

◎饕餮诱惑

东北的食客注重咸口的菜肴，且吃鱼最讲究吃开江鱼，因为经过冬季的鱼略微瘦小一些，但肉质紧实，各种氨基酸含量丰富，鱼的味道也鲜美。开春也是制作浇汁鱼的最好时节。哈尔滨的一些饭店烹饪浇汁鱼很有名，厨师从制鱼到做造型，乃至抓面糊、油炸，直到调汤汁，每一步都衔接紧密。

其汤汁也有讲究，从烧油到投放各种作料，直到用番茄酱调酱色，每一个步骤都在较短时间内完成。经过烹炸的鱼的造型稍微蜷曲，刚出锅的鱼身滚烫，用秘制汤汁浇在鱼身上，发出嗞嗞的响声。炸过的鱼姿态优美地卧在鱼盘里，香味四处弥漫。汤汁浸入鱼身，香味充分诱惑每一个人的味蕾。色香味俱全的浇汁鱼让食客胃口大开，他们开始大快朵颐起来，满嘴留香，连声称赞。

😊松仁小肚：松香肉鲜的东北特色风味

◎"道听途说"

哈尔滨开埠以来，餐饮业深受俄式大餐的影响，中式餐饮业曾经受到一定冲击而略显萧条。当时，西餐中的红肠、大列巴等很盛行，深受民众欢迎。而正阳楼正处在创业初期，所生产的熟食受到市场的挑战。据说，当时的正阳楼老板与伙计压力很大，也想推出自己的新产品，打开销路。后来，正阳楼老板与伙计商量后，决定模仿山林里猎人用动物小肚填满碎肉蒸煮的食物保鲜方法，制作一款美食。他们分别挑选了猪、牛、羊的小肚，自制了馅料装进里面，煮熟后口感不错。后来，他们又采用熏酱等方式调味，并且加入味道清新的松仁，发现风味更佳。

就这样，正阳楼的松仁小肚问世了，成为哈尔滨著名的风味副食。

◎ **饕餮诱惑**

松仁小肚色泽棕褐，熏烟均匀，切开后瘦肉呈紫红色，脂肪呈乳白色，红白分明，切断面光润，切薄片亦不松散、破裂，味美适口，有松仁的清香味。其表面光滑亮润，内部密实，切开后浓郁香味立刻溢出。松仁小

肚口感丰富、色香俱佳，吃后回味无穷，是家庭、饭店用餐的最佳选择，也是旅行、郊游或野餐必不可少的风味小吃。

😊 **蘸酱菜**：爽口解腻的东北餐桌清流

◎ **"道听途说"**

蘸酱菜是一道独具东北特色的传统凉菜。东北的荒山野岭到处是野菜，给人们食用这道凉菜创造了先天条件。另外，蘸酱菜与东北民众习惯生吃蔬菜有关。东北地区的游牧民族祖先以狩猎为主，饮食上不拘形式，尤其擅长采撷水灵灵的野菜生吃。当时东北地区的人以肉食和粗粮为主，蔬菜和豆类是重要的营养来源。为了调换吃野菜的口感，人们发明了大酱，即豆瓣酱、农家酱等，又加入花椒、葱、姜、蒜等调味品，形成了丰富多彩的口味，也让蘸酱菜的味道变得辛辣浓郁、口感丰富、香气扑鼻了，从而调和了肉的油腻。随着时间的推移，东北人将大酱与各种清甜爽口的蔬菜搭配食用，又做出了炸鸡蛋酱、肉丝酱、麻酱等，形成用各种蔬菜蘸酱生吃这种饮食方式。

◎ **饕餮诱惑**

黑土地孕育的东北食材，是上天赐予人们最好的礼物之一，这里出产的蔬菜吃起来有一股微微的甜。吃惯了大鱼大肉，一道地道的东北蘸酱菜成为餐桌上"最

靓丽的仔"，很快会被哄抢一空。这道菜通常选用新鲜的蔬菜，如黄瓜、生菜、大葱、水萝卜、青红椒等，一般会带有东北地区特产的干豆腐。这些蔬菜通常会被切成适口的大小，保留了蔬菜的爽脆和清新。

拿起黄瓜、大葱，蘸上大酱，轻轻咬下，先是那一声清脆的"咔嚓"声，随后一股清新的气息在口腔中弥漫开来，带着淡淡的甜味和黄瓜特有的清香。这种清新不仅来自蔬菜本身的新鲜和水分，也来自蘸酱菜的独特搭配。它能够在油腻的食物中提供一种清爽的对比，让人在享受丰盛的东北菜的同时，也能感受到一丝清新和自然。北方朋友吃蘸酱菜大快朵颐的样子，被南方朋友戏称："东北的朋友一个人好像能吃一条绿化带！"

东北蘸酱菜中的灵魂是东北大酱。东北大酱通常是由黑土地上孕育的黄豆发酵而成的，它的味道浓郁而醇厚，带有微微的咸香和发酵的风味，能够很好地提升蔬菜的口感。

东北的酱，东北的菜，东北的蘸酱菜——走出黑土，获得了全国人民的青睐。

特色菜

😊 同江赫哲族全鱼宴：一鱼多吃的鲜美体验

◎ "道听途说"

全鱼宴是赫哲族人在庆祝重要节日、款待客人时的特色美食，也是展示民族文化和传统烹饪技艺的方式。千百年前，赫哲族人过着颠沛流离的生活，习惯以吃鱼、狩猎为生，积累了各种烹饪鱼菜的技艺。他们定居后，才整理出全鱼宴的精髓，也让全鱼宴名传国内外。赫哲族有很多民间传说来自狩猎与捕鱼题材，菜品丰富多样的全鱼宴，是赫哲族餐饮文化的骄傲，也是美食家向往的盛宴。赫哲族的全鱼宴的主要原料选用"三花五罗"等鱼类，配菜繁多，调味品丰富，而烹饪手法各不相同，如同一场艺术表演，让人品尝时惊叹不凡。

这种宴席以鱼类为主要食材，展现出赫哲族人对鱼的独特感恩之情、处理方法和烹饪技巧。品尝全鱼宴的客人不仅能吃到鲜美的以鱼制作的各种菜品，享受舌尖的醇厚美味，同时也能对赫哲族的烹饪技艺大开眼界。

那或是翠绿的菜叶，或是肥腴的江鱼，或是火红的辣椒，或是溢香的调料，在厨师手里交织成绚丽的美食场面。

全鱼宴既是美食展示，也是一场文化盛宴，让食客从味觉到胃口都感受到美食的诱惑。人们品尝全鱼宴，观看以鱼皮衣为主题的赫哲族人发展史，倾听"伊玛堪"说唱艺术，能感受到沧桑岁月的历史回音。尽管都是以鱼为主要食材，但是赫哲族全鱼宴的每道菜都有独特的烹饪方法、独特的口味与独特的摆盘风格，能让每一个食客感受到全鱼宴的精华所在。赫哲族的全鱼宴不仅是美食的盛宴，更是赫哲族文化的重要组成部分，反映出赫哲族人对自然资源的尊重和合理利用。

😊 齐齐哈尔烤肉：国际烤肉美食之都的招牌

◎ "道听途说"

齐齐哈尔毗邻内蒙古，城市外拥有广袤的草原，农耕文明与草原文明在这里交汇。齐齐哈尔烤肉有其独特的文化底蕴，最让人津津乐道的是这里烤肉的风格、口味与食客的众多。这座城市烟火味儿很重，烤肉远近闻名，被誉为"国际烤肉美食之都"。

据考证，这里的烤肉美食文化已经延续了几百年了。在清朝康熙年间，索伦总管卜奎以其勇猛和善战著称，他不仅是一位达斡尔族英雄，还因为对烤肉的偏爱和推广而被人们纪念，齐齐哈尔这个城市也因此被称为"卜奎城"。卜奎不仅自己喜欢吃烤肉，还鼓励士兵食用牛肉，并传授烤肉技巧，以增强军队的战斗力。

齐齐哈尔过去流行的"锅铁"烹饪方式，即将牛肉片放在加热的锅片上烤制，是烤肉的一种传统做法。这种独特的烤肉技艺不仅融合了多民族的烹饪技术，形成了齐齐哈尔特有的风味，而且已进入非物质文化遗产名录。

◎饕餮诱惑

齐齐哈尔烤肉不仅是一种美食，也是一种文化的传承和社交活动，不仅是一个名词还是一个动词。无论是新朋还是故交，坐在卡座上，品美酒尝烤肉那就是休闲和享受。

这里的烤肉，每一片肉都经过精心挑选，肉质鲜美，纹理分明，肉片在烤盘上嗞嗞作响，油脂在高

温下溶化，滴落在炭火上，升起一股股蓝色的火焰，流溢着令人无法抗拒的香气。肉香、炭香，还有各种调料的香味交织在一起，形成了一种复杂而丰富的气息，直冲鼻腔，让人垂涎欲滴。不仅仅是肉的盛宴，它还包含了各种蔬菜和海鲜。新鲜的蔬菜在炭火上迅速烤熟，保留了本身的清脆和甜味，同时也吸收了肉香和炭香，变得更加美味。海鲜则在烤制过程中变得紧致而富有弹性，每一口都是海洋的鲜美。品尝时用新鲜的生菜叶包裹着烤肉，再加上一些蒜片和青椒，蘸上特制的酱料，一口咬下去，肉的鲜嫩、菜的清脆、酱料的辛香，所有的滋味在口中爆炸，让人忍不住连连称赞。

😊 涮羊肉：温暖冬日的美味佳肴

◎ "道听途说"

在中国汉民族的食谱里，只有涮羊肉这道菜与众不同。相传，涮羊肉是回族传统美食，在清朝时期也是京津地区最流行的餐饮形式，甚至成为清廷御膳房的头牌大菜。清朝皇帝乾隆，就对涮羊肉十分钟情。据说，有一年乾隆皇帝喜添了五世孙。他见天下富足、四海升平，为了表示皇恩浩荡，效仿皇爷爷康熙皇帝的行为，计划在乾隆五十年（1785 年）正月初六那天，在乾清宫举行千叟宴。因为那时候北京天气奇寒，宫中就置备了铜火锅，让大家涮羊肉和其他菜品。现今，北京依旧流行这个传统，凡是贵客来访，最高礼仪就是招待吃涮羊肉，通过利用这道美食的宴请，以表示对客人的尊敬。

◎ 饕餮诱惑

在羊肉食材的选择上，最优质的苏尼特羊肉质地鲜嫩、肉层厚实紧凑，拥有高蛋白、低脂肪的特点。其肉鲜嫩多汁，没有膻味，肌间脂肪分布均匀，瘦肉率高，富含人体所需的各种营养。苏尼特羊的肉制作出的肉卷薄而鲜香，在锅里涮一下即可熟烂，吃在嘴里味道鲜美，让人食后特别舒畅。正宗的涮羊肉采用传统的紫

铜专用锅，里面放上木炭，烟气从上面的小烟囱冒出来，又顺着排烟管线输送出去。

几个人围着火锅而坐，里面汤汁沸起，夹起薄薄的羊肉卷涮几下，蘸着碗里的调料吃，香气立即从唇齿间溢出。香喷喷的肉味，还有以麻酱与腐乳为主调，掺和了芥末油、辣椒油等各种调味品的香味，让人吃起来极有滋味。经过几十年的改良，涮羊肉的配蔬、锅底料、调料极为丰富，口味的选择也更多了。讲究的人在涮羊肉前，还会在碗里搁上葱花、香菜丝、姜末、味精与盐粉，用锅里味道浓郁的老汤兑一碗鲜汤，喝得十分过瘾。

😊 鹤岗小串：鹤岗一绝

◎ "道听途说"

在餐饮界，争奇斗艳的美食比比皆是，大多数以形制奇特、口味绝伦而著称。鹤岗小串最初则以奇小且味美而跻身美食行列，也是当地颇为流行的小吃。据报道，鹤岗的小串在 20 世纪 50 年代开始流行，而且最初是用牙签穿起的小串，可见其小。鹤岗是一个煤矿城市，矿工忙碌一天，喜欢到夜市吃风味小吃，喝些酒，消除一天的疲劳。故此，鹤岗的风味小吃遍地开花，从晚市、地摊到酒吧，到处可见，也让这座城市的夜生活丰富多彩起来。经过多年的锤打、改进，鹤岗小串以独特

的魅力形成了自己的风格，也以自身的名气占据了一定的市场，成为城市的一张亮丽名片。

◎ **饕餮诱惑**

让鹤岗闻名于全国的不只是房价，鹤岗小串和齐齐哈尔烤肉一样出名。鹤岗小串在炭火上烤制时，油脂滴落，火焰舔舐着肉串，使其表面呈现出诱人的金黄色，光泽油亮，散发出炭火的烟熏味和香料的浓郁香气。烤串的外层焦脆，内部肉质嫩滑，咸香可口，辣而不燥，鲜香多汁，一口咬下去，肉汁四溢，让人回味无穷。鹤岗小串虽然小，但也是相对于东北地区的大肉串而言，相比某些区域的袖珍肉串，鹤岗小串不仅不小还显得精致且有营养。小串烤品有多种选择，味道也很丰富，品尝时层次感十足。

☺ 兴凯湖白鱼：中国北方淡水鱼中的极品

◎ **"道听途说"**

黑龙江省的兴凯湖不仅是著名的风景区，那里还因为出产一种白鱼而让众多美食家慕名前往。兴凯湖白鱼学名"青梢红鲌"，是生长在兴凯湖里的一个亚种，与同属的白鱼有不同的生存习性、成长过程与特征。相传，最初的兴凯湖畔是当

地少数民族栖身地，他们靠兴凯湖丰富的水产资源而生存，每年要从湖里捕捞大量的白鱼用以维持自身的蛋白质需求。兴凯湖的白鱼属于冷水鱼，生长周期长，因而肉质细腻鲜美，深受当地民众喜爱。人们捕捞的白鱼多了，便腌制成咸鱼或晾晒成鱼干用于冬天充当食物。

◎ **饕餮诱惑**

鱼类菜肴一直是美食家喜爱的佳肴，尤其是名贵的鱼类，更是让食客趋之若鹜。他们甚至不远千里赶到兴凯湖，品尝鲜美的白鱼，同时饱览这处大湖的美景。现今，兴凯湖生长的白鱼在其他地方很难见到了，只有来到清澈辽阔的兴凯湖，在这里尽兴游玩后，在湖边的菜馆里方可点到白鱼菜肴。兴凯湖白鱼的制作方法很多，烹、熘、炖、蒸皆有独特的风味。厨师会用料酒等佐料对鱼进行腌制，除掉湖鱼特有的腥味儿，最后用沸油大火进行烹炸，加上各种调味品，然后再用小火煨出鱼的香味，很快一盘色泽明丽、香气扑鼻、味道格外鲜美的醋熘白鱼，或者红烧白鱼，或者麻辣水煮鱼，或者酸菜白鱼上桌了。有的厨师讲，利用兴凯湖白鱼为食材，可以制作出几十种名贵的菜肴。当食客夹起嫩白而肥腴的兴凯湖白鱼肉品尝时，心头早就醉了。

☺ **大庆坑烤：** 原生态的地坑烧烤典范

◎ **"道听途说"**

原来黑龙江地广人稀，而野生动物成群，是一处狩猎资源丰富的地方，经常有猎人上山狩猎。猎人打到猎物又不能生吃，便利用土坑或者在土崖处掏出窟窿，然后把猎物用稀泥糊上。之后，猎人在土坑下塞满柴火，把猎物搁在上面，点着了火，再把坑口封死。经过漫长的等待后，坑里的火熄灭了，人们扒开土坑，取出烤熟的猎物。剥开外边的泥巴，香喷喷、油亮亮的烤肉便出现在人们眼前。此刻，大家急得有的撕开猎物大腿，有的用刀在上面割肉，一股别样的肉香味儿弥漫开来。猎人进山带的烧酒也有了用处。大家一边吃肉一边喝酒，其乐融融。这是大庆坑烤的由来。

在大庆进行石油会战的年代，充满智慧的石油工人为吃口热乎饭，就经常在荒原上挖坑烧砖，烤制食物。大庆坑烤往往会选择偏僻地方，挖出土坑，底部燃起炭火，土坑四壁烧得通红，也有在瓮里涂上泥巴，制成坑烤炉灶的。而坑烤的食品五花八门，凡是能烤制的菜品都有备料，招徕食客前来品尝。

◎饕餮诱惑

　　无论街头巷尾的坑烤摊位，还是高雅精致的餐厅，大庆坑烤以它独特的魅力吸引着食客。热气腾腾的烤五花肉、鲜嫩可口的羊排、鲜美多汁的海鲜，还有各种时鲜的蔬菜，每一口都让食客感受到生活的美好。当鲜嫩的羊排用刀剔开肉层，涂上作料，包进锡纸里，放置在烤架上时，随着温度的升高，散发出诱人的香气，一场舌尖上的美妙之旅就此开始了。取出羊排，打开锡纸，露出略带焦煳、香气四溢的羊肉，颜色诱人，

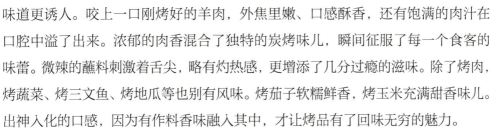

味道更诱人。咬上一口刚烤好的羊肉，外焦里嫩、口感酥香，还有饱满的肉汁在口腔中溢了出来。浓郁的肉香混合了独特的炭烤味儿，瞬间征服了每一个食客的味蕾。微辣的蘸料刺激着舌尖，略有灼热感，更增添了几分过瘾的滋味。除了烤肉，烤蔬菜、烤三文鱼、烤地瓜等也别有风味。烤茄子软糯鲜香，烤玉米充满甜香味儿。出神入化的口感，因为有作料香味融入其中，才让烤品有了回味无穷的魅力。

☺ 老虎菜：清爽开胃的生猛小菜

◎ "道听途说"

老虎菜是一道出自东北的凉菜。传说，张作霖有一次食欲不振，管家让厨子用当地常见的黄瓜、大葱、尖椒、香菜等食材切成丝，加上盐、醋、糖、香油等凉拌后给他吃。这道菜酸辣爽口、齿间润滑，令张作霖胃口大开。张作霖询问菜名时，厨子因为是给别称"东北虎"的张作霖做的这道菜，便称其为"老虎菜"。

◎ 饕餮诱惑

老虎菜最大的特点是爽口。其满盘翠绿，花生米的红、葱段的白点缀其间，像堆砌起来的琼山玉阁，给人以胃口大开的感觉。吃起这道菜，清凉中带有难以描绘的爽口感觉，而爽口中又充满了脆生生的味道，给食客无尽的快感。老虎菜的香气也十分独特，可以说苦辣酸甜咸皆备，还有一种综合香味潜伏其间。老虎菜咬上一口脆生生，舌尖生津，肠胃畅通，神清气爽，浑身舒服，仿佛灵魂也与美食相伴了。

☺ 扒猪脸：香而不腻的肥美传奇

◎ "道听途说"

据说，扒猪脸这道菜原本是古代先民供祀的"三牲"中的猪头，供祀结束后重新进行烹饪，由主人家食用，有对食物不可弃之的虔诚。猪头富含胶原蛋白，猪耳的香脆、猪拱嘴的糯软、猪脑的营养价值，以及猪皮的美颜作用，一直是美食家津津乐道的养生保健优质食材。从此，扒猪脸成为民间深受欢迎的一道菜肴。扒猪脸从选料、净毛、清洗到熏烤等十几道工序，都有严格的质量要求，否则成不了口味鲜嫩、香溢四周的上乘美味。齐齐哈尔的扒猪脸从制作到调味都十分讲究，口感、风味独特，是当地的一道名菜。

◎ 饕餮诱惑

卤猪头是制作扒猪脸的头道工序，猪头经过长时间卤制而成，香气诱人，切成丝状或块状，浇上卤汁或加上配菜，就成为一盘味道鲜美的扒猪脸。那种卤得香喷喷、鲜嫩而充满美味诱惑的扒猪脸，肥而不腻，搁进嘴里就能融化了，让食客有了一饱口福的体验。

扒猪脸这道菜，从品相到味道都有讲究，不但在视觉上要给人以美感，其肉质更是糯软鲜嫩，让食客获得美味的享受。

☺ 肉皮冻：东北餐桌上的 Q 弹美食

◎ "道听途说"

肉皮冻是北方菜系中著名的凉盘菜品，深受百姓的喜欢。据说，当年努尔哈赤率军打仗的时候，随军携带大量冻肉。冻肉不好切割，厨师便连皮带肉煮汤给士兵食用。经过长时间熬煮的肉皮，往往在冷却的汤汁上面形成一层黏稠的汤膜。时间久了，汤膜愈加黏稠，而且咬上去筋道可口，又有一股浓郁的香味儿。于是，肉皮冻这道菜就诞生了。用碎肉皮熬出胶状汤汁，冷却后形成皮冻，切成散块，再蘸点蒜酱就成了一种典型的美食。皮冻清爽味美，吃起来滑润可口，流传民间后深受食客的喜欢。只是熬肉皮冻颇有讲究，而且从选料到熬制，都有技巧，并根据所放材料有"清冻"和"浑冻"两种做法。有的饭店别出心裁，自己熬制出肉夹冻和花菜冻等新品种，为肉皮冻增加了新花样。

◎ 饕餮诱惑

晶莹剔透、玉石般洁净的肉皮冻，半透明的晶体里可以看见条状的填充物，如同冰砖一样出现在人们面前。这种司空见惯的美食，让人产生的最大感慨是谁创造出这么精致的凉菜？还有的厨家别出心裁，在熬好的汤汁里放入胡萝卜丁、碎肉丁，或者色泽鲜艳的其他菜品。通过透明或半透明的皮冻，依稀可见较多的填充物，既有装饰作用，又有开胃之妙。当食客夹起一块弹性十足的肉皮冻，蘸着佐料吃下去时，其细腻而丰富的口感令人陶醉。肉皮冻吃进人的嘴里，唇齿间的唾液与肉皮冻相互融合，香味顿时溢出，给食客带来从感官到味觉的满足，实在妙不可言。

😊 大拉皮：柔润嫩滑的龙江经典风味

◎ "道听途说"

历史上，凉菜向来都是餐桌上的压桌菜，大拉皮还是一道享誉国内的传统美食。大拉皮发源于东北地区，是一道具有东北风格的菜肴。据说，大拉皮最初是从熬猪皮冻开始的，后来经过改进，才改用土豆或者玉米淀粉等熬制粉皮。从此，这种做法渐渐流行于民间，形成大拉皮这道风格独特的凉菜。大拉皮的制作方法灵活多变，可根据食客的口味、食材进行调整。除了粉皮，在其他配菜、调味品的使用上，可以随意调换，或辣或酸或甜或咸，没有明确的规定，可以随人的口味进行调配。

◎ 饕餮诱惑

东北大拉皮由粉皮、黄瓜丝之类的蔬菜或者肉丝等食材组成，口感爽滑筋道，同时搭配各种调料和酱汁，如辣椒油、蒜酱、麻酱等，使味道鲜美可口，是防暑降温、解腻的佳品。厨师调配好原料后，开始在开水中用粉皮旋子制作粉皮。做好的粉皮在凉水中浸泡，切好备用。切好配菜，炒出肉丝，准备好调料，人们才开始拌

这道菜。拉皮一般采取凉拌的方式。调料秘制，还要味道齐全，吃起来才能清凉爽口，而且还要筋道、口味鲜美。本菜尤其适合在酷热的夏天食用，让人感到口味充分、凉爽舒适。

精心制作的大拉皮，是色彩与滋味的完美融合。有人说，凉菜是餐桌上的灵魂，只要挑起大拉皮，再看一眼配菜，品尝一下其中的味道，就对厨师的手艺有了清醒的估计。每当食客在众多店铺中找到味道鲜美、色泽纯正的大拉皮，而且每种作料放得恰到好处、勾起人最畅快的食欲时，再来吃这道凉菜的冲动愈加强烈。这就是"回头客"的效应。

😊 三丝爆豆：咸香脆爽的下酒好菜

◎ "道听途说"

三丝爆豆是一道出自东北的凉菜，只有花生米、土豆、洋葱和香菜等食材，制作工艺简单，做出的菜品却十分鲜香可口。

其中的主要食材土豆是东北地区极易获取的食物，也是过去东北人民度过漫长冬季的主要食材之一。聪明的人们将对土豆这种食材的利用发挥到了极致。土豆经油炸后口感酥脆，拌上清新的香菜丝和洋葱丝，软硬三丝交融，味道鲜美，

油炸过的花生米又香脆十足，它们搭配在一起既开胃又解腻，深受人们喜爱。

三丝爆豆原料易得、简单易做且口感好，体现了东北菜系中对食材的巧妙搭配和对口味的追求，是东北地区餐桌上一道亮丽的风景。

◎ 饕餮诱惑

三丝爆豆因为色香味俱全、软硬兼备、口感丰富，而受到食客的青睐。三丝爆豆的味道浓郁，通常使用调味料来调配出酸甜可口的味道，而且菜品色泽鲜亮，未吃时便让人食欲大增，品尝后又让人"爱不释口"。这道菜将蔬菜和花生米搭配在一起，是一种大胆的尝试，口感上既清爽又解腻，适合作为开胃菜或者下酒菜。这道菜又犹如一件艺术品，整盘看上去色香味俱全、赏心悦目，让人胃口大开。品尝三丝爆豆时，菜品仿佛在舌尖上翩翩起舞，传递出或酸或甜或咸或香的滋味，给人们的生活带来丰富多彩的意趣。

☺ 烤鸭：皮脆肉嫩的天下美味

◎ "道听途说"

烤鸭原本是在清朝末年从北京传入哈尔滨的。那时候，北京有多家烤鸭店，最负盛名的是全聚德烤鸭。哈尔滨的烤鸭技术，受全聚德烤鸭影响很大。据传，

有人在全聚德学艺几年，自以为学到烤鸭技术的精髓，正赶上俄国人在东北修建中东铁路，他便借了一笔钱跑到哈尔滨，办起了一家烤鸭店铺。刚开始他的生意并不好，因为哈尔滨一带喂养的鸭子瘦小、配料味道不够理想。而全聚德烤鸭采取的是填鸭喂食，鸭子体形十分肥腴。最终，他改良种鸭，改进作料，生意才日渐红火，使他的烤鸭成为哈尔滨的一道流行美味。

◎饕餮诱惑

每当游客来到哈尔滨时，便会惊讶地发现，哈尔滨的烤鸭与北京的烤鸭相比别无二致，甚至有的店铺与全聚德相比，口味还有特别之处。哈尔滨的烤鸭没有全聚德的烤鸭肥腴，但是口感好、香味浓郁。经历上百年的发展，烤鸭这个产业也悄然地发生了变化。全聚德的烤鸭肥腴，充满了复古的格调；而哈尔滨的烤鸭瘦小，采用小型的转盘式烤箱，直观上就让人产生食欲。尤其烤鸭端上桌，看起来色泽金黄，微微有些焦香味的外表让人垂涎。烤得恰到好处的鸭子，呈现诱人的焦黄色，肉质鲜嫩多汁，吃上每一口都是美味享受。几个人吃一只烤鸭，将烤鸭肉用以吃包饭或者筋饼，饱餐一顿后，用鸭骨架吊汤，就可以将一只烤鸭吃出多种的风味。

特色小吃

😊 马迭尔冰棍：中央大街的百年摩登冷饮

◎ "道听途说"

1906 年，犹太人约瑟夫·开斯普来到了哈尔滨，经过考察后在哈尔滨中央大街修建了一座建筑，开办了一家"马迭尔旅馆"，其至今已经有 100 多年历史了。旅馆开业的同年，他以独特的商人眼光，发现刚开埠的哈尔滨潜在的商业前景。出于多种经营思路，他又从国外引进了冷冻设备，开办了一家马迭尔冰棍厂，专门生产冷饮与冰点。他根据欧洲的冰棍配方，在原料里加入指定比例的白糖、牛奶、鸡蛋以及天然香料，倒入模具，生产出质量上乘的马迭尔冰棍。马迭尔冰棍自打品牌创立至今，100 多年来配方没有更改过。马迭尔冰棍是哈尔滨的老品牌，是每一个生活在哈尔滨的人永远的记忆。

◎ 饕餮诱惑

马迭尔冰棍具有"甜而不腻、奶香明显、冰乳交融、清凉爽口"的特点。其中牛奶、鸡蛋、白糖、香料等原料投放比例控制严格，没有任何添加剂，属于绿色冷饮产品，从而成为美誉度极高的地方冷饮。品尝马迭尔冰棍，光看冰棍外表就让人心动。明显的牛奶与鸡蛋融为一体，所呈现的乳黄色外表极具诱惑力。吃一口，浓郁的奶香味在口腔中悄然散开，细腻凉滑的口感立即征服了食客。其奶油的香味明显，甜中带有醇厚的香味，给人带来了百年传承的韵味。

炎热的夏日，冷饮总是能带给我们最理想的防暑降温方式。一根精致的马迭尔冰棍，感受到它冰凉的触感与奶香味儿，仿佛夏日里一阵清凉之风，驱散了浑身的燥热。细腻的冰棍在舌尖慢慢地融化，丝丝凉意顺着喉咙滑下去，让整个身体变得轻松起来。马迭尔冰棍给旅游者带来无限的快乐，到了冬天也是年轻人的最爱。走在街上，人们一边欣赏被冰雪覆盖的老建筑，一边兴趣盎然地品尝马迭尔冰棍，每一口都让冰爽的感觉传遍全身，让人浑身充满了活力。马迭尔冰棍不仅给人们带来味觉上的享受，更是城市的名片，它给人们带来清凉与甜蜜的同时，也为城市增添了美好的瞬间。

😊 冻梨：冰爽多汁的寒地珍品

◎ "道听途说"

哈尔滨冻梨，是东北地区特有的冬季风味，它以其独特的口感和制作方法而闻名。冻梨的外表冷酷，黑褐色的皮肤包裹着酸甜适中的白色果肉，咬上一口，冰凉的感觉瞬间传遍全身，仿佛冬天的寒意与温暖的炕头融为一体。冻梨的历史可以追溯到一千多年以前，辽代的契丹人就有吃冻梨的习惯。北宋庞元英在《文昌杂录》中记载了冻梨的食用方法，说明早在辽宋时期，食用冻梨的习俗便已经出现。

冻梨是东北地区冬季特色果品，与东北地区的气候环境和饮食密切相关。东北地区冬季寒冷漫长，是天然的冷冻库，为冷冻食品保鲜提供了良好的条件。在这种环境下，人们逐渐形成了吃冻食的习惯。到了腊月底，家家户户忙着包冻饺子、买年货，年货中自然也少不了几斤冻梨，其品种有花盖梨、大秋梨、大白梨等。人们把冻梨搁进小仓房保存起来，等到除夕夜，用冷水缓开，给孩子们啃。刚解冻的梨口感冰爽酸甜，可口宜人，是孩子们的最爱。

◎ **饕餮诱惑**

在北方，冻梨不仅是一种美食，是一种童年记忆，也是一种文化体验。

很多北方人依稀记得童年的除夕夜，硬邦邦的冻梨黑色的表皮上留下一排排白色的牙印。放一个拆下来的鞭炮、啃一口冻梨成为很多人再也回不去的童年。

南方游客冬季来北国雪域，不仅仅是为了欣赏这里的壮丽雪景，更是为了尝试那些独具地方特色的美食。冻梨切片、摆盘如艺术品，瞬间提升了其视觉和味觉的享受。

寒风猎猎，北风卷地。但坐在温暖如春的室内，品尝美味的冻梨，看漫天飞雪，这种反差撩动了每一位南方游客的心弦。咬开冻梨的外皮，你会感受到一种独特的口感：外层的梨肉因为冷冻而变得紧实，带有一点冰沙的质感，而内层的梨肉则依旧保持着梨的多汁和鲜嫩。这种由外而内的口感变化，让人每一口都有新的发现。冻梨的酸甜味道在冷冻过程中得到了浓缩和提升，甜味变得更加突出，而酸味则恰到好处地平衡了甜度，使得冻梨的味道层次丰富，既不会过于甜腻，也不会显得酸涩。

吃完冻梨后，口中会留下一种淡淡的梨香和冰凉的余韵，让人回味无穷。这种回味不仅仅是味觉上的，更是心灵上的，它让人在寒冷的冬日里感受到一种温暖和满足。

😊 **冻柿子：** 天然冰激凌

◎ **"道听途说"**

用以制作冻柿子的东方柿，是我国南方的特产，其对气温与生存环境有严苛要求。19世纪，东方柿从我国传入法国和地中海各国，后来又被引进美国。东方柿树在关外因寒冷而无法存活，关外却有大批喜欢吃这种大柿子的人。东方柿表皮橘红，有吉祥如意之瑞兆，在寒冷的北方有很大的市场空间。冻柿子又是东北

地区传统的冬藏冻品，因为早期东北地区水果匮乏，加上长途运输与保鲜技术难度大，为了延长柿子的保质期，人们只得把柿子放在低温环境中变成冻柿子，其便成为东北地区冬季重要的水果。

◎ 饕餮诱惑

刚解冻的柿子进入嘴里，感觉软绵绵的，轻轻地吮吸一口，唇齿间的冻柿子的皮破开了，流出橘红色的汁液，满是冰凉的感觉。随着慢慢吸吮，柿子里面甜美的汁液顷刻大量流淌出来。甜蜜的味道瞬间在口腔中散开，冰凉中带着浓郁的柿子果香味，甜蜜的浆液仿佛如琼浆玉液般甜糯，顿时让人感到唇齿间十分凉爽和畅快。等冻柿子完全解冻后，柔软的果皮又有别样的口感，有点儿麻涩涩的，又让人感受到柿皮的细腻与绵密，和平时吃的西红柿感觉完全不一样。其甜蜜的味道里略带麻涩感，让人恍如梦境一样。

😊 冰糖葫芦：真"冰"糖的酸甜诱惑

◎ "道听途说"

相传，冰糖葫芦起源于大约八百年前的南宋绍熙年间，也有民间传说冰糖葫芦起源于隋朝。这些传闻不足以考证，但是清朝末年，豫亲王府的点心、腊八粥和冰糖葫芦制作算得上京师一绝。当时，豫亲王府的冰糖葫芦做得好，各种类型的冰糖葫芦都有，在京师享有盛名，是美食家梦寐以求的风味小吃。王府中的下人经常主动送冰糖葫芦到其他王府。其他王府如果有所需求，豫亲王府也是有求必应，从不吝啬。每年到了腊月底，豫亲王府便派人用车拉着装有冰糖葫芦的箱子，上面贴有红封条，往各王爷府送冰糖葫芦，以

此表达新年的问候。据说，北京东安市场的冰糖葫芦师傅就是从豫亲王府偷学的手艺，制作出享誉京城的各种风味的冰糖葫芦。

◎饕餮诱惑

山楂做的冰糖葫芦看起来红艳艳的，晶莹剔透。当你真正将冰糖葫芦送入口中，牙齿轻轻咬破那层硬脆的糖壳时，就会发出一声清脆的"咔嚓"声，随之而来的是糖衣的甜蜜与山楂的微酸在口中完美融合，形成一种令人难以忘怀的酸甜口感。糖衣的甜而不腻、山楂的酸而不涩，它们合在一起后这种酸甜交织的感觉，仿佛在舌尖上跳起了一支优雅的舞蹈，让人回味无穷。

细细咀嚼，山楂的果肉纤维在口中释放出更多的酸甜味，与糖衣的甜味相互映衬，使得整个味觉体验更加丰富。冰糖葫芦不仅味道层次分明，口感上也是软硬适中，既有糖衣的脆爽，又有果肉的软糯，这种独特的口感让人忍不住一颗接一颗地吃下去。冰糖葫芦这种诱人的魅力，让人在寒冷的冬日里也能感受到一丝甜蜜。它不仅仅是一种食物，更是一种情感的寄托，一种对美好生活的向往。

😊油炸糕：金黄酥脆、穿越千年的小吃

◎"道听途说"

唐朝开国皇帝李渊选址今三原县的北部地区修建帝王陵墓。这里逐渐繁华，便被人们称为王店。后来逐渐有一些发现商机的小商小贩开始在此兜售一些吃食和稀奇物件，慢慢地这里便形成一个集商贸物流为一体的集贸市场。不知道从什么时候开始，市场上便来了一家专门做油糕（后也称油炸糕）的小店。因为这个小店售出的油糕甜糯软绵、口味新奇，很快受到当地人的喜爱。后来一次机缘巧

合下，李世民尝到这种糕点，便连口称赞，并将此糕点推介为宫廷食品。从此后，这个店铺的油糕便名声大噪，受到很多贵族阶层的热捧。而将面食裹馅油炸的饮食形式也流行开来，传到各地，且面食种类多样，馅料也各有特色。哈尔滨油炸糕便是其中的一种。

◎ 饕餮诱惑

哈尔滨油炸糕以其独特的风味和制作工艺，在全国都享有盛名。这种油炸糕的特色显著，其色泽金黄、外层酥脆、内里软糯、馅料甜香。它的香味来自油炸过程中面团与馅料的完美结合，以及馅料中的糖或豆沙的香甜。口感上，油炸糕外酥里绵，咬下去时，外壳的脆感与内馅的绵软形成鲜明对比，给人带来丰富的味觉体验。

在哈尔滨，玫瑰馅儿的油炸糕独具特色。每当其出锅时，那股子玫瑰香味扑鼻而来，让人垂涎欲滴，仿佛一天的活力都由此开始。吃下去润滑、软嫩而香甜的油炸糕，给人带来奇妙的味觉体验，仿佛把人带回 20 世纪。哈尔滨油炸糕不仅仅是一种小吃，它还承载着哈尔滨的文化和记忆，是许多人童年的味道，也是游客们必尝的地道美食。

红专街早市的油炸糕在 2024 年初火遍全中国，来到哈尔滨若不吃上一次地道的油炸糕就总感觉少了一种体验。由此，红专街上的油炸糕摊位上门庭若市，成为一种独特风景。

😀 烤冷面：地道的龙江特色小吃

◎ "道听途说"

烤冷面是源自黑龙江省的特色小吃，其历史并不算久远，但迅速走红，成为国内十分流行的美食小吃，尤其博得少年儿童的喜欢。烤冷面最早出现在 20 世纪

90 年代中期。当时，一位在密山市第二中学附近卖羊肉串的摊主，喜欢将冷面用签子穿起来放在炭火上烤，刷上调味料，当自己的下酒菜。没想到，这种炭烤冷面意外获得学生们的喜欢，从而逐渐流行开来。最初烤冷面是用普通冷面制作的，有炭烤、油炸、铁板等多种制作形式，后来经过多次改良，才成为人们今天熟悉和喜爱的样子。

◎ 饕餮诱惑

烤冷面的制作方式独特，口味灵活多变，可以加入香肠、鸡蛋、香菜、洋葱等多种配料，根据个人喜好刷上各种酱料。吃烤冷面成了小朋友的幸福时光，他们牵着妈妈的手，来到烤冷面摊位前，静静地等着摊主在滚烫的铁板上开始魔法式操作。摊主手法娴熟地用锅铲翻动冷面，打上一个鸡蛋，加上如烤肠、洋葱、香菜和烧烤酱等配菜和作料，香味立刻飘满街头。

烤冷面有一股浓郁的酱香味，吃起来那爽滑而又略带韧性的口感，是初涉地摊美食界的小朋友的启蒙之味。作料的鲜美味道与冷面的麦香味混合在一起，在舌尖上散开，诱惑人的嗅觉。独特的甜辣香味刺激味蕾，让人胃口大开。鸡蛋的香嫩、火腿的咸香与冷面的麦香味相互映衬，魅力十足，每一口都让人充分享受这种美味带来的满足感与快乐。

😊 克东腐乳：发酵工艺独特的东北佐餐佳品

◎ "道听途说"

早年有一家豆腐坊做出的豆腐卖不出去了，快要成酸腐状态了，豆腐坊的老板又舍不得扔，只得将其扔进瓮里，用盐腌上。许多天后，老板打开了瓮，一股香味扑鼻，发现此时的豆腐远比刚做出来的豆腐还要香还要好吃，一种新的食物就诞生了。这就是腐乳的来源。清朝晚期，一个山西人见克东是大豆主产区，便带来了制作腐乳的手艺，在当地开设了小作坊，于是克东的腐乳逐渐声名远扬。这个配方经过传承和改进，成就了克东腐乳这一独特的地方产品。

◎ 饕餮诱惑

由豆腐制成的腐乳，对改善人的胃口、帮助吸收食物营养益处很大。制作腐乳的工序复杂，从制作豆腐、压榨、晾晒、贮藏发酵，到调配汤液、装瓶发酵等程序，每一步从室温到湿度，都有严格要求，稍有懈怠口感就会出现差异。腐乳不仅是一种重要调味品，也是餐桌上少不了的佐餐品。克东腐乳以浓郁的豆香味和醇厚的口感，成就了地方品牌。吃到质地细腻、口感柔软、散发出经过发酵而产生独特香味的腐乳，让人久久难以忘怀。

当食客吃涮羊肉的时候，忘不了来一碗用腐乳、麻酱等调味品混合而成的蘸料，才能吃出独特的口感。蘸上融合了豆香和酱香的微辣蘸料后，羊肉产生奇妙的味道，感动了味蕾，让人不肯舍掉这美妙的口感。喜爱腐乳的美食家就餐时离不开腐乳的陪伴，品尝时口舌生津，能体会到不同的清香滋味。腐乳的食用方式也是五花八门的，可以当咸菜、蘸料，搭配其他食材，用以解腻；还可以在烹饪时当作料，为菜肴增添独特的风味。

😋 长白糕：香甜可口的东北传统糕点

◎ "道听途说"

长白糕与月饼、方酥、蛋糕等点心齐名。有一种说法称，长白糕起源于长白山地区，糕点形制长条状，通体雪白，像长白山一样，故称之为长白糕，又因其形似牛舌，也称牛舌饼。长白糕的口感清香甜润，营养丰富，是一道兼具美食和文化价值的传统糕点，也是当地人们喜爱的传统小吃之一。当年，清朝皇室和王府贵族，喜欢吃长白糕当夜宵。如今，长白糕成为中国的经典糕点，在全国各糕点营销店都可以见到其身影。

◎ 饕餮诱惑

在中国人的食谱上，长白糕宛似清新迷人的精灵，用独特的魅力改变人们的口味。外表洁白如雪的长白糕，诱人且口感甘甜如蜜。轻轻地咬上一口，绵软香甜的糕体像蜜一样在嘴里融化，甜蜜的味道便从灵魂深处弥漫开来，似乎天下不会再有如此甜得动人的美食了。

长白糕以精美的造型、洁白的样子、晶莹的糖色，获得很多人的喜爱。而且吃长白糕的过程可以很悠闲，坐在中央大街一处冷饮店里，一边品着咖啡，一边吃着长白糕，观赏窗外欧式风格的老建筑，能让人的心情在忙碌中得到片刻的宁静。当然了，品尝美食是一种从味蕾到心灵飞扬的过程。吃罢了长白糕，唇齿间残留的那股淡淡的香甜和松软感，让人的心情变得愉悦起来。

😋 油炸冰棍：冰火两重天的奇妙体验

◎ "道听途说"

探索美食制作是厨师不朽的追求。任何食材都会在厨师用不同烹饪手法尝试后，得到崭新的问世机会。而油炸冰棍就是这样一道具有独特创意的美食。它的外皮酥脆、内部冰凉，给人带来热口吞冰的体验。1938年，哈尔滨一家餐馆的大厨，首次试验制作了油炸冰溜子这道菜，意外地发现这种做法不仅能够保持冰的冷凉口感，还能使其外皮变得酥脆，十分特别。后来这道菜逐渐演变为油炸冰棍，成为哈尔滨的特色小吃。制作油炸冰棍时，首先选取冷冻结实的冰棍，再给冰棍穿上"衣服"，通常是面粉和鸡蛋液，以增

加外皮的酥脆度，放入烧至七八成热的油锅中炸制而成。

◎ 饕餮诱惑

油炸冰棍是一道源自东北的特色小吃，其独特的制作方式和冰火两重天的口感使其成为一道令人难以忘怀的美食。这道菜的制作要求非常严格，需要将冰棍迅速裹上面糊，然后放入热油中炸至外层金黄酥脆，而内部的冰棍依然冰凉。品尝油炸冰棍是一种非常有趣的体验。

着急的食客心急火燎地咬上一口，那一刻，首先感到那层酥脆的外皮带来的满意度，甜丝丝的。接着，牙齿轻轻触碰到里面的冰棍，舌头受到刺激，凉意顿时充满了口腔。一股甜蜜的冰凉液体，顺着舌头慢慢地流动，与热乎乎挂着面糊的外皮形成了鲜明对比。这种冰火两重天的感觉让食客惊讶的同时又觉得有趣。冰棍里香甜的奶油味儿，混杂进油炸后面糊的香味，其富于变化中的味道让人兴奋。这种复杂的变化既丰富又有层次感，为味蕾带来新奇而美好的感受。

😊 山楂糕：酸酸甜甜的传统开胃小食

◎ "道听途说"

山楂是中国传统药材之一，张仲景、李时珍等都认为山楂入药的作用不可小觑，对山楂的健胃、消食等功用有明确的记载。山楂糕则是中国民间的传统小吃，主要原料就是山楂果，通过清洗、去核、蒸煮、打浆、加糖、成型等工序制作而成。在不同的地区，山楂糕有着各自独特的做法和风味。

山楂糕的技艺发源于徐州，早在北宋时期，徐州山楂糕就作为贡品进贡，是

内宫嫔妃们最喜欢的零食之一。宿迁的水晶山楂糕也是历史悠久的传统食品，其色泽艳红、晶莹透明、清软酸甜、生津健胃。

山楂糕作为一种深受人们喜爱的传统小吃，在中国各地都有广泛的流传，制作方法也随着时代的发展而不断创新。

◎ **饕餮诱惑**

在各地商场、超市很容易买到各种形状的山楂糕，有糖果式包装，有卷管式的，等等。各种包装的山楂糕口感出奇的一样：又酸又甜，吃起来十分可口。山楂糕是食酸人群的最爱，入口绵软的山楂糕酸甜可口，刺激人的味蕾，让人满口生津，产生食欲。山楂糕经过厨师的改造，也成为餐桌上的开胃美食，有拔丝山楂糕、凉拌山楂糕等。与其他菜肴相比，利用山楂糕制作的菜肴无论在色泽还是口感上都会给人新鲜、好吃、开胃的印象。

😊 烟囱面包：中央大街的人气美食

◎ **"道听途说"**

世间有很多美食或以味道称之，或以形状命名，流行于哈尔滨中央大街的烟囱面包就是因外形类似烟囱而得名的。据传，烟囱面包起源于匈牙利，面包师傅在烘烤面包时，发现将面包制作得长一些，上面再切几道口子，烘烤面包时里面的水汽冒出来，会使面包的口感更好，有独特的酥脆与软糯感。别看只在面包中间切几道口子，却获得了事半功倍的效果，让人们获得了美食的享受。而哈尔滨的烟囱面包一般被认为源自捷克，在 1930 年由德国商人带到了哈尔滨。如今的烟囱面包与哈尔滨人的口味相融合，营销市场变得更加红火，也让其成为独领风骚的典型面食了。在其中加入奶香浓郁的冰激凌，更让烟囱面包拥有了新奇的创意、独特的湿润口感和非同一般的甜蜜诱惑。

◎ 饕餮诱惑

烟囱面包是一种外皮酥脆、内里柔软，麦香味儿突出、香甜可口的糕点。其纯粹的柔软与香酥，吊足了人们的胃口。吃烟囱面包，每一口都是美的享受。烟囱面包在哈尔滨站住脚跟后，相继开发出多种口味，如燕麦味或者奥利奥味等。其口味丰富多样，适应各种消费群体的选择。烟囱面包的问世，让食客有了更多选择美食的理由。尤其是加入冰激凌的烟囱面包，更是充满了独特的风味，给人带来非凡的体验。

面食与主食

◎ "道听途说"

筋饼起源于中国北方，距今已有 800 多年的历史。传说，清朝的康熙皇帝曾在松花江上泛舟，地方官员派榆林的厨师为皇帝烙筋饼，康熙皇帝吃后连声称赞。民国年间，黑龙江督军吴俊升路过小榆树，打尖时吃了榆林筋饼和呼兰河的鱼，也连连夸赞好吃。也有传言说，宋朝的徽钦二帝被困五国城，饥饿难耐时，一个随从精通制作面饼的技术，给两位皇帝制作筋饼充饥；还有满族先民制作薄饼当春卷吃等传说，因为没有史料佐证，不足以采信。但是，榆林筋饼以其独特的餐饮方式，得到众多美食家的青睐却是事实。

◎ 饕餮诱惑

特色小吃是美食家一直苦苦寻找的美食，只要知道哪里有别致的美味总会撬动美食家的胃口，并让他们以极大的热情去追寻。当年，榆林筋饼进入哈尔滨市场，可是博得了不少美食家的关注。那时候，每间榆林筋饼店都是爆满，个个食客吃

第三篇

饕餮盛宴

251

得汗流浃背、忘乎所以。吃榆林筋饼，喝五星啤酒，是那个时候的食客的终极追求。

榆林筋饼或许受到山东大煎饼的启发，辅以各种配菜，让吃的色彩更浓厚、更诱人，也让食客的味蕾得到充分的满足；同时也让筋饼的细腻麦香，还有包裹在里面的各种菜肴的滋味得到完美的发挥。

☻ 佳木斯拌面：东北面食的创新之作

◎ "道听途说"

有人考证，认为佳木斯盛行的拌面受到朝鲜族冷面的影响；还有人提出不同的观点，认为拌面起源于福州，是挑担到处推销拌面的小摊贩，经过千里之遥的传播，才在佳木斯这里落户扎根、开枝散叶，形成如今颇具特色的佳木斯拌面。无论是受到朝鲜族冷面影响，还是从遥远的福州传承过来，餐饮业本就是一脉相承的。当然，拌面自从成为佳木斯当红的小吃，立即华丽转身变成流行美食。街头巷尾到处可以见到这种小吃的身影，一些较有规模的饭店也提供这种独具风味的主食，可见佳木斯拌面在食客心中的位置。

◎ 饕餮诱惑

洁白如玉的面条、琳琅满目的配菜，像一组色彩斑斓的调色板，组合成口味鲜美的食物，勾起了人们的食欲。厨师如同表演的艺术家，从抓起面条到放足作料与配菜，每一个动作都那样娴熟、干练。夹起筋道的拌面，细细的面条微微抖颤，味道立刻飘散出来，吃起来口感爽滑、香味十足。这时，人们才会发现拌面与打卤面和朝鲜族冷面有明显的区别。这是货真价实的拌面，诱人的香味扑鼻，面香在拌料里弥漫，酸甜的味道让人胃口大开。

😊 鸡西大冷面：朝鲜族冷面的鸡西版

◎ "道听途说"

鸡西是黑龙江省一个矿业之城，那里朝鲜族人很多，在饮食上受朝鲜族人影响极大。14世纪初，朝鲜贵族食用的凉面传到民间，这为后来鸡西冷面的形成提供了基础。

19世纪20年代，姜庄氏作为第一代传承人，将朝鲜冷面、辣菜的制作技术带到了鸡西，开创了如今盛名远扬的鸡西朝鲜大冷面。辣菜、冷面给当地饮食结构带来了多种选择，也让鸡西成为大冷面的发祥地。鸡西的冷面吸收了朝鲜族冷面的口味、制作方法之外，又结合汉族口味有了独创性。除了冷面制作外，冷面的作料、汤汁等方面也随着当地饮食习惯有了改良。这种改良使冷面的单一口味向多种口味转化，最终使冷面成为当地一大特色的美食品种。

◎饕餮诱惑

鸡西的大冷面另辟蹊径，虽然受到朝鲜族冷面影响，但是在经历了多年的改进后，口感与风味更接近汉民族的饮食习惯，最终成为有别于其他美食的风味主食。当一碗鸡西大冷面摆在食客面前时，扑鼻的香味立刻吸引了人们的胃口。鸡西大冷面米白色或褐色的面条在清汤与辣菜、黄瓜丝等抢眼配菜的簇拥下，首先在视觉上征服了食客。又圆又细的冷面十分筋道，且十分爽口，是夏日消暑的最好风味面食。冷面的香浓鲜味搅动人的味蕾，让食客品味这道主食时，感到口味鲜美与碗大实惠。一个大碗里，鲜嫩的配菜，还有鲜味十足的冷汤，泡出润滑多汁的冷面，以极大的诱惑力撑起了食客的胃口，让人欲罢不能地吃下去。这碗大冷面汤水的鲜香味中带有辣味，混合成奇妙的滋味冲击人的味蕾，让食客忘记了大碗冷面的分量，吃得饱饱的，浑身有说不出的清爽。

😊包子：皮薄馅大的东北早餐不二之选

◎ "道听途说"

哈尔滨极负盛名的"老松滨"，是历史悠久的专营包子的饭店，在新中国成立之初就是享誉国内外的一家饭店。还有张包铺和白杨包子等闻名遐迩的包子铺，主打包子口味纯正、馅大皮薄、肉馅香而不腻。这些饭店售卖的各种馅儿的包子，无论是味道、包子的形状，还是包

子的质量，在哈尔滨都小有名气。这几家包子专营饭店之所以包子好吃，据传言说是因为其馅料秘方是从皇宫御膳房传出来的。

◎饕餮诱惑

在知名的包子专营店里，给人印象最深的，莫不是那种皮薄、馅大、味鲜的包子，而且包子的几个褶子都是一样的，从感官上促进了人的食欲。而排骨包、三鲜肉包和海鲜包等特别有味道。当热气腾腾的包子端到食客面前时，食客首先被一股浓郁的香味吸引住了，胃口受到了刺激，无法抑制吃的渴望。此刻，再斯文的人也顾不得许多了，夹起一只热气腾腾的包子，蘸上佐料吃上一口，薄薄的面皮破裂开来，露出里面的馅。无论是牛肉还是猪肉的馅，都会流出油水、溢出香气，鲜而又香，让人迫不及待地再咬上一口。当然，素馅的包子更有独特的口味，这是由新鲜的食材和秘制的作料产生的香味，也是让每一个食客都会情不自禁地吃下去的理由。包子清新、独特的口感是所有美食家的最爱，其浓香是每位食客的追求。在哈尔滨这个城市里，最挑剔的食客被征服了，这正是包子的魅力。

☺ 大楂粥：东北人的家常味道

◎ "道听途说"

玉米从美洲传入中国获得丰收后，百姓就把这种高产农作物当成口粮，其一直陪伴国人度过几百年的文明史。有记载称，当年很多贫困人家因物质不丰、营养不良，只得靠富含膳食纤维的大楂粥填饱肚子。有的贫苦人家，母亲没有奶水，就用大楂粥米汤代替奶水喂养婴儿。在祖辈的记忆里，正是既暖胃又暖心的大楂粥，为很多身体多病或体质弱的人补充了营养。

◎ 饕餮诱惑

经历过物质不丰年代的人，最感谢的是大楂粥。这种粗糙的米粥虽然没有大米粥口感细腻，却给人体提供了充足的热量，让人健康成长。到了今天，物质极大丰富了，天下美食尽人选用，大楂粥依旧是国人难以割舍的食物。

大楂粥橙黄色的颗粒十分饱满，营养全面，口味独特。很多吃腻了大鱼大肉的人，专门寻找粗粮馆品尝大楂粥，一饱口福。人们吃着大楂粥，就着小咸菜，回忆往事，心里暖乎乎的。过去的大楂粥淘洗后，有时搁点大芸豆一块儿煮，具有原生态的口感。现在煮的大楂粥除了选用当年的新米，还要挑选优良玉米品种，还有的人会加上优等大米、大芸豆、大枣、薏米等几种食材做成杂粮粥，制作工序烦琐，粥煮熟后香气扑鼻，让人立刻有了食欲。

😊**大饭包：** 东北传统特色快餐王者

◎ "道听途说"

东北人爱吃大饭包，就是将米饭佐以大酱、大葱和香菜，用大白菜叶子或生菜叶包上，用手捧着吃格外香。这种吃饭包的方法在东北地区仍然很流行。

传说，清军入关（山海关）前，与关内的明朝军队经常发生战事，而且粮食储备不足，经常在当地筹措粮饷。有一次，多尔衮带领部队走到某地，粮食断绝，士气不振。多尔衮传令让当地百姓给士兵做饭，可是兵多粮少，百姓只能拿出高粱米煮饭。而后边的粮草车又跟不上，餐具也很少。士兵们又饥又渴，顾不了许多，就在米饭里放上大葱、大酱，用菜叶包着吃，吃得十分香。后来，清廷每年都要在入关纪念日吃饭包，一是庆贺这个胜利的日子，二是牢记祖宗打江山的不容易。

在农村，妇女最喜欢做饭包，菜叶抹上大酱，放上切成丝的葱和香菜，舀上小米干饭或者二米饭或者高粱米饭，然后包起来吃，香喷喷的，不亚于酒席宴会上的大鱼大肉了，且做起来省时省力。家里来了客人便炸一碗鸡蛋酱，依旧是配菜十足的饭包，便成为招待客人的最佳食物。而如今，大饭包已经成为东北著名的风味快餐小吃了。

◎ 饕餮诱惑

吃大饭包是一种豪迈、独特而令人食欲大开的体验。当一张白菜叶或生菜叶摊开，往上面涂上香酱，放上葱丝或者青椒丝、香菜与肉丝，扣上一碗米饭包裹起来时，轻轻咬上一口，蔬菜的清香与饭香、酱香和肉香共同袭来，充满了清新爽口的感觉。各种酱料味道则丰富了整体的风味，或咸香，或酱香，或辣香，层次分明，口感十分美妙。细细咀嚼时，那是一种粗犷且充满野性的味道。大饭包虽然口感粗糙，却能让人产生一种接近大自然的兴致。每吃一口都觉得无比充实和满足，仿佛将生活的美好都包裹其中了。吃完了大饭包，胃里满满当当的，整个人都被这种温暖而实在的美食所陶醉，情不自禁地沉浸在这种独特美食所带来的享受之中。

😊 黏豆包：香糯可口的东北传统美食

◎ "道听途说"

中国有五谷之称，一种说法是稻、黍、稷、麦、菽，其中的黍是北方重要粮食作物黄米。而磨黄米面制作黏豆包，历史悠久。最早古人供奉祖先是用黏豆包当供品，而东北人到了年底也有用碾子碾黄米面包豆包的习俗。黏豆包是满族传统美食，有上千年的历史。一些猎人、车老板出门习惯携带豆包，主要因为豆包热量大、抗饿；再就是天寒地冻的，其他干粮冻得咬不了，豆包照旧能咬得动，还能吃进肚里。其也曾是满族八旗军的随军干粮。如今，黏豆包成为黑龙江省的特产，亚沟的黏豆包还注册了商标，成为黑龙江省的非物质文化遗产之一，受到各级政府的保护。

◎ 饕餮诱惑

豆包是东北地区的特产，也是很多20世纪70年代以前出生的人念念不忘的美食。每当到了腊月门，各家各户忙着淘米，用黄米面包出好吃的豆包，里面是团成蛋的大豆或小豆做成的馅。而用小豆淘出豆沙，用以包豆包口感更好。豆包属于广谱性主食，无论以小吃角度蘸糖吃，还是在宴席上当甜点，

都能摆上桌面。豆包个头虽小却有着可爱的形状，黄澄澄的鸡蛋大小，蒸出后散发出浓郁的味道，咬一口充满糯香味儿，一直是美食家的最爱。尤其是经过油炸和用平底锅煎过的豆包，是美食中的翘楚，以其回味无穷的面香、豆香，还有让人称道的筋道劲儿，成为东北地区公认的美食。豆包经历了上千年的传承，大部分时间占据东北人的重要主食位置，养育人们走向富裕的今天，深受民众的喜爱。一到东北的冬天，很多人家以豆包为主食，在春节前后以吃上一顿豆包为乐事，解除了忙碌一年的疲惫，放开了胃口，美美地吃一顿蘸白糖或蘸荤油的豆包，以饱口福。

😊 肇东小饼："肇东料理"

◎ "道听途说"

来到肇东的游人，除了感受到肇东小城的繁华、街巷规划的齐整之外，感受最深的还是这个城市里的美食。品尝肇东小饼是必须体验的项目，这种被当地人称为"肇东料理"的小饼，是当地开发的一款著名的小吃。

当地政府从 2023 年至 2024 年举办了两届肇东小饼美食文化节，可见其在

当地人眼里的地位。肇东小饼精致，饼皮刷有酱料、撒着芝麻，吃起来香酥可口。在举办肇东小饼美食文化节的几天时间里，厨师们各展厨艺，制作出的肇东小饼各有千秋。有的是用平锅烙的饼，有的是用吊炉烘烤的饼；而且有的类似炊饼，有的像烧饼，各家商户充分发挥各自的想象力，尽心竭力地把肇东小饼制作得香气扑鼻、引人垂涎，成为当地独有美食故事的新产业。

◎饕餮诱惑

肇东小饼美食文化节举办期间，有表演、有秧歌、有街舞、有美食，热闹异常，让人大饱口福、大开眼界，让人品味到制作精美的肇东小饼，同时也感受到当地的美食文化节带来的狂欢。肇东小饼十分精致，带有芝麻的外皮，能让人感受到酥脆与面香味儿。尤其用小饼夹带的配菜，有肉丝、酱料、蔬菜，整体恍如一件艺术品，细嚼慢咽之际，满口生津。肇东小饼不仅是美食的享受，更是一种餐饮文化的创新。

俄式风味

😊 大列巴：哈尔滨的面包传奇

◎ "道听途说"

大列巴曾经是哈尔滨的商业符号，是从中东铁路舶来的美食。据传，大列巴是俄罗斯人用粗糙的黑面发酵后的面团制作的。其是人们在制作过程中加入适量的盐，刷上油，放在烤炉里烤制而成的。大列巴出炉后外层坚硬，口味微酸，而且贮存方便，是俄罗斯传统主食。传到哈尔滨后，这种纤维粗糙的面包成为地方特产，在哈尔滨百余年的发展历史中，成为哈尔滨餐饮文化的一种象征。

◎ 饕餮诱惑

当年，生活贫困的人家，能吃上大列巴比过年还高兴。父母操刀，将大列巴切成一片片的，分给孩子们食用。略有些发灰的面包片上有蜂窝眼，咬一口，麦香味中还略带酸涩感。孩子仿佛吃上最好的美食，别提多高兴了。大列巴外皮瓷实坚硬，咬一口很费力，咀嚼起来越嚼越香。人们吃大列巴的时候，大多喜欢用红肠当副食，两种食物是天生的绝配，假如再喝上一杯格瓦斯，简直是一场盛宴了。

😊 红菜汤：酸甜适中的开胃必备汤品

◎ "道听途说"

红菜汤是俄罗斯、乌克兰和波兰等东欧国家十分普及的一种食物。19世纪末，红菜汤随着中东铁路的修建传入哈尔滨，也有人将其称为罗宋汤。它主要是用甜菜疙瘩等食材制作的，是具有独特口感和颜色的汤菜。这种红菜汤对于喜爱吃大列巴与红肠的民族来讲，是最好的佐汤，深受民众欢迎。

◎ 饕餮诱惑

传统的汤菜品种繁多，红菜汤只是一道来自外国的佐餐汤菜，却在哈尔滨人心中牢牢扎下了根。一碗热乎乎的红菜汤呈现微红色的涟漪，摆在餐桌上，似乎诉说着自身的历史。红菜汤上面漂有油花，除

了细碎的甜菜疙瘩块，还配有其他食材，如牛肉块、蔬菜丝，再就是各种调料了。红菜汤酸酸甜甜的味道是甜菜疙瘩和其他配菜带来的。再搭配上牛肉等食材，其与中国北方的炖菜有近似的风格。这种红菜汤既是汤又是菜，想喝汤也可，想吃菜也行，让食客在吃菜的同时，也有了喝汤的便利。一碗热气腾腾的红菜汤，汤汁浓郁，口感极有层次，酸甜可口，很有味道。

😊 酸黄瓜：东北泡菜的代表

◎ "道听途说"

据记载，约公元前2000年，两河流域的美索不达米亚人已经掌握了腌制食物的技术，腌黄瓜是其中最常见的菜品之一。公元前850年左右，酸黄瓜成为古

希腊当局大力倡导的食物之一。亚里士多德曾在他的著作中提到酸黄瓜是易保存、开胃的健康食品。

俄罗斯由于地处寒带气候，新鲜蔬菜缺乏且又不易保存，因此腌制食品成为主要的蔬菜来源，酸黄瓜就是其中最受欢迎的一种。它不仅可以当作配菜，还可以直接食用。酸黄瓜因中东铁路的修建传进哈尔滨后，有的商家抓住商机，开发出酸黄瓜罐头，深受消费者欢迎。从此，其也成为我国销往欧洲的重要商品。

◎ 饕餮诱惑

品尝酸黄瓜时，那美妙的酸味瞬间在口腔中散开，刺激着味蕾，清爽而提神。酸黄瓜带有蔬菜发酵后的独特风味，让人联想起山西的陈醋。不同的是，酸黄瓜带有丝丝的甜意，水润、香浓，吃后让人胃口大开。酸黄瓜是天生的配菜，无论是搭配肉类食物，还是与蔬菜、面包一起食用，都能起到开胃的作用，让食物的口感更加丰富有层次。尤其在炎热的天气里，那股酸劲儿不仅带来开胃的效果，还能提鲜、解腻、降暑，为人们的餐桌增加了丰富的选择。

😊 红肠：东北第一肠

◎ "道听途说"

红肠是来源于立陶宛的西式灌肠，随着中东铁路的修建而传入哈尔滨，立即成为中国人口中的美食。一个外国商人捕捉到这个商机，在哈尔滨开办了一家专门生产红肠的加工厂，让价格高昂的红肠降到平民百姓也能享受得起的价格。从此，这种舶来品成为哈尔滨人餐桌上频繁出现的一道美食。据说，道台府举办宴会时，餐桌上少不了用红肠制作的菜肴。因为道台府与修建中东铁路的俄罗斯人经常打交道，当然要摆上俄罗斯人喜欢吃的菜肴了。而利用红肠当食材，烹饪出中西合璧的菜肴，这让俄罗斯人十分喜欢。

◎ 饕餮诱惑

红肠是哈尔滨人的餐桌上必不可少的美食，也是哈尔滨地方美食的招牌。红肠以其货真价实、口感好，具有色香味俱全、口味独特等特点，深受百姓的喜爱。品尝红肠更是一种享受，一种美食的体验。红肠具有略显深红的外观，又有肉香、作料的香味，还有熏烤后的焦香味，让人产生强烈的食欲。品尝红肠时，人们首先品尝出熏酱香味，鲜美、香醇的味道可口诱人，每一口都会有让人不舍的冲动。咀嚼时的质感、香味，让人产生回肠荡气的亢奋。红肠在人的齿舌间越嚼越有味道，令人满口生津。略显瓷实的肠衣与里面的肉泥充分融为一体，香味冲破人的味蕾，刺激人的胃口，让人欲罢不能。所以，红肠成为哈尔滨当之无愧的一张地方美食名片，也成为各地旅人最好的伴手礼。

😋 牛排： 西餐中的经典之作

◎ "道听途说"

有记载说，英国人最早发明了利用香料熏制牛排这道名菜。其渐渐在欧洲国家流行，人们还建立了专业的制作牛排的作坊，使其成为经典的美食。只是，当时制作牛排的技术尚不成熟，配料、蒸煮、熏烤质量没有统一标准，保鲜期也各不相同。西欧的精致牛排与美国的粗糙、大份额牛排形成强烈的反差。但是，牛排毕竟是一种时尚的食品，而且又符合欧美国家的饮食习惯，渐渐地来到寻常百姓家的餐桌上。而且，人们对牛排的质量标准、保鲜期、口味等指标都有了严格要求。中国人自古视牛为耕田运输的脚力，不许随意宰杀耕牛，所以牛肉食品未大规模流行。而哈尔滨人的餐桌上出现的牛排，最早可追溯到中东铁路建设时期，是俄国人把西式牛排引进了哈尔滨，才让哈尔滨人见识到西式牛排的真面目。

◎ **饕餮诱惑**

牛排随着加热缓缓卷曲、收缩，油脂在高温下慢慢融化，由深红逐渐转变成诱人的焦糖色，外皮微焦，内里却依旧保持着粉嫩和多汁。刀叉划过，肉汁随着切口缓缓渗出，就像一汪清泉，滋润着舌尖的每一寸味蕾。牛肉的鲜美在口中绽放，每一口都是对味觉的极致挑逗，令人有一种难以言喻的满足感。

香气是牛排的另一个灵魂。它不仅仅是肉香，更是草本植物的香气、炭火的香气，甚至是时间的香气。这些香气交织在一起，构成了牛排独有的风味。闭上眼睛，深呼吸，人们仿佛能听到草原上牛羊的叫声，感受到风吹过草尖的清新。而味道则是牛排最为核心的部分，它不仅仅是咸、甜、鲜的简单组合，更是一场味觉的盛宴。牛肉的肉质紧实而不失柔嫩，每一次咀嚼都是一次全新的体验。香料的点缀也恰到好处，既不会掩盖牛肉的本味，又能增添一抹独特的风情。

😊 烤奶汁鳜鱼：俄式奶汁类菜肴的代表

◎ "道听途说"

烤奶汁鳜鱼是具有哈尔滨风味的俄式大菜。据史料记载，19 世纪末，中东铁路的修建把俄式大餐带到了哈尔滨。到了 20 世纪初，哈尔滨有多家俄式餐馆，其中就有马尔斯西餐茶食店，也就是今天的华梅西餐厅。其始建于 1925 年，主营俄式大菜，其中就有烤奶汁鳜鱼这道菜。虽然外国人喜欢这道菜的奶香味，但是中国人很少点这道菜，这让老板十分奇怪。他调查后发现，原来中国人不习惯这道菜的口味。后来，他对这道招牌菜加以改进，减少淋浇的奶汁的甜味，又增加了土豆泥、蔬菜、蘸料等，才使这道菜被当地人接受，成为流行美食，传承至今。后来新中国成立，马尔斯西餐茶食店改为公私合营，搬迁到中央大街，更名为华梅西餐厅，这道俄式菜肴也成为重点招牌菜保留至今。

◎ **饕餮诱惑**

品尝烤奶汁鳜鱼是外地游客来华梅西餐厅、波特曼西餐厅等俄式餐厅最感兴趣的体验。烤奶汁鳜鱼的鲜味重在"烤"字，烤可以让食材的色香味完全显现出来，让食物呈现更加诱人的色泽。鳜鱼的表面烤得金黄，配菜摆放得恰到好处，奶汁浸润鳜鱼鱼身，整盘菜散发出奶油香味和主体食材的美味，让人特别有食欲，迫不及待地动起餐刀、餐叉与汤勺，尽情品尝，感受味蕾的满足所带来的快乐。而外酥里嫩的烤奶汁鳜鱼的最大特点是鱼肉的鲜嫩、奶香与酥甜糯香的口感交织在一起，尤其令人称奇的是火候把握得恰到好处，让香气在口腔悄然释放，每一口都让人的灵魂陶醉其间。

😊 **格瓦斯：** 液体面包

◎ **"道听途说"**

格瓦斯是由俄罗斯传到哈尔滨的一种清凉饮料。据说，一千多年前，俄罗斯的精明商人将久存卖不出的黑面包发酵用来制作格瓦斯，当饮料销售赚钱。经过多年的研究改进，这种饮料从色泽、口感、气泡、甜度等方面有了明显的变化，适宜大众口味，并比肩德国啤酒、保加利亚布扎、美国可乐，成为世界四大民族饮品之一。而格瓦斯是利用面包当原料，使用酵母、乳酸菌等多种菌类发酵制成的口感好、酒精含量低的饮料，在欧洲很有影响力。随着中东铁路的建设，格瓦斯这种饮料进入哈尔滨，成为中国北方重要的清凉饮料。

◎ **饕餮诱惑**

哈尔滨人喜欢饮用格瓦斯，其不仅口感好、气泡丰富，而且能喝出豪情，喝出情怀，喝出哈尔滨的城市发展史。格瓦斯正是城市的记忆、城市的根脉。格瓦斯的浅棕色液体口味十分柔和，香气袭人，美妙的口感给人

留下深刻的印象。喝一口浓郁的、具有麦香味的格瓦斯，也会让人爽口舒心，喉咙间多了爽快与凉意，浑身舒服多了。正是这种液体面包的诱惑，让人欲罢不能，其也是高温酷热时最好的降温饮品。寒冷的冬天也不在话下，冬天的格瓦斯喝了开胃、开心、浑身舒坦，让人生充满了自信。

😊 俄式香肠：哈尔滨俄式美味的代表

◎ **"道听途说"**

俄式香肠的发展可以追溯到几个世纪以前，当时俄罗斯人民的饮食深受欧洲国家的影响，再加上本地人的生活饮食习惯，为俄式香肠的完美发展奠定了基础。在经历了长期发展和改良后，俄式香肠已经成为俄罗斯食品的代表之一。俄式香肠不仅具有独特的口感，还具有浓郁的风味。俄式香肠的主要制作材料是各种肉类，此外还需要加入各种调味的香料。这些香料不仅使俄式香肠风味浓郁，而且还能够使香肠具有独特的风格、独有的口味。在俄罗斯，居民常常将各种鲜肉与香料搅拌在一起，然后将其注入肠衣中，风干后进行蒸煮，形成口味

独特的香肠。用这种方式制作的香肠被认定为俄式香肠的鼻祖。

◎ **饕餮诱惑**

俄式香肠质地富有弹性，每根香肠饱满而瓷实。与哈尔滨红肠不同的是，俄式香肠没有经过熏制，而是简化程序，只需要蒸煮即可食用。使用货真价实的各种鲜肉、少量淀粉与适量调料，让香肠更具有鲜香味道和筋道口感。品尝香肠的时候，肉香在嘴里悄然弥散开来，混杂各种香料的味道，让味觉十分舒服，且又有丰富而醇厚的口感，撬动人们的胃口。俄式香肠咸香适宜，味道十分诱人。其独特的口感能瞬间勾起人们的食欲，无论是单独品尝还是搭配其他食物，都能带来美妙的味觉享受。俄式香肠既有肉类的筋道，又拥有恰到好处的口感与风味的巧妙融合，让人在品尝过程中感受到俄罗斯饮食的独特风味和魅力。

☺ 俄式清煎马哈鱼：哈尔滨俄式西餐的招牌菜之一

◎ **"道听途说"**

马哈鱼是一种冷水溯河洄游鱼类，俗称大马哈鱼，既可生活在淡水里交配产卵，又能长期生活在北太平洋的中高纬度海域，能给人提供充足的蛋白质来源。在一些欧洲国家里，大马哈鱼因为产量高，也成为当地民众的主要菜肴，从而让当地居民发明了多种食用大马哈鱼的方法。从蒸煮煎炸到烧烤，甚至吃生鱼片，是当地人的惯常食用方法。其中，俄式清煎马哈鱼就是一道名菜，出现在俄式大餐的食谱里。而哈尔滨俄式西餐厅一直将俄式清煎马哈鱼当成主打菜肴，吸引众多食客来餐厅品尝。

◎ **饕餮诱惑**

来到哈尔滨，一旦进入了俄式西餐厅，无论是华梅西餐厅、波特曼西餐厅，还是米德维奇俄式西餐厅、金色时光俄式西餐厅，点一道俄式清煎马哈鱼，是必不可少的选择。使用色拉油煎过的马哈鱼片，闪烁着迷人的金黄色色泽，弥漫出诱人的鱼香味儿。盘子里点缀着用蔬菜制作的装饰，让食客望去十分开胃。喜欢细细品味美食的客人并不急于用餐刀切开焦黄且透出香味儿的鱼肉片，而是先嗅嗅味道，感受俄式佳肴的魅力，然后正襟危坐，切开鱼肉片。一股浓郁的香味立即弥漫开来，吸引了人们的嗅觉，勾起了人们的食欲。

俄式清煎马哈鱼肉质嫩滑、鲜美，而且厨师制作时都有独门秘料，故此口味、风格、配料各有差异。当嫩滑酥软的煎鱼片放进口中时，感觉到包裹着秘料的鱼

肉在齿间渐渐化开，口中有说不出的香气弥散，这正是美食带来的享受。哈尔滨拥有几十家俄式西餐厅，每家制作的俄式清煎马哈鱼的味道都有细微的变化，唯一不变的是，那清煎的手法与鲜美滋味让人百吃不厌，美食的魅力也正是如此。

😊 俄式肉饼：东北的俄式传统美食

◎ "道听途说"

俄罗斯拥有广袤的土地、山林，为当地居民提供了丰富的食物来源。相传，居住在乌拉尔山北部的猎人，他们带枪钻进山林里寻找野兽。猎人往往一走就得十几天，在密林里追寻猎物。在人迹罕至的森林深处，除了面包、红肠，猎人还要带上一种肉饼。这种俄式肉饼里面除了必不可少的洋葱，主要以肉馅为主，有的还放入西红柿，然后把面粉混进其中烤制而成，也有油炸的。俄式肉饼气味香甜，保鲜期长，还能达到主副食兼备的目的，尤其携带方便，是俄罗斯人长途旅游、出差办公喜欢携带的一种美食。

◎ **饕餮诱惑**

俄式肉饼与中国的馅饼有天壤之别。中国的馅饼讲究馅在面饼里面；俄式肉饼却往往把面包屑或者馒头捣碎，同时搅进肉馅里，然后在锅里烙出来。俄式肉饼还是以肉类为主，当肉饼端上餐桌时，上边的油花噬噬作响，浓重的肉香味儿弥散，让人品尝的冲动愈加强烈。有的俄式肉饼还浸在一种香汤里，吃一口肉饼，呷一口汤汁，既香气十足又不腻人。吃的时候，肉饼的糯软与酥香，交相辉映，而且吞咽时油滑酥香，是十足的美味。

罐牛、罐羊、罐虾：俄式慢炖经典美味

◎ **"道听途说"**

用陶罐烹饪美食，恐怕是远古时代遗留下来的最原始的炖煮食物的方式。当时，铁具严重匮乏，而陶器却容易获得，这也成全了一种烹饪形制。而俄式罐牛、罐羊和罐虾又是一类颇有讲究的美食，更是沙皇时代皇室宴会必备的菜肴。精美的器皿、味道鲜美的食物，也显示出贵族的尊贵与威仪。至于罐牛、罐羊和罐虾的出处，因为历史久远而不可能考证确凿了。有一点可以确定，这种罐装的美食，充分彰显出俄罗斯人的用餐风格。

◎饕餮诱惑

罐装美食的制作是一个相当烦琐的系列过程，从选料、切肉、腌料、除腥到罐煮，要求十分细致。尤其是根据食客的口味，投放的作料也十分有讲究，酸甜苦辣咸味皆可调出入味。有美食专家曾说，"三罐"是斯拉夫人的顶尖美食。此言虽然有些夸张，但是浏览俄罗斯人的食谱不难发现，无论罐牛、罐羊还是罐虾，都具备了重口味的特征。罐牛的软烂入味、罐羊的鲜嫩可口、罐虾的清香鲜美，无不符合俄罗斯人

的饮食习惯。那一道道罐牛、罐羊与罐虾的美味，如同一件件艺术品，带给人味觉的盛宴。

☺ 俄式拌香鸡：典型的俄式沙拉

◎ "道听途说"

俄式拌香鸡作为一道典型的俄式沙拉，其源于俄罗斯丰富的烹饪传统和食材文化。传说，沙俄时代有一个公爵为人霸道，一直对他的厨师不放心，总想找借口将其辞退。而厨师也总是担心制作的食物如果公爵不喜欢，肯定要辞了他。为了讨好公爵，

厨师想方设法制作出新式的食物供公爵享用，讨他高兴。人的创意毕竟有限，当厨师又开始把传统菜肴端上餐桌时，发现公爵露出不悦的表情。厨师为此很是担忧，他忧心忡忡的样子最终被妻子发现，在她的追问下厨师说出自己的顾虑。妻子笑道，她会帮助他制作一款美食，从而让他在公爵面前扬眉吐气。厨师按照妻子的方法，给公爵制作了一款拌香鸡，让公爵吃得胃口大开。过后，公爵问厨师这道菜的名字，并追问是何人所传。厨师得意地说，是妻子所教，这道菜名叫拌香鸡。从此，公爵果真改变了主意，打消了辞退厨师的念头。

◎ **饕餮诱惑**

鸡肉的鲜嫩与土豆的细腻完美结合，每一口都能让人感受到不同食材的层次和口感。鸡肉的滑嫩与土豆的绵密相互映衬，使得整道菜品口感饱满而富有变化。俄式拌香鸡通常会加入适量的沙拉酱和调味料进行调味，这些调料往往带有酸甜的味道，能够使得整道菜品更加开胃爽口。苹果等食材的添加也为菜品增添了清新的果香，使得整道菜在口感上更加丰富多样，同时也提升了菜品的整体风味。

😋 **俄罗斯烤鹅：** 俄罗斯节日餐桌上的压轴菜

◎ "道听途说"

俄罗斯烤鹅的历史十分悠久，早在沙俄时期，它就被视为皇室和贵族的美食，烹饪技巧也经过长期的积累和创新，成为俄罗斯饮食文化中不可或缺的一部分。俄罗斯烤鹅要经过宰杀、褪毛、剖腹、清洗、腌制、填充（填入腌制好的蘑菇、土豆、苹果等）、涂抹黄油与香料到烘烤等诸多程序，才会最终成为味道鲜美可口的佳肴。在节日或家庭聚会中，烤鹅常常作为压轴大菜出现。而糯香润软的烤鹅也通过中东铁路的建设，传进了哈尔滨，成为这片土地上的流行美食。

◎ 饕餮诱惑

品尝这种烤鹅，首先要闻闻味道。烤鹅四溢的香气，让人的味蕾受到了极致诱惑。烤鹅的肉丝细腻，且富含肉汁，会散发出作料与鹅肉混合一体的香气，能调动人们的胃口，满足人们的食欲。烤鹅的香气是多层次的，腌制过程中使用的香料在烤制时被完全释放，混合着鹅肉本身的鲜美，散发出一种让人垂涎欲滴的香味，鹅油的醇厚和肉质的鲜美交织在一起，弥漫在空气中，让人忍不住深吸一口。

烤鹅的外观诱人，表皮在高温的烤制下形成了一层酥脆的外壳，闪烁着油润的光泽。切开后，肉汁缓缓流出，露出粉嫩的肉质，与焦糖色的外皮形成鲜明对比。鹅肉的口感鲜嫩多汁，外皮酥脆，内里肉质细腻。各种香料的味道已经完全渗透到肉中，每一口都是对味蕾的一次满足。食用鹅肉时，搭配上俄罗斯传统的酸奶油酱料，酸香解腻，使得烤鹅的味道更加丰富，令人回味无穷。

😊 俄式油炸包：

俄罗斯传统油炸小吃

◎ "道听途说"

哈尔滨的油炸糕名噪一时，是著名的街头小吃。而俄式油炸包与其有相同之处，同属街头小吃，不过却是在正餐中充当了一道甜点。需要强调的是，中式油炸糕多用糯米面制作而成，

俄式油炸包则是用面筋较强的白面制作的，既是副食又可当主食，是餐桌上一款特殊的美食。

◎**饕餮诱惑**

油炸包的馅料百变，有奶油糖霜油炸包、巧克力油炸包、奶酪油炸包、肉桂糖油炸包、果酱油炸包、肉馅油炸包、蔬菜馅油炸包、芝士培根油炸包等几十种，形成一个油炸包大家族。虽然馅料不同、口味有异，但是俄式油炸包酥软香糯的本色不变，甜咸交融的口感不变。品尝油炸包，首先尝到外皮的酥脆香甜，同时牙齿触及馅料，各种馅料的香味显现出来：奶油糖霜的乳香、肉桂糖的甜蜜、果酱的鲜香，还有肉馅的醇厚味道等，无不让品尝者感受到美食的魅力。

法式与意式风味

😊 法式鹅肝：经典法式西餐美食

◎ "道听途说"

法式鹅肝原本是欧洲贵族阶层的一种奢侈食物。中世纪欧洲的养禽业并不发达，而人工饲养的鹅肝也没有现在的质量，制作一盘法式鹅肝至少得用三只大鹅，故此当时只有贵族阶层才能享用得起。法式鹅肝有多种制作方法，从营养到口味，堪称是一道天然美味，故此成为法式西餐中一道名菜，甚至有吃西餐没有鹅肝菜不成席的说法，可见法式鹅肝在西餐中的地位了。

◎ 饕餮诱惑

品尝法式鹅肝，有多种口味和制作方式值得选择。比如柳橙鹅肝，是一种把鹅肝腌制入味后，搭配柳橙和特制酱料一起食用的美味；黄油鹅肝、传统鹅肝的制作方法又各不相同；香煎鹅肝与蓝莓酱煎鹅肝等也都有成熟的制作方法。法式鹅肝经过厨师的制作，软糯而味道鲜香，一直深受世界各地食客的青睐。尤其高品质的鹅肝带有一般肉类所不具备的独特味道，诱惑着每一位食客。烹饪精细的鹅肝无论是色泽还是味道，都会让人垂涎欲滴，恨不得大快朵颐一番。鹅肝的口感丰富，有着绅士的气派，充分体现了法式西餐的浪漫、优雅与精致，深受人们喜爱。

😊 蔬菜沙拉：清新健康的不二之选

◎ "道听途说"

所谓的沙拉，实则与中餐里的冷盘相对应；所不同的是，沙拉的口味多以甜为主，而中餐的冷盘多以咸酸口为主。

早在古罗马时期，人们就已经开始将各种新鲜蔬菜混合在一起，用橄榄油、醋等简单调料调味后食用。到了中世纪，当时贵族们的主餐多数都是肉食，所以餐前需要配上清爽的蔬菜来开胃，蔬菜沙拉因此成为餐前的开胃菜。

随着时间的推移，蔬菜沙拉逐渐演变成今天我们所熟知的多种多样的形式，成了一种国际化的美食。不同国家和地区的人们根据各自的饮食文化和口味偏好，发展出了各具特色的沙拉种类。蔬菜沙拉，食材搭配均衡，色泽上丰富多彩，口感既爽脆又十分可口，是西餐中重要的菜肴。

◎饕餮诱惑

现今的西餐里，沙拉是一道非常受食客欢迎的菜肴。传统的蔬菜沙拉有恺撒沙拉、希腊沙拉和华尔道夫沙拉等，其中有一些是重油重糖的口味，也加入肉类海鲜等。中国西餐馆中的蔬菜沙拉，则注入了更多的中国元素。在这种冷盘里，以中国地产蔬菜品种居多，给这道源于西方的菜肴增加了多元的色彩。当然，其中的水果、坚果、肉类、海鲜类食材减少了，而蔬菜量增加了。沙拉的食材组合也变得更加丰富多彩，让食客在品尝中补充了综合营养元素，口感上也得到了满足。

饕餮盛宴

😊 意大利面：经典意大利风味

◎ "道听途说"

意大利是老牌的航海国家，相传，为了获取海外利益，远航货船沿着地中海、大西洋一带掠夺各地的资源。因为航海船只动辄几年才能返回，有的食品长期保存不易，而意大利面保鲜期长、制作方便，成为大航海时代人们重点储备的主食。意大利面历史悠久，而且经历几百年的发展，涌现出众多的品牌，著名的意大利面生产厂商就有几十家，无论品质、口味，还是产品的销路，都有自己固定的客户与口味专属的人群。除了传统的条形之外，

空心面、螺丝形、贝壳形、扭纹形、蝴蝶形等意大利面也广受消费者欢迎。

◎饕餮诱惑

意大利面煮熟后，需要在酱料锅里倒入洋葱丝、肉丝、调料等进行搅拌加热。这样使酱料更加容易入味，让口感更觉干爽，少了水分，多了可口的味道。意大利面的口感滑润、味道鲜美，尤其对年轻一代有足够的吸引力。当人们端起盘子，用餐具挑起面条食用时，那种感觉顿时产生了。意大利面别致的面香，还有佐餐的各种配料的丰富口感、鲜美的滋味，让人吃罢唇齿留香、难以忘怀。

😊 奶油蘑菇汤：西式汤品的经典

◎ "道听途说"

在近几百年的饮食发展历史中，奶油在西方饮食中发挥了不小的作用。奶油

在法式饮食中尤其扮演着重要角色，无论是汤品、主食，还是肉食，凡是添加了奶油的食物，品位就显得尊贵了许多。

在中世纪的欧洲，人们就已经开始使用牛奶和奶油来增加汤的浓郁度。到了18世纪和19世纪，法国大厨们开始尝试将鲜美多汁的野生菌菇与味道醇厚的奶油相结合，创造出一款口感丰富、滋味浓郁的汤品。奶油和蘑菇的搭配在这一时期逐渐流行起来，奶油蘑菇汤成为许多人喜爱的美食之一。

◎饕餮诱惑

现今的奶油蘑菇汤早已经脱离了传统的制作方法，注入了大量现代元素，如里面放置的各种作料、优良的配菜与口味的改变等。当一碗鲜香可口、味道突出的奶油蘑菇汤摆上餐桌时，其飘散的奶油香甜味儿，最能吸引食客了。这道鲜汤含有咸味并略微显现出酸味，还有洋葱、大蒜、培根等的味道，层次丰富、富于变化，其浓郁的奶香味道、蘑菇的鲜嫩，以及丝滑的口感，更是无时无刻不冲击着人们的味蕾。

当然，每一个厨师对这道汤品都有自己的理解、自己的制作方式。有的西餐馆会利用各种调料来提鲜，提升食客的味觉体验，也让这道发祥于法国的著名汤品，在古老的东方大国找到更多的消费群体，让更多人感受到它的魅力。

第四篇

互动民俗

在大美龙江民俗民风的画卷中，
每一笔每一画都蕴含着龙江人民的热情与质朴。
在这里，每一句方言都是关切，每一个问候都充满热情。
在这里，每一次体验都有温度，每一处民俗都有故事。

节庆活动

❄ 哈尔滨国际冰雪节：世界规模最大冰雪节

哈尔滨国际冰雪节不仅是冰城的节日，也是全国人民的冰雪盛宴。作为国际四大冰雪节（其他三个冰雪节为日本札幌冰雪节、加拿大魁北克冬季狂欢节和挪威奥斯陆滑雪节）之一的哈尔滨国际冰雪节已经从单纯的冰雪展示，演变成了集赛事举办、旅游休闲、商业合作、文化交流于一体的国际性、综合性节日。

哈尔滨国际冰雪节被誉为世界冰雪艺术的瑰宝，已经从单纯的节日演变成全球瞩目的文化盛宴。其历史由来可以追溯到 1963 年的哈尔滨第一届冰灯游园会。正式的哈尔滨国际冰雪节则始于 1985 年 1 月 5 日。第一届哈尔滨国际冰雪节的举办，开创了历史的先河，是中国历史上第一个以冰雪活动为内容的国际性节日。

哈尔滨国际冰雪节通常会在每年的 1 月 5 日正式开幕，根据天气状况和活动安排，持续时间大约一个月。

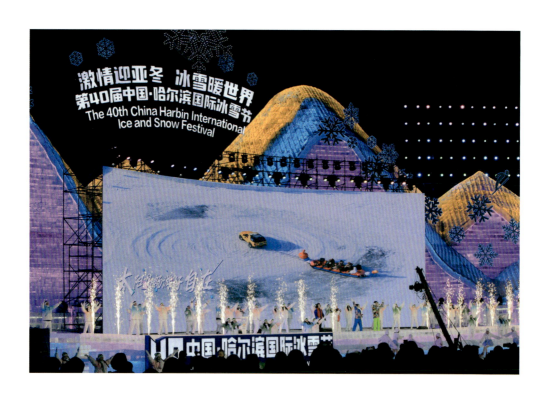

　　冰雪节活动地点一般在哈尔滨冰雪大世界、斯大林公园、太阳岛和兆麟公园等地。

　　哈尔滨国际冰雪节，是全球瞩目的节日，是冰雪界的奥斯卡盛典。每当节日到来，冰城哈尔滨便成了魔幻仙境。这里有形态各异、巧夺天工的冰雕、雪雕艺术作品，搭配各种霓虹灯灯光秀，如梦似幻，有如神话传说中的仙境。

　　领略了冰雪大世界的人间仙境后，松花江冰雪嘉年华的场地又把人拉回到凡尘。人们在这里可以尽情体验滑冰、打雪仗、坐马拉雪橇、乘冰地摩托、坐超级旋转大雪圈等冰雪娱乐项目。

　　在冰雪节期间，哈尔滨市会举办各种如冰灯游园会、国际冰雕比赛、冰上速滑赛、冰雪节诗会、冰雪摄影展、图书展、冰雪电影艺术节、冰上婚礼等冰雪活动。

　　哈尔滨国际冰雪节有巨大的感召力，会聚了来自世界各地的艺术家，他们在冰天雪地中发挥自己的智慧和创意，让这里成为冰雪艺术的殿堂。哈尔滨国际冰雪节具有无与伦比的吸引力，让游客们找到了奔赴的理由，在这里拍照打卡留下一段冰雪佳话或人生足迹。

　　哈尔滨国际冰雪节是一场不容错过的冬季盛典，错过了它就等于错过了一次与冰雪奇缘邂逅的机会、一次深入了解中国北方文化民俗的机会、一次体验世界级冰雪艺术的机会。这不仅是一次旅行，更是一次心灵的触动、一种生活的享受、一段难忘的记忆。

❄ 采冰节：冰之华章的序曲

哈尔滨的火爆全球，哈尔滨冰雪大世界厥功至伟，来龙江旅游必来哈尔滨冰雪大世界。

哈尔滨冰雪大世界是一处令人叹为观止的冬季仙境，夜幕下的冰雪大世界被多彩霓虹所点缀，坚硬的冰块被雕刻成栩栩如生的各种动物、雄伟的建筑和神话人物，巧夺天工的艺术品仿佛被赋予了灵性，在色彩斑斓的灯光的映衬下，身披七彩琉璃霞衣，熠熠生辉，迎接来自世界各地的修仙（休闲）者。这里的每一块冰、每一件巧夺天工的冰雪作品都是对冰雪艺术的极致展现。

游客们在沉迷于哈尔滨冰雪大世界瑰丽多彩、气势恢宏的景色的同时，也在疑惑这些艺术品的原坯是天然的还是后天加工的，如何采集的，从哪里运来的。这些都要从哈尔滨的采冰节说起。

哈尔滨冰雪文化可追溯到金代，但哈尔滨现代采冰活动形成规模，是从 1963 年兆麟公园举办第一届冰灯游园会开始的。

采冰是冰雪习俗的重要组成部分，具有悠久的历史和传承。随着时间的推移，

采冰活动已经从单纯的实用目的转变为一种文化和娱乐活动。现代的采冰节不仅是对传统采冰文化的传承，也是对冰雪运动和冬季旅游的推广。黑龙江省各地在冬季都会举办采冰节，其中哈尔滨的采冰节通常在每年的12月举行，具体日期会根据当年的情况而定。

采冰节有相应的仪式流传下来，分成迎风旗、震天鼓、祈福词、探冰图、出征酒、采冰号子、采头冰等几个步骤。过程中，特邀嘉宾为"头冰"系上象征吉祥好运的红绸，接下来身着传统服装的"冰把头"登场宣读祈福词，感恩自然的馈赠，祈愿未来四季平安、五谷丰登；身着传统服饰的采冰汉子齐饮出征酒，随着"冰把头"一声"冰汉子，出征！"众多冰汉子在《采冰号子》激越雄浑的旋律中，雄赳赳气昂昂走向采冰之地，配合嘉宾采"头冰"。特邀嘉宾砸下"采冰第一镐"，采冰汉子合力采出象征幸运与福气的"头冰"。头冰将被运至冰雪大世界建造的"头冰台"，供游客参观。

采冰节期间，还有品鉴东北特色冬季美食的环节，邀请游客免费品尝特色美食，如冻饺子、炖江鱼、冻梨、冻柿子等。游客还能欣赏冰雕、雪雕作品，体验很多冰雪活动，比如抽冰尜、滑冰、滑冰车、冰雪摄影等东北民俗娱乐项目。

❄ **冬捕节**：冰凌中的渔猎盛典

　　黑龙江省的冬捕节是一场规模宏大、参与人数众多、涉及多个行业、影响较为深远的冬季捕鱼活动。

　　冬捕文化在黑龙江省有着上千年的历史传承，是跨越多个世纪的鄂伦春族和赫哲族等渔猎民族的生存之道。人们从最初的凿冰洞叉鱼，到后来的用笊篱丝网捞鱼，逐渐发展成团队合作集体猎鱼，现在大一点的冬捕团队有上百人之多。

　　他们分工协作，配合默契。"鱼把头"是整个捕鱼队伍的领导者和灵魂人物，由经验丰富、技术娴熟的老渔民担任，对捕鱼活动的成功至关重要。"鱼把头"负责指挥整个捕鱼过程，他能够根据冰层厚度、水流方向、鱼群活动等条件，准确判断鱼群的位置，从而选择捕鱼地点、决定下网时机、组织分工合作等，他的决策直接影响捕鱼的效率和收获。

　　冬捕开始前，为了表达对自然和水域的敬畏与感激，祈求捕鱼活动顺利、获得丰收，一般会举行"祭湖·醒网"仪式。

　　渔民们就像是专业的表演队，游客们则围着他们看打桩、凿冰、挖渠、下网、拉网。在鱼把头的指挥下，数千米渔网被拉出江面，以"吨"计的鱼被拉上来，

铺满江面。在黑龙江冬捕节中，捕鱼活动中捕获的第一条鱼是"头鱼"，通常象征着好运和丰收。"头鱼"往往会成为竞拍的对象，人们相信拥有"头鱼"能够带来好运和繁荣，因此愿意出高价竞购。"头鱼"的捕获通常伴随着各种仪式和活动，如冬捕节的开幕式、闭幕式、冰雪那达慕。人们可以共享鱼宴，甚至可以体验冬钓、冬捕的乐趣。

黑龙江的冬捕节已经成为"形式新""产业化""多元化""合作化"的系列活动，是集渔猎民俗文化传承、冰雪旅游体验、渔业产业于一体的全黑龙江省的冬季盛事。

黑龙江省的冬捕节一般从当年的12月中下旬开始一直持续到来年的三四月份，全省多个地方陆续开展几十次冬捕活动。其中大庆连环湖、漠河、抚远、哈尔滨、兴凯湖、镜泊湖、五大连池等地举办的冬捕活动享有盛名，是体验冬捕乐趣的好去处。

❄ 齐齐哈尔雪地观鹤节：雪域仙姿的浪漫之约

从古至今，人们对仙鹤有着特殊的情感，仙鹤在中国文化中有着悠久的历史和丰富的象征意义。在中国传统文化中，仙鹤是吉祥和美好的代名词，它的形象经常出现在古代文学和艺术作品中，象征着长寿、幸福和高贵。

仙鹤在道家文化中扮演了重要角色，与神仙相伴，是仙人的坐骑，同时仙鹤还象征着长寿和超脱。仙鹤常与文人雅士联系在一起，他们通过描写白鹤来表达自己的情志，表达自己对清高姿态和不与世俗同流合污的情操的向往。

当仙鹤与白雪放在一起时，其纯洁与高雅的特质、超脱世俗的氛围在宁静与平和、自然与和谐中流溢而出，诗情与画意充盈内心，此时人们方能深刻感悟"仙"鹤取名之妙。

看"白雪映丹顶，仙姿舞长空"，听"鹤鸣于九皋，声闻于野"，感受"嗟皓丽之素鸟兮，含奇气之淑祥"。能给人这种震撼感受的，尽在雪域北国的齐齐哈尔观鹤节。

黑龙江齐齐哈尔扎龙自然保护区目前栖息繁衍着近500只丹顶鹤，约占全世界丹顶鹤总数的四分之一。每年冬季，这些丹顶鹤不会迁往南方，使得扎龙成为世界上独一无二的"雪地观鹤"胜地。

❄ 佳木斯东极之冬·三江泼雪节：东极冰雪世界中的热情狂欢

三江泼雪节是黑龙江省佳木斯市举办的一个以冰雪为主题的文化活动，已经成功举办了二十一届，它融合了冰雪文化、民俗文化、旅游经贸和冰雪运动等多种元素，通常在每年的12月至次年2月举办，由开幕式、冰雪文化季、冰雪欢乐季、冰雪景观秀、冰雪赛事、冬捕冬钓几大板块构成。

在泼雪节期间，游客可以参与几十种活动，如参观佳木斯冰雪大世界园区、欣赏冰雪雕艺术比赛、参与冰上汽车拉力赛等。

游客还可以在园区欣赏现场音乐，参与冰雪游戏，观看情景演出，鉴赏非遗文创产品，品

尝特色小吃，体验冰爬犁等娱乐项目。泼雪节通常还会组织以变形金刚、小黄人、冰雪奇缘等卡通动漫为主题的冰雪景观，还有以滴水灯、玫瑰灯、瀑布灯、星光灯等 LED 灯光打造的大型灯光秀。

❄ 冰雪婚礼：冰雪中的白首之盟

冰雪婚礼是一种独特而又充满浪漫色彩的婚礼形式，已经成为黑龙江省部分地区的特色文化、民俗活动。哈尔滨公益冰雪集体婚礼更是融入哈尔滨国际冰雪节系列活动，也是中国首个以冰雪为载体的婚礼大典活动，迄今已成功举办 40 届，共有来自全球五大洲 20 多个国家的 1000 多对新人到哈尔滨体验冰雪激情，在象征纯洁忠贞的冰雪世界，开启了属于他们的幸福婚姻旅程。

冰雪见证温情，掌声传达祝福，相视一笑，最是那一低头的温柔。纯净洁白的世界中，转身刹那，倾城也倾心。

雪花飞舞纷纷，轻落新人头上，虽不如彩带斑斓耀眼，却是大自然的祝福；北风凉意袭袭，握住爱人的手，搀扶温暖彼此，此刻与君共担风雪，此生与你共白头！

冰雪娱乐运动

❄ **万人雪地大蹦迪：** 冰雪狂欢热舞派对

　　冬游龙江，冰雪大世界中梦想大舞台的万人雪地大蹦迪是必须参与的节目，毫不夸张地说，其已经成为冰城哈尔滨在世界范围内的名片之一 。在零下二三十摄氏度的寒冷环境中，成千上万的参与者身着各种特色服饰，在雪地上随着动感的音乐在炫彩灯光的无定变换中尽情舞动。

　　万人雪地大蹦迪不仅仅是一场视觉盛宴，更是一次充满活力的体验以及身与心的激情释放。现场播放着劲爆的舞曲，来自世界各地天南海北的参与者在冰天雪地中集体狂欢，展现出豪迈的激情，将寒冷的冬夜变得火热。梦想大舞台已经成为人们来黑龙江旅游的必打卡景点，已经成为流量的风水宝地。这里发生了有趣的浪漫邂逅，诞生了各种奇特的蹦迪造型，蹦迪后还有各种装备掉落。《兔子舞》

《科目三》乐曲的旋律和万人大蹦迪的壮观场面给人带来震撼的视听感受，火遍世界。更有人在旅程结束后又返回哈尔滨冰雪大世界频繁参与其中，只为享受万人大蹦迪嗨起来的感觉。

❄ 雪地温泉：冰火两重天的别样体验

东北人仿佛热衷于泡水，洗浴已经成为一种民俗和文化。难怪很多南方朋友来到东北体验之后才面红耳赤、羞答答地感慨东北洗浴的博大精深。

若是在夏季也就罢了，偏偏在滴水成冰零下二三十摄氏度的室外人们依然忘不了去泡水。各种雪地温泉让东北人玩出了花样和特色，几乎令人瞠目结舌：玫瑰花雪地温泉、牛奶雪地温泉、红酒雪地温泉、死海盐雪地温泉……

在零下二三十摄氏度的北国，在北风呼啸、茫茫万里雪飘中，头上挂满霜花、脚下温暖如春，是一种难得的体验。人们一边欣赏雪花的曼妙舞姿，一边呼吸着氤氲天地灵气，将身心融入洁白无瑕的世界，放空思绪，卸下包袱，与天地同在，与自然共鸣，感受着水的温暖、风雪的冰冷，感受矛盾交融的冰火两重天。

雪地温泉不仅能宁静身心，更能健体强身、促进感情，这是北国冬季独具特色的体验。

黑龙江省有很多著名的雪地温泉，如哈尔滨英杰温泉，大庆的连环湖温泉、北国温泉，伊春桃山玉温泉等都是体验雪地温泉的好去处，同时在亚布力、雪乡等地也有很多雪地温泉体验景点。

❄ 冰钓：冰封水域的惊喜之旅

钓鱼已经成为很多人生活的一部分，在中国有庞大的钓鱼爱好者群体，据中国钓鱼协会不完全统计，目前中国大约有1.4亿钓鱼人群，其中18岁以下的钓鱼爱好者占了总数的12%。钓鱼不仅是一种休闲娱乐活动，更是一种生活方式和精神寄托。

冰钓在东北是个传统项目，是钓者无法割舍的冬日必修课。

现在的冰钓已经成为一种产业和新型文旅项目，已经成了全民参与的热门冰雪活动。在千里冰封的黑龙江省，冰钓组织者将冰钓与传统的渔猎文化相结合，使参与者还能体验到当地的历史和文化。

在很多人的想象中，冰钓还停留在"孤舟蓑笠翁，独钓寒江雪"的苦寒孤寂画面中，抑或是在零下二三十摄氏度的北风中瑟瑟发抖，"度秒如年"。实际上，冰钓是所有冰上运动中最温暖最惬意的。

许多垂钓园都有新材料加热保暖帐篷、采暖设备，外边零下二三十摄氏度，但帐篷内温暖很多。与此同时，帐篷内各种炊具一应俱全，让游客在享受冰钓乐趣的同时，还能在帐篷内享受冰雪火锅、冰雪煮茶，甚至举办生日派对等活动，真正体验什么叫外边"寒风萧萧，飞雪飘零"、室内"热气蒸腾，香气四溢"。

随着哈尔滨、五大连池、伊春、鸡西等地的冰钓大赛的成功举办，黑龙江省冰钓在国际上已经获得了一定名气，成为国内外游客冬季来黑龙江旅游的打卡项目之一。

❄ 冰上龙舟：冰面上的激情竞速

龙的传人划龙舟。龙舟在我国有几千年的历史，然而很多人只听说过水上龙舟，对于冰上龙舟要么是没听过，要么是没有见到过。

其实，冰上龙舟是一项结合了传统龙舟赛和冰雪运动的特色活动。冰上龙舟起源于古代的冰床，现代冰上龙舟的发源地是哈尔滨太平湖，首届冰上龙舟节就是在那里举办的。冰上龙舟已经成为一个受到广泛关注和吸引大量人群参与的体育项目，不仅国内有大型赛事，也逐渐走向国际舞台。2016 年 1 月，国际冰上龙舟联合会成立，冰上龙舟正式成为国际竞技运动项目。

这项运动在冬季的冰面上进行，龙舟底部装有冰刀，使得船只能够在冰面上滑行。冰

上龙舟不仅保留了传统龙舟赛的竞技性和团队合作精神，还增加了冬季运动的趣味性和观赏性。

冰上龙舟一般为直线竞速赛，这也是赛舟活动中最常见的比赛项目之一。参赛队伍在冰面上进行直线竞速，考验队伍的配合和速度。

比赛时，各支队伍如箭离弦，冰钎与冰面撞击，冰花四溅……密集紧促的鼓声、整齐划一的号子声、观众的加油呐喊声，让场面热闹非凡，火爆的激情燃烧了冰面。队员们的动作整齐划一，近乎"同频"，龙舟如飞鱼般穿梭，你追我赶，这是别样的"速度与激情"。

❄ 马拉爬犁：雪原之舟

马拉爬犁原来是一种传统的交通工具，多年前在中国北方农村地区的冬季雪地中使用。爬犁也被称作雪橇，是一种在雪地上滑行的交通工具，通常由木头制成，底部平滑，以减少摩擦。马拉爬犁现在不仅是实用的交通工具，也是一种文化体验。游客可以乘坐马拉爬犁体验传统的冬季旅行方式。在中国东北的雪乡、哈尔滨等地，马拉爬犁成为吸引游客的旅游项目之一。

在银装素裹的北国，马拉爬犁是冬日里的一抹温暖。人们身穿厚重的棉袍，头戴皮帽，耳边是马铃的叮当声，眼前是一片洁白无瑕的雪原，坐在那木头爬犁上，感受着马匹稳健的步伐，听着爬犁在雪面上滑行发出的沙沙声，感受着寒风的吹拂，看着马儿白色的鼻息，体验宁静与自由的交融。这一幕经常出现在冬日龙江的冰天雪地中，成为很多国内外游客难以忘怀的回忆。

❄ **冬泳：** 勇敢者的游戏

冬泳运动能够增强人体的耐寒能力、提高免疫力和促进新陈代谢等，对身体健康有着积极的影响。非专业人士脑海中的冬泳应该是在冰天雪地中进行的游泳，实际上，冬泳是指在冬季，即在立冬、立春之间，气温 10℃ 以下的室外水域（包括江、河、湖、海等自然水域与水库等人工水域）进行的游泳。由此可见，冬泳并非东北地区的专有运动，在福州、北京等地都有专门的冬泳组织和比赛场地，但是在千里冰封的北国进行冬泳绝对是勇气可嘉。

黑龙江省是国内冬泳的发源地之一，其冬泳运动有着悠久的历史，组织了很多国际性冬泳比赛。人们若想参与冬泳运动，在黑龙江的大庆市滨洲湖冬泳运动训练基地、虎林市的红星湖水库以及松花江江畔的某些特定区域可以一展风采。

冬泳已成为一项挑战极限、锻炼意志的运动，已经成为哈尔滨的一张旅游名片，吸引了国内外众多爱好者前来体验。每年的冰雪节活动中，都会有很多冬泳爱好者在冰水中向游客展示他们的游泳技能和"泳"者无畏的豪情，展示冬泳运动的独特魅力。

❄ 滑雪：冬季运动之王

对于黑龙江而言，雪是大自然赠予人们的最美好的礼物之一。雪带来了寒冷，也带来了浪漫、欢乐和机遇。雪不是黑龙江的私藏，但却被赋予了与其他地区不一样的属性。这里的雪厚而绵延，质地细腻而蓬松。由此，雪在黑龙江省不仅仅是一种自然景观，更是一种独特的文化和民俗。在千里冰封、万里雪飘的国度，以冰雪为主题的各种活动令人应接不暇。其中，滑雪无疑是雪域最吸引人、最具标志性的活动之一，成为游客来黑龙江游玩必须体验的活动。

人们身着色彩斑斓的滑雪服，脚踏滑雪板，追随风的牵引，在雪山之巅，如驾驭修仙者的仙剑似的俯冲而下，挑战重力的束缚，感受心脏有力的跳动，享受瞬间的飞翔。

滑雪不仅能强健体魄和锻炼心肺功能，也能让心灵释放、缓解压力，同时滑雪也是一种社交活动和增加情感交流、亲子互动的良好机会。父母和孩子一起携手而行，共享亲子好时光；情侣们牵手滑行，冰雪映红日，霞光泛七彩，冰雪奇缘中似神仙眷侣。

当然，滑雪过程中发生的各种小插曲，更是令人难忘和捧腹。各种意想不到的摔倒姿势和高分贝惊呼声才是初学者的常态：有人像企鹅一样在雪地上滑行几

步就四脚朝天；也有人一边滑雪一边旋转，划出了屏幕；还有的摔倒后带走了旁边的人。因此，有人说滑雪的乐趣有一半在于滑，而另一半则在于摔倒后的忍俊不禁。滑雪场上，充满了欢声笑语和不期而至的跌倒，构成了别样的滑雪乐趣。

黑龙江的滑雪场能满足各种水平的滑雪爱好者，从平缓的初级道到险峻的高级道一应俱全。这里有中国最大、功能最全的综合性滑雪场亚布力滑雪场，有五星级滑雪场帽儿山滑雪场，有坐落于伊春梅花山国家森林公园中以林中滑雪而闻名的伊春梅花山滑雪场，还有大兴安岭映山红滑雪场、齐齐哈尔奥悦碾子山滑雪场、黑河红河谷滑雪场……除了滑雪，滑雪场周边的度假设施也是应有尽有，不仅有高档的滑雪度假酒店，还有雪地温泉、SPA 等休闲娱乐设施。

每年冬季，黑龙江省的滑雪场都会举办各种滑雪赛事和活动，来自世界各地的滑雪爱好者和游客云集于此，共同体验滑雪乐趣。

冬季来黑龙江旅游若不滑一次雪，将错过一场盛宴和生命中不可多得的体验。错过的是一次心灵的洗礼、一次视觉的盛宴、一次社交的机遇、一次季节的馈赠。

黑龙江的滑雪天堂，一生不可错过。

❄ 打雪仗：雪地游戏的经典

"堆雪人，打雪仗"这句话成了描写与雪有关作文的专属用句，仿佛只要下了雪就可以堆起雪人，打起雪仗。时光荏苒，目前这句话多见于教材、作文的写作素材中，常见于孩子们的想象中，抑或是一代又一代人遥远的记忆深处。

曾几何时，这种冬日里最朴素的快乐、最纯真的游戏、最触手可及的幸福，成了一种"奢侈"的体验。每当大人们向孩子们讲述雪地里曾经的趣事时，他们也只能凭空想象了。

其实那种快乐并没有消失，在冬季的北国，在特定的时间、特定的地点、特定的人群依然可以感受一下。

打雪仗在南方和北方是不同的。南方侧重于"雪"，人们象征性地掬一捧雪，在手中轻轻揉捏，然后小心翼翼地向对面挥洒而出，每一次击中，都是一次惊喜，每一次躲避，都是一次小心翼翼的保护。

而在北方侧重于"仗"，在这里打雪仗不仅仅是一种游戏，更是双方火力的比拼，是"敌对"双方用雪球"武器"的较量，好像一种情感的宣泄。人们将雪球在手中紧握，然后用力抛出，每一次击中，都是一次心灵的释放，每一次躲避，

都是一次智慧的较量。东北人捏雪球的手法堪称一绝，他们捏的不是简单的雪球，而是冬日里的艺术品。他们能够将雪球捏得既结实又圆润，扔出去时，那雪球在空中划出一道道优美的弧线，仿佛是冬日里的流星。

在东北打雪仗，是一场没有硝烟的战争。雪地成为战场，每个人都是这场战斗的勇士，雪地上的每一个角落都充满了欢声笑语。

在黑龙江，打雪仗不仅仅是力量的较量，更是智慧的比拼。有人将打雪仗玩出了花样，他们不仅讲究团队协作、策略布局，制定战术，安排好攻击和防守，甚至还有专门的"雪球制造师"，负责快速制造雪球，确保"前线"的雪球供应不断，同时还要追求力量与速度，包括如何精准投掷，甚至是如何躲避与反击等战略部署，一应俱全。

在黑龙江省大庆市，打雪仗被创新地设计成了一种名为"雪球"的运动，受到了市民的欢迎。发明人制定了新的规则和战术，并且获得了专利。

当白雪飘洒而落时，充满魔力的雪白邀请函分发至各处，一年一度的打雪仗盛典即将开始。这是冬日里最刺激的户外活动之一。

在这场盛典中，不分年龄，不分职业，每个人都是一个士兵，都可以在"战场"上尽情地展示自我。小士兵们脸上洋溢的笑容融化了冰雪，纯真的笑声如同冬日里的天籁，对于传说中的"雪仗"，不再只停留在想象层面；成年的士兵放下了平时的严肃和压力，无所顾忌地在雪地里打滚、投掷雪球武器，找回了久违的童真和回忆。

打雪仗，是一次心灵的洗礼、一次情感的交流，是一场狂欢，是一场仪式，更是一次心灵的旅行、一次压力的释放。

❄ 溜冰 / 溜雪：冬日乐趣的代表

溜冰不是传统意义上的滑冰，也不是穿上滑冰鞋在冰面上来去如风，而是用鞋子在冰面上滑行。来黑龙江旅游若没能体验溜冰的感觉，那就失去了此次旅行的最大乐趣。

冰雪大世界闻名于世的百米冰滑梯早已成了世界游客的必玩项目，也成为网红"滑梯"，也成了流量密码之一，诞生了"我不是小孩"等一批令人忍俊不禁的网络热梗。

如果说冰雪大世界的百米冰滑梯是南方游客体验激情碰撞时"身与魂"的互相追逐，那平面上的溜冰就让很多南方游客瞬间神魂离体。几十米长的双脚溜冰滑行已经成为分辨南方人和北方人的测试仪了，各种花样百出、猝不及防的跌倒已经令人体验了什么叫刹那的神魂离体。若看到冲刺到冰面的瞬间，双脚交叉，一前一后潇洒"出溜"而去的基本上是有经验的北方人，而冲刺到冰面瞬间双脚并列的，基本上是南方朋友。这时，各种奇葩摔倒"大型翻车现场直播"屡见不鲜，

各种忍俊不禁的笑声夹杂在雪花中飞成一片。

溜雪，就是坐在工具上滑雪。几十年前东北农村很多人家都有自制的爬犁，人们时常选择陡峭的冰雪长坡一溜而下，乐此不疲。溜雪有各种自创姿势，有时候多人连在一起像火车一样轰隆隆冲进旁边的沟里，惊起一片笑声。

在黑龙江很多地方会有雪圈项目，可以是像爬犁一样溜下来，也可以体验多人连成一串，由汽车牵引像雷达扫描似的做圆周旋转，感受飞一般的美妙和天旋地转的别样滋味。

民俗表演

❄ **东北大秧歌：** 北方民间歌舞的瑰宝

东北大秧歌曾经伴随着很多人成长，承载了很多人童年的时光和记忆。孩子在大秧歌震耳欲聋的鼓声中，在唢呐的催促中一晃就长大了。过春节的时候，人们远远地听见锣鼓喧天、震耳欲聋的声音，就知道秧歌队来了。小孩子们在踩高跷的队伍中捂着耳朵飞也似的、成群结队地穿梭，高兴地叫嚷着，追逐嬉戏着。无论秧歌队到了哪家院子，人们都会提前放上各种鞭炮欢迎。秧歌队带来的不仅是热闹，更是喜庆和吉祥以及表示恭贺新禧之意。

追溯起来，东北大秧歌最早源于古老的农业、宗教仪式，据传距今已经有

300 多年的历史。东北大秧歌在发展的过程中，吸收了农歌、武术、杂技、戏曲等多种艺术形态，从而形成了这种具有鲜明东北特色的民俗舞蹈。

东北大秧歌的动作比较夸张，有人形象地比作"既哏又俏，既稳又浪，稳中有浪，浪中有稳，刚柔结合"。这些令人看起来甚至好笑的动作充分体现了东北地区人民热情淳朴、火爆刚猛的性格特质，且将泼辣与沉稳、幽默融为一体。

秧歌队的服饰颜色鲜艳，以红绿搭配为主；在音乐器具的选择上多采用锣、鼓、镲、唢呐等乐器，乐曲的曲调优美、明快，同时又不乏诙谐幽默。

东北大秧歌表演主要是在一些重要的节庆活动中举行的，比如在春节的时候，民间就会有一些自发的扭秧歌活动。

"东北大秧歌"是我国传统民俗节日中颇受欢迎的一种活动形式，是中国民族歌舞艺术的一项重要组成部分。它不但在我国东北地区广泛流行，而且正在逐步走向大众，并被更多人了解和喜爱，是我国民族歌舞艺术的一项宝贵财富。

❋ 东北二人转：关东文化的象征

二人转是传承较为久远的民间艺术，有 300 多年的艺术传承，有其独特的文化源流和一定的历史积淀。二人转的起源可追溯到唐朝的"踏歌舞"。清代的"对戏"是二人转的雏形，表演形式为两个人分别演唱不同的角色，配以简单的舞蹈和身段。随着时代的变迁，现代的二人转逐渐发展为一种独特的艺术形式，融合了传统的民间歌舞和戏曲元素，形成了独特的民间艺术表演风格。

"二人转"顾名思义，两个人（通常一男一女），身着艳丽服饰，手拿扇子、手绢等道具，边唱边舞。当然，二人转也有单出头（独角戏）、拉场戏（三人以上用二人转曲调演唱的民间小戏）等其他表演形式。

二人转的唱腔高亢粗犷，唱词诙谐风

趣，是东北地区的代表性民间艺术，具有深厚的文化内涵和独特的艺术魅力，其中《小拜年》《大西厢》《回杯记》等二人转作品在剧情、表演技巧和艺术水准上都有较高的评价，被认为是二人转艺术中的经典之作。

东北民间流传着"宁舍一顿饭，不舍二人转"这样一句话，可见东北二人转具有广泛的群众基础和文化传承。

东北二人转不仅仅是一种艺术表演形式，更是一种东北民俗的具象化表现，是一种文化传承。2006 年，东北二人转被国务院批准列入第一批国家级非物质文化遗产名录。作为一种具有悠久历史和独特魅力的民间艺术形式，二人转在传承和发展中不断创新和完善，成为中华民族文化宝库中的瑰宝。

生活民俗

❄ **东北人的热情：** "哈尔滨欢迎你！"

"长路奉献给远方，玫瑰奉献给爱情"，我拿什么奉献给你，来自远方的亲朋？来客（qiě）了，家里人自然要退居二线，把家里有的（若家里没有的也要外借），献给来自远方的亲朋。

"白云奉献给草场，江河奉献给海洋"，我拿什么奉献给你，我的朋友？我把淳朴、正直、热情献给你，我把幽默、豪爽、乐观献给你。

千里冰封，封不住东北人的热情似火；万里雪飘，拦不住龙江人的不舍送别。老大哥也许生活并不富足，但热情是刻在骨子里的基因，好客是祖辈留下来的传统。

世界各地的朋友们，哈尔滨欢迎你！

❄ **东北方言：** 幽默豪情的东北腔

东北方言有最接近现代汉语普通话的腔调，其形成与历史上的民族流动和文化融合有着密切的关系。东北地区历史上曾是多民族交会之地，包括满族、蒙古

族等，这些民族的语言在一定程度上影响了东北方言的发展。东北方言中也融入了一些来自满族等少数民族的词汇，以及俄语等外国语的借词。

东北方言与东北人的性格完美契合在一起，听东北人唠嗑，说他们自个儿那点儿事，感觉是在听单口相声，自带喜剧天赋。幽默感和滑稽的腔调加上各种俏皮嗑，使东北方言简洁、生动、形象、富于节奏感，契合了东北人豪放、直率、幽默的社会群体性格。

东北人不仅都是活雷锋，而且都自带幽默细胞，在旅途中要是遇到了他们心中的"翠花"，不仅会热情邀请吃酸菜，还能把你感染成"嗯哪"一族。

❄ 东北大花：土潮之花

历史的车轮滚滚向前，螺旋上升，看似回到了起点，实际上过了几十上百年。曾经被誉为土到掉渣的东北大花一夜之间风靡大江南北。土到极致就是潮。东北大花各种炸街，"征服"全世界，成为这世上最靓的仔。现在东北大花的图案色彩已经风靡全球，成为中国符号的代表之一，不仅仅用于衣服，而是成为一种流行元素，用于很多物品表面的构图。

东北大花采用简洁大方的设计和明快且鲜艳夺目的颜色，如红色、绿色，充满了高雅的生活品位和浓郁的乡土情怀。

大花的图案通常寓意着喜庆、丰收和幸福，人们最熟悉的就是陈克白设计的"牡丹凤凰"图案。东北大花承载着东北地区的历史、民俗和风格，是东北文化的重要组成部分。

❄ 洗浴文化：身与心的全面洗礼

东北洗浴是一种独特的民俗体验，更是一种文化。它不仅是一种清洁身体的方式，更是一种社交活动和放松身心的体验。东北的洗浴中心通常装修豪华，提供全面的服务，包括泡澡、搓澡、按摩、桑拿等，有的地方甚至提供自助餐、电影院、KTV 等娱乐服务设施。它融合了传统与现代、奢华与亲民、社交与放松，成为东北人生活中不可或缺的一部分。洗浴中心提供了豪华的设施和服务，让人享受到高质量的洗浴体验，但其价格十分亲民，为普通大众所接受。

东北洗浴不仅能让人体验"泡、搓、按、蒸"等十八般享受，更能让游客在搓澡师傅的大力之下出现体重减轻、身轻如燕的"科学奇迹"，形成肌肤莹润、剔透光滑的"化学反应"，甚至让很多过于腼腆的人摆脱了不敢直视他人、轻微社恐的状态。

❄ 火炕：东北人的温暖情怀

东北火炕在一些东北人心目中占据独特的位置，即使现在生活条件不知好了多少倍，即使他们住在宽敞的高楼里睡着柔软的床榻。现代化的取暖设备让人们不再畏惧东北冬季的漫漫长夜，但人们对于农村的火炕依然念念不忘。

东北火炕是将炕体与炉灶相连，通过炉灶燃烧产生的热量传递到炕体，使炕面保持温暖。东北火炕具有很多优点：经济、节能、健康、一炕多用。它不仅能用于取暖，还兼具睡觉、休息和存放物品的功能。炕面是用砖或土坯砌成的平面，炕洞是炕面下的空腔，烟道是连接炉灶和烟囱的通道。使用时，人们会在炉灶（东北人俗称灶坑）中燃烧木柴、煤等燃料，产生的热气通过炕洞循环，使炕面保持温暖。

人们在东北的大铁锅里炖上各种菜肴，在锅边贴一圈玉米面大饼子，还会在火旺的炕洞中放进土豆或者玉米等食材。看着渺渺的水汽蒸腾，蹲在灶坑前流着口水翻动土豆和玉米的场景是很多人的童年。突然蹿出的烟火烧焦了头发的焦煳味，飞蹿的烟灰蒸腾出了很多雾气，随着锅盖碰触锅沿锵的一声响起，美味混合雾气蒸腾而上，抹了眼泪的花了的小脸瞬间绽放出笑容来。

吃饱后睡在东北火炕上，在亲人的絮叨、呢喃声中沉沉睡去，身心暖暖的，踏踏实实的，美美的。

难怪说东北火炕承载着几代人的记忆和情感。躺在温暖的火炕上，放下尘世中所有压力，能消去一身的寒和满心的累，仿佛时光流转回到了无忧无虑的童年。

可以说，东北火炕温度的暖，像东北人的热情；火炕质地的硬，像东北人的踏实；火炕面积的大，像东北人的宽广心胸。

可以毫不夸张地说，火炕，东北的魂，北方人的暖床，是千百年来不变的陪伴。它以最朴实的方式，诠释着生活的温暖与美好。

⊙七台河博物馆展示的东北传统民居室内火炕

⊙牡丹江雪乡民宿火炕

第五篇

衣史流年

『鄂伦春族出山，赫哲族上岸。』

他们的服饰有哪些历史源流？

不同的图案装饰有什么不同的含义？

他们的穿着服饰有哪些传说故事？

黑龙江冬季旅游持续火爆，四方游客云集于北国冰城哈尔滨，许多世居东北的少数民族也齐聚在百年中央大街，把这条世界闻名的步行街当成了民族秀的舞台。他们成了最炫民族风，展现了各民族特有的文化艺术瑰宝，着实使中外游客为之惊艳。

　　"鄂伦春族出山，赫哲族上岸。"在"哈尔滨又整活了"的惊诧声中，赫哲族人清澈的歌声和优美的舞姿让哈尔滨的中央大街沸腾；被誉为"马背上的民族"和"北半球渔猎民族活化石"的鄂伦春族身着特色民族服饰，令人大开眼界；华美的民族服饰，悠扬的"乌钦"说唱，曼妙的"哈库麦勒"歌舞……身着传统民族服饰的达斡尔族俊男靓女在中央大街吸引了无数游客的目光，引来诸多游客合影留念；满族同胞的展示则带来了不同的文化体验，"格格""阿哥"们展示了他们的传统服饰，如旗袍和马褂，以及精美的头饰和珠宝，精壮的满族小伙在圣·索菲亚教堂旁表演的花棍舞更是令人热血沸腾。

　　游客们对这些民族的展示反响非常热烈，纷纷驻足观看，与各民族人民互动，拍照留念，甚至参与到民族舞蹈中去。在体验了一次"民族大团结"的激情经历后，很多游客对黑龙江的少数民族服饰颇感兴趣，对他们的服饰起源、民族传说及其民俗充满了好奇。

赫哲族服饰及民俗文化传说

2024 年 1 月的一天，在哈尔滨百年老街中央大街西十道街附近，一群穿着鱼皮服装的美女帅哥在向游客分发冻鱼。他们奇特的着装吸引了众多游人好奇围观。他们就是来自黑龙江省东北部地区的渔猎民族——赫哲族。游客们在得到冻鱼的同时，更多的是对赫哲族人的服饰有着相当深刻的印象，对他们的服饰文化产生了浓厚的兴趣。

❄ 赫哲族的鱼皮服饰：能吃？

赫哲族的服饰是用鱼皮制作的，鱼皮服饰是赫哲族人的民族特色服饰。喜欢美食的朋友会问：鱼皮衣服是不是既能穿，还能顺口把它吃了呢？实际上，鱼皮是能做衣服的，鱼皮也可以吃，但做成衣服之后就不能吃了。

也许你还会问，赫哲族人的民族服饰是用鱼皮做的，那赫哲族人是不是爱吃鱼呀？

是的，捕鱼是赫哲族人主要从事的活动。赫哲族是一个以渔猎为主的民族，渔猎文化因素在赫哲族的服饰上展现得淋漓尽致。赫哲族人生活在黑龙江东北部，

为了抵抗严寒气候，同时不影响外出打猎与运输猎物，赫哲族人的冬季服饰特点主要表现在厚重、保暖、防风上。其衣服多用鱼皮缝制，以追求保暖。因此，"鱼皮衣"是赫哲族民族服饰中最具特色的服饰，相当于他们的族徽。大马哈鱼、鲤鱼、草根、赶条、白鱼等鱼皮，都可以用来缝制衣服。

赫哲族人缝制的鱼皮衣以黑白色为主。黑色和白色属于简单纯粹，且贴近自然的颜色。在赫哲族人心目中，白色象征着光明、纯正、生命力旺盛；黑色象征着贵重。赫哲族的衣服上还绣有黑色云纹，象征着天穹。云纹为吉祥的象征，赫哲族人从内心深处希望把飘浮在三江平原上空的云朵缠绕在衣襟、袖口、托领胸背之间，保佑每户赫哲族人家渔猎丰收，生活安康。赫哲族男女皮裤的边缘也多染镶黑色边纹，并用染成黑色的龟、蛇、蜥蜴等动物的软皮剪成红花、迎春花和达子香等植物的图案装饰点缀。赫哲族人认为世间万物都有灵性，所以将各种动物植物做成图案，点缀在服饰上。

⊙赫哲族鱼皮衣服上衣襟、袖口、托领胸背上有云纹装饰

❄ 鱼皮服饰的由来传说

早些时候，在乌苏里江岸边住着一户人家，家里只有一位老妈妈带着一个十八九岁的小伙子过日子。小伙子勤劳善良，是一个打鱼能手，但是他有个习惯，不杀肚子里有子的鱼。尤其在春天，为了让母鱼能够顺利产子，小伙子很少撒网捕鱼，他和老妈妈经常以野菜、干果、鱼干为食，度过开江后的漫长春季。

时至盛夏的一天，小伙子像往常一样，开始起网捞鱼，在众多收获中，小伙子发现两条挺大的七粒浮子鱼。他正准备动手宰杀，忽然发现其中一条鱼似乎在产卵。小伙子急忙抱起已经放在地上的大鱼，将它送回了江水里。

到了秋后，为缝补破烂衣服而发愁的老妈妈竟然一连三天都做了同样的一个梦，梦中一个漂亮的小媳妇教她做鱼皮衣。老妈妈不但学会了如何熟制鱼皮，还学会了剪裁和缝纫。醒来后，她迫不及待地找来鱼皮亲手实践起来。不久，一件像模像样的鱼皮衣裳就制成了。这衣服穿在小伙子的身上正正好好，母子俩高兴得合不拢嘴。

这一天，老妈妈又梦到了一条很大的七粒浮子鱼，它的身边跟着一群小鱼，快快乐乐、热热闹闹的。鱼妈妈对她点了三下头，充满谢意地说："老妈妈，我是您儿子夏天放生的那条母鱼，今天我特意带着孩子们来向恩人道谢，不久我们就要到远方去过冬了。我把制作鱼皮衣裳的方法教给了您，希望您能把这个方法传给更多人。"后来老妈妈开始走村串巷，教妇女们制作鱼皮衣裳，一传十，十传百，制作鱼皮衣裳的技术一直流传到了今天。

❄ 体验鱼文化的千年传承：捕鱼节、鱼皮文化节

如果想要体验赫哲族的鱼文化，可以在黑龙江省佳木斯市体验。最好是在 12 月份的冬季，因为冬季是赫哲族开展冬季捕鱼的季节，也是赫哲族的捕鱼节日。在赫哲族开展捕鱼活动的时候，佳木斯市的同江、抚远等赫哲族人居住较多的地方可谓是节日氛围浓厚。

在同江市的八岔赫哲族乡，每年的 12 月份都会举办一年一度的冬捕活动。这不仅是赫哲族世代传承的祖辈文化，也是赫哲族独特的民族文化，更是赫哲族的民族血脉得以延续至今的重要因素。冬季捕鱼活动一般从早上八点开始，持续到下午两点。赫哲族人首先需要查看河道，并且寻找可以捕获优质鱼类的地点。接下来，人们便开始在冰层上凿冰窟窿。人们开凿冰窟窿之前，需要考虑冰面的厚度、冰面下方的河流状况，同时确定捕鱼的大概区域，再进行打孔。确定了凿冰窟窿的地点，人们便开始了捕鱼活动。赫哲族人凿开冰窟窿后，凭借

捕鱼经验，判断鱼群的位置，用钓竿和网具，深入冰层之下开展捕捞。

冬捕过程展现了赫哲族人与自然和谐共处的智慧，深刻体现了其对文化的传承和自然力量的敬畏。随着环境保护意识的增强和对可持续生活方式的追求，赫哲族冬捕的意义远远超过渔获本身。冬捕活动成为赫哲族人展示环境可持续性理念的舞台。赫哲族通过世代相传的捕鱼技术，传达了一种尊重自然、和谐共生的生活态度。

将鱼捕捞上来之后，人们便可以享受大自然馈赠的鲜美鱼肉了。赫哲族人绝不会浪费一点儿可以食用的鱼类食材。赫哲族人用一条鱼，就可以做一桌全鱼宴，包括油炸鱼鳞、杀生鱼、刨鱼花、炒鱼毛、凉拌鱼鳔鱼皮、鱼头豆腐、清炖鱼骨架等。在赫哲族人眼中，鱼的全身都是宝。

⊙赫哲族特色美食：炒鱼毛

在赫哲族鱼文化的熏陶下，鱼类美食成为佳木斯市的特色美食，其中开江鱼是当地最地道的特色，若有机缘赶上赫哲族同胞捕开江鱼，一定要吃一次，否则是莫大的遗憾。

在赫哲族的鱼类菜肴中，吃生鱼也是赫哲族人特有的饮食方式。赫哲族吃生鱼有两种吃法：一种是半生吃法，半生吃鱼的代表菜为塔拉哈。就是将鱼肉连皮一起用刀片下，用烤或煎的方式，将整片鱼肉烹饪至半熟，高温烹饪，将水分锁住，保留住鲜味。吃的时候再搭配上酸爽、辛辣为主味的蘸汁，解腻去腥味。另一种是全生吃

⊙赫哲生鱼片

法，赫哲鱼刨花便是全生吃法的代表菜。就是将鱼冷冻起来，在鱼处于冷冻的状态时扒皮，再刨成微微卷曲的鱼薄片，即刻上桌。在鱼肉被急冻的形态下去吃，鱼肉入口冰凉，就像吃冻硬的冰激凌一样。在吃冷冻鱼肉的时候，有种筋道的口感，可谓清口开胃，可以做下酒菜。赫哲族吃生鱼的方法既体现了原始时期祖辈的饮食方式，又彰显了其渔猎文化的特色。

捕鱼活动，以及鱼类佳肴，将赫哲族的鱼文化展现出来。然而，赫哲族的鱼文化不仅在捕鱼活动和美味佳肴上体现出来，在其他多个方面也有所体现。赫哲族的鱼皮手工制品，也是展现赫哲族鱼文化的一个媒介。

2024年6月，黑龙江省文化和旅游厅、哈尔滨市文化广电和旅游局与哈尔滨文化产业协会在中央大街举办了一场弘扬黑龙江省珍贵的非遗文化的活动，邀请了诸多非遗文化传承人来到现场，其中就包括赫哲族尤氏家族鱼皮手工技艺外系第五代传承人石立新。石立新向现场参观的游客讲解关于鱼皮画的相关知识、鱼皮画的制作工艺以及鱼皮画的独特魅力。

赫哲族的鱼皮手工制品除鱼皮画之外，还有鱼皮衣服、鱼皮花灯、鱼皮挂件等。这些作品在黑龙江省哈尔滨市、同江市、抚远市等地均被展现出来。如果你想深入体验赫哲族的鱼皮手工文化，可以前往哈尔滨市黑龙江省民族博物馆、同江市非遗就业工坊、同江市赫哲族博物馆、抚远市鱼博馆等场馆。这里有着赫哲族人亲手制作的鱼皮衣服、鱼皮花灯、鱼皮挂件等鱼皮手工制品，赫哲族鱼皮传统技艺的魅力在这些地方被展现得淋漓尽致。

⊙黑龙江省佳木斯市同江市街津口赫哲民族文化村的白桦树屋顶

鄂温克族服饰及民俗文化传说

2020 年 11 月在呼伦贝尔市举办的鄂温克族服装服饰大赛，让人们初步了解了鄂温克族的服饰文化。真正让神秘的鄂温克族服饰从幕后走向台前的是 2024 年哈尔滨爆火时的惊艳亮相。2024 年 1 月 8 日晚，鄂温克族人带着几头驯鹿，穿着具有浓厚的民族特色的服装，唱着鄂温克族民歌，走进了

中央大街，让本来就热闹的中央大街瞬间爆棚，市民和游客纷纷上前拍照。人们对他们的服饰渊源、象征意义和民风民俗越发好奇。

❄ **秘境中的彩衣：** 鄂温克族服饰的自然色彩

"我们的驯鹿，它们夏天走路时踩着露珠儿，吃东西时身边有花朵和蝴蝶伴着，喝水时能看见水里的游鱼；冬天呢，它们扒开积雪吃苔藓的时候，还能看到埋藏在雪下的红豆，听到小鸟的叫声。"这段文字是经典小说《额尔古纳河右岸》里面的一段经典文字，它向观众们讲述了我国东北少数民族鄂温克族饲养驯鹿的情景，由此展现了鄂温克人的生存现状及百年沧桑。

这部小说生动地展现了鄂温克族的独特淳朴的民风，同时也直观地展现了鄂温克族服饰的装饰艺术和色彩搭配。

⊙非遗表演中，身着鄂温克族服饰的演员

　　鄂温克族的服饰与鹿的颜色极为相似，有着狩猎文化的色彩，长袍、裤子、套裤、靴子、帽子、手套、袜子等特色服饰主要是用狍子皮和鹿皮制作的。鄂温克人把自己优秀的鹿皮服饰文化保留至今，此举传承和发展了中华民族的服饰文化，让中华民族的服饰文化保持多样性的发展。

　　鄂温克族的衣服特点是宽松肥大、斜大襟、束长腰带。鄂温克人的服饰以长袍为主，不管什么季节、年龄和性别，长袍都是标志性服饰。蓝色和绿色是鄂温克人喜欢的颜色，蓝色与蓝天、绿色与大草原存在着对应的象征含义，袍子的颜色自然以这两种色彩为主基调。鄂温克族中老年人尤其喜欢蓝色，所以，服饰多用蓝色布料缝制，既不与草原森林重色，又体现了天人一色。长袍衣裙的下摆必须用黑色的布料缝制，别的颜色是严禁使用的，至于为什么有这样的规定，并没有权威的定论。

　　鄂温克已婚妇女的长袍，大多用绿色或蓝色的布料缝制，寓意蓝天和春夏的大地、森林，长袍的镶边多是金黄色和绿色。这一特点，是鄂温克人生活环境和传统文化及其价值观的反映。与已婚女子不同的是，未婚女子多穿贴身且衣裙呈筒式并带褶皱的长袍，腰间的缝道较宽，前后相同；衣襟上有"猎户星座"的标志。袍服充分展现了少女形体的曲线和她们活泼、聪慧的特点。

　　鄂温克族妇女手工制作的服饰，设计精美、工艺精巧，别具特色。由于鄂温克人崇尚大自然，所以在服饰上表现得很明显。鄂温克人的服饰、头饰、帽子、靴子都有云卷花纹，完整地保留了早期部落独具特色的服饰文化。鄂温克族服饰过去主要以毛皮为主，现在一般用布料和呢子制作。

鄂温克族的服装纹饰图案多取材于当地山水自然、牲畜、花草等，同时也融入了汉族和满族

等其他民族的文化元素。在毛皮上可以看到各种各样的图案，如三角形、菱形、方格等，颇为独特。同时，鄂温克人还用色彩鲜艳的丝绸线来绣制花纹，再以金属丝镶嵌到毛皮上，使服装更加华丽。

鄂温克男女服饰的区别在于男装颜色以素净、淡雅为主，领子及周边是云卷花，象征大自然；袖口也可带云卷花，旁开口，扎系腰带。女装颜色以艳丽为主，领子周边及袖口也带云卷花图案，年纪大者一般不扎腰带。无论男女，冬季穿的是由皮毛制作的服装，春秋是棉服或带内衬的服装，夏季以绸缎制作的单层布料的服装为主。鄂温克人冬天戴的帽子是用各种动物皮子制作而成的，有尖顶、圆顶等样式；春秋和夏季则戴用呢子料和薄毡子做成的帽子，妇女还喜欢佩戴由银和珍珠制作的头饰和挂饰。

总的来说，鄂温克族的服装以实用性和装饰性并重，采用毛皮、丝绸等自然材料，纹饰图案多样、色彩鲜艳，是中国少数民族服饰中的一道独特风景线。

❄ 鄂温克族兽皮服饰的神秘传说

鄂温克族人认为世间万物都是有灵魂的，森林、阳光、雨露都是神赐予的精灵。鄂温克族这种独特的审美观念来自一则神话，而这则神话也使鄂温克族人产生了制作兽皮服饰的灵感。

传说，很久以前，有一对鄂温克族的兄弟，在一个大雪纷飞又寒风凛冽的寒冬，在雪地中艰难地跋涉着，瑟缩着。他们打算找些柴火取暖，但周边一片荒芜，一棵树都没有。兄弟俩冷得直打哆嗦，但又无计可施。这时出现了一只鹿，不断

地给他们送来可以生火的树枝，然后这只鹿竟然就神奇地不见了。

兄弟俩开心地烤着火，认为鹿是上天派来救他们的，但是随着火苗逐渐变小，他们又开始担忧自己能否坚持到家。突然，一只狍子艰难地朝他们靠近，看起来已经奄奄一息了。随后，狍子竟然开口说话了："善良的人们，我是来帮助你们的，以前你们的祖先挽救了我们狍子一族，我在生命结束之前，唯一的愿望就是报恩。待我死之后，你们就把我的皮剥下来，披在身上可以抵御严寒，而且我还交代我们狍子一族，在生命结束后，把自己的皮毛献给善良的人类。"说完后，狍子就死去了。后来，用狍子皮做的冬衣就成了鄂温克族不可缺少的御寒物品。

❄ 驯鹿之乡的欢歌：鄂温克族瑟宾节的传统与狂欢

鄂温克族的瑟宾节就是他们的狩猎节。这个节日起源于鄂温克族古老的祭祀仪式。鄂温克族的祖先以游猎为生，每当猎到大型猛兽，都要在森林中举行祭祀活动，以示庆祝。在举行祭祀活动的过程中，部落的男女老少要全部参加。人们杀牛宰羊，用以祭祀山神，祈求整个部落四季平安、风调雨顺、人畜兴旺。

随着时代的进步，鄂温克族的瑟宾节也逐渐融入了新时代的洪流。现在的瑟宾节主要以歌舞的形式来庆祝，以欢乐祥和的喜庆内容为主。在瑟宾节期间，鄂温克族准备了其民族特有的风味野餐，欢庆节日。野餐以烧狍子肉、炖柳蒿芽为主。到了晚上，鄂温克族再举办篝火晚会。在诸多的传统民族节日中，鄂温克族对瑟宾节的重视程度，不亚于汉族人对春节的喜爱。每年的 6 月 18 日，鄂温克族都会开展纪念活动。鄂温克族人把象征吉祥如意、和睦进取的驯鹿定为鄂温克族的吉祥物。

除了野餐和举办篝火晚会外，鄂温克族还在节日期间举办具有自己民族特色的竞技和游戏活动，包括赛马、摔跤、颈力、腕力、拉棍、拔河、跳棋、象棋等游戏项目，庆祝瑟宾节。鄂温克族的竞技和游戏富有民族特色，游戏内容可谓相当精彩。例如，抢枢便是鄂温克族相当具有民族特色的体育竞技游戏项目。

抢枢运动起源于一个古老的民间传说：有一个鄂温克族老人名叫扎拉，他们家在一次游迁过程中，因领头勒勒车的枢脱落遗失，导致后面多辆车无法行进。此时天色已晚，扎拉老人说："谁要是能找到枢并且修好车，我将好好奖赏他。"于是，他的两个儿子分头去找。不久后，小儿子吉嘎哈找到了枢，大声呼唤大家。力大无穷的大儿子吉亚希听到消息后，为了立头功，便同弟弟争夺起来，最终抢

⊙人们载歌载舞欢度鄂温克族瑟宾节

到了枢并把头车修好。老人对两个儿子说："吉嘎哈虽然没有吉亚希力气大，但他眼疾手快，能在月色朦胧的晚上找到枢。吉亚希虽然没有弟弟反应灵敏，但他力大无穷，有顽强的斗争意识，所以两人都应该受到奖赏。"老人同时教育他们："你们各有所长，如果能够团结合作、互相取长补短，今后一定能战胜任何困难。"扎拉老人的教诲发人深省，鄂温克族后人便把抢枢活动保留下来，成为一项竞技体育运动。

　　每当鄂温克族举办瑟宾节的时候，我们都可以看到鄂温克族的撮罗子（鄂温克族的民族传统住房）、驯鹿及其特色服饰、生活用品等。鄂温克族独特的民族文化与艺术要素，成为黑龙江省旅游文化资源的重要组成部分。

　　鄂温克族漂亮又有狩猎特色的服饰是黑龙江旅游的一张名片。游客可以来到黑龙江省齐齐哈尔市讷河市兴旺鄂温克族乡体验鄂温克族人民的传统风俗。这个乡是黑龙江省唯一一个以鄂温克族命名的乡镇。另外，还有大兴安岭地区漠河市的鄂温克驯鹿园。在这些旅游景区，你可以观赏到鄂温克族的悠悠车、桦皮靴、皮袄等生产生活用品，还可以购买到桦树皮制品、带有鄂温克族图腾的木雕工艺品、皮毛服饰、挂饰和刺绣工艺品等。这些旅游景点还有描绘鄂温克人生活场景、生活环境的绘画、摄影作品等民族文化衍生作品。这些作品还被做成书签、钥匙坠、明信片等纪念品，也值得购买和收藏。当地还提供民俗婚宴、篝火晚会、特色野餐等诸多项目，为游客提供了丰富的游玩体验，可令人充分感受鄂温克族的文化魅力。

⊙表演抢枢活动

鄂伦春族服饰及民俗文化

2024 年 1 月，在哈尔滨的中央大街，一场不同寻常的巡游吸引了无数人的目光。原来是鄂伦春族人身着特色民族服饰出现在这条充满欧陆风情的街道。他们的到来，让这条街道更加流光溢彩，既有原始与神秘的民族特色，又有中西合璧的建筑风格，赋予了"哈尔滨"人气。这次巡游，激发了人们对鄂伦春族服饰和文化的兴趣。

鄂伦春族，这个被誉为"山岭上的人"的民族，以其独特的生活方式和文化传统，一直是中华文化宝库中的瑰宝。鄂伦春族的全国总人口不到一万人，主要分布于内蒙古自治区呼伦贝尔市鄂伦春自治旗、扎兰屯市、莫力达瓦达斡尔族自治旗和黑龙江省的呼玛、逊克、爱辉和嘉荫等地。

❄ **森林色彩：** 鄂伦春族传统服饰文化

"高高的兴安岭，一片大森林。森林里住着勇敢的鄂伦春。一呀一匹猎马，一呀一杆枪。翻山越岭，日夜巡逻，护呀护山林。"这首《勇敢的鄂伦春》轻快、动听、美妙，洋溢着鄂伦春族人特有的民族气息，是很多人童年的音乐课上经常回响的旋律。

从这首歌谣中，我们可以感受到，鄂伦春族是一个充满着狩猎文化色彩的民族。该民族在历史上长期开展游猎活动。在开展游猎活动的过程中，鄂伦春族人创造了极富民族特色的狍皮服饰。

鄂伦春族人用狍皮制作服饰，主要是因为过去在黑龙江西北部和内蒙古东北部，有着大量的狍子，也就是人们口中的"傻狍子"。狍子是一种完全适应寒冷气候的动物，可以在积雪厚一米多、海拔1000～4000米的地方生存。这种耐寒的动物长着经久耐磨且防寒保暖性能极好的皮毛。用狍子皮制作的服饰，最重要的作用就是可以抵御严寒。黑龙江西北部和内蒙古

东北部气候寒冷，且持续时间较长，最冷的时候，气温可在零下40多摄氏度，甚至零下50摄氏度。鄂伦春族为了在严寒的天气从事游猎活动，用狍皮制作了皮袍、皮袄、皮裤、皮手套、皮坎肩、皮帽、皮靴等一系列的抗寒力较强的服饰。

这些服饰就是鄂伦春族的民族特色服饰。鄂伦春族服饰以宽大袍式为主，颜色以咖啡色和橘黄色为主，也就是狍子皮的本色。皮袍用鄂伦春语叫"苏恩"，多以狍子皮缝制而成，分男女皮袍两种。在皮袍上男子多系皮带，女子多系彩色的布腰带，中老年妇女一般系素色腰带。

鄂伦春族男皮袍用鄂伦春语音译叫作"尼罗苏恩"。鄂伦春族男人在冬天穿的狍皮衣服有两种：一是长袍，接近脚面；二是短皮袄，直到膝盖。两者均是为了狩猎方便而做的。不管是长、短皮袍，前后左右均开衩，目的是方便骑马。另外，青年鄂伦春男人穿的长袍一般还上着黄颜色，是用腐朽的柞木熬水抹在皮板上染成的。男人在夏天穿用"红杠子"做的短皮袄，也有用皮板做的，但前后襟短且无开衩。鄂伦春族男子狍皮裤用鄂伦春语音译叫作"额勒开依"。皮裤也是用狍皮制作的，狍皮裤子的长度可达到膝盖。他们还要再套上一个皮套裤。皮套裤上下有皮绳，皮绳分别系在腰带和靴子上。在冬天，皮裤上面带毛；在夏天，他们将皮裤上的毛刮掉。

鄂伦春族女皮袍用鄂伦春语音译叫"阿西苏恩"。鄂伦春族女皮袍也是长袍，后襟不开衩，袖口、脖领和左右两侧开衩处均绣有花纹图案。衣服的纽扣是用兽骨制作而成的。纽扣的中间还要再打一个口子，便于把纽扣钉在袍子上。鄂伦春族女人还在衣服上装饰上了漂亮的花纹和各种形式的图腾，在很大程度上凸显出了其自身的北方游牧民族服饰的特色。另外，鄂伦春族的年长妇女和幼女的长袍，只镶边不绣花，也不着颜色。年轻妇女的长袍大多染黄色。在穿长袍的时候，鄂伦春族女人与男人一样，需要扎腰带。鄂伦春族女人的皮裤也是用狍皮制作的，与男人不同的是，其腰上有兜肚，上系挂在脖子上，下系在肚子前面。

鄂伦春族还戴有极具民族特色的帽子，即狍角帽。鄂伦春语音译为"灭塔哈"，此帽子是用狍子的头皮制作的。制作过程首先是把狍子头皮剥下来，用黑皮子或者其他类似眼球的东西镶在狍子的两个眼圈内，保留狍子的耳朵和角。在狍子的头皮下再镶一圈皮子，作为帽耳。帽耳卷在上边可以当作帽檐，在冬天可以放下来，用以护耳。鄂伦春族狍皮技艺

的传承人关红英介绍，狍角帽是用完整的狍头皮缝制而成的，保留了眼睛、耳朵、鼻子等部位，不仅可以御寒，还能够在狩猎时起到伪装作用。狍角帽充分体现了鄂伦春人的智慧。

对于狩猎民族，一双合适的皮靴是十分重要的。鄂伦春族的兽皮靴是用十几条狍子腿的皮做靴帮，用一个狍脖子皮做靴底缝制的。这样的皮靴轻便、美观，踩在雪上还不容易发出声响，正是踩雪无声的狩猎皮靴。

除各种服饰之外，鄂伦春族还使用狍子皮制作保暖的皮被子。鄂伦春族制作的皮被子用鄂伦春语音译为"乌拉"。皮被子通常由冬季的狍子皮制成，是用几张皮子缝合而成的，如同普通棉被。还有一种是筒状的，就如我们现在的睡袋，适宜进山狩猎时使用，御寒、便携。可见，鄂伦春族的皮被子除了可以用于入睡休息，还可以用于狩猎。

鄂伦春族的狍皮衣服、狍皮裤子、狍角帽、狍皮靴等服饰，多出自鄂伦春族姑娘之手。在制作服饰的过程中，鄂伦春族人会根据其生活需求，制作适合其穿着的服饰。

一方面，鄂伦春族人根据季节变化而使用不同的狍子皮，制作出适合当季穿着的服饰。例如，在秋冬季节，鄂伦春族人寻找毛长皮厚、抗寒力很强的狍皮，

用来制作秋冬季的服饰；在春夏季节，鄂伦春族人则是寻找毛疏松短小的狍皮，用来制作春夏季的服饰。

另一方面，由于鄂伦春族长期从事游猎活动，为了骑马时上下马方便，男女服装都采用开衩的方式。男式服装前后开衩，女式服装两边开衩。且在开衩处绣图案，图案大多参照森林中各种花卉的形状和颜色。无论是袍子，还是套裤，上面均绣有图案，且在裤子容易折破的地方绣图案。鄂伦春妇女平时把山林里各种野生花卉的形状都记在心里。在绣花时，这种印象的积累便发挥了作用。绣图案时，她们采用的是贴图案的方法，就是先剪后贴。鄂伦春族人在服装上绣出的美丽图案类别丰富，有山上的花草、天上的云霞、水中的鱼虾，突出了鄂伦春族文化敬畏自然的特征。另外，鄂伦春族时常在深山老林中活动，所穿衣物不可避免地与树木、山石等发生摩擦，容易出现磨损。为了避免服装磨损，鄂伦春族在绣上各种图案的同时，还在服饰上镶上黑色皮边。

在 21 世纪的今天，鄂伦春族的服饰文化也在与时俱进地发展。现代鄂伦春族服饰用丰富的现代纺织材料取代了过去的兽皮材料，可谓在服饰材料上实现了更新换代。在保留原有民族毛皮服饰的基本样式和特色的基础上，其还增加了许多服饰的种类、样式和功能，使鄂伦春族的现代民族服饰更为绚丽多彩。

❄ 冰封猎歌：鄂伦春族的冬季狩猎节与袍皮文化体验

鄂伦春族在冬季举行的狩猎节，就是"伊萨仁"。"伊萨仁"是鄂伦春语"集会"之意。千百年前，鄂伦春族猎民把寒冬时进入森林围猎的日子当成盛大的"伊萨仁"。他们围猎的目的在于为难熬的冬季储备食物。后来，冰雪"伊萨仁"逐渐成为鄂伦春族的传统节日。

在"伊萨仁"节日的当天，鄂伦春族族长手持桦皮碗，以柳蒿枝洒酒祭祀天地。鄂伦春族猎民们身着狍皮衣，脚蹬狍皮靴，头戴狍角帽，欢快地唱起鄂伦春族原生态民歌——"赞达仁"，跳着鄂伦春族的民族舞蹈——"吕日格仁"，欢度鄂伦春的冬季狩猎节。冰雪"伊萨仁"是将文化与旅游相融合的冬季旅游活动，希望借此让更多人了解鄂伦春族狩猎文化。

想在黑龙江省体验鄂伦春族的狍皮文化和狩猎文化，人们可以前往塔河县十八站鄂伦春民族风情园。此旅游景点位于黑龙江省大兴安岭地区塔河县十八站乡鄂族村。风情园的现代气息与鄂伦春民族特色相得益彰。在这里，游客可以身

临其境体验鄂伦春族原始风貌，"零距离"感受少数民族特色文化魅力。

　　另外，人们还可以在黑龙江省黑河市新生鄂伦春族乡新生村的民俗体验区体验鄂伦春族的狍皮文化节。2024年9月，新生鄂伦春族乡古伦木沓节在此启幕。"古伦木沓"为鄂伦春语，意为祭祀火神。鄂伦春族群众在此民俗体验区身穿狍皮服饰，为游客演示鄂伦春族的传统婚俗，歌唱悠扬神秘的鄂伦春族小调。

　　游客们在塔河县、黑河市等鄂伦春族聚居区，不仅可以观赏鄂伦春族的狍皮文化，还可以品尝地方的美食，欣赏地方的风景，体验鄂伦春族的普通民众生活。

达斡尔族服饰及民俗文化

2024 年 1 月，哈尔滨爆火时，身着特色民族服饰的达斡尔族猎鹰驯养师在中央大街的亮相成为一道独特的风景线，吸引众多游客关注。

惊叫连连的哈尔滨本地居民和各地游客，不仅亲身体验了猎鹰在达斡尔族传统文化中的重要性，还直观地感受到了充满民族特色的达斡尔族服饰文化。

达斡尔族服饰的制作材料多以皮革和棉布为主，这与其生活的自然环境和其长期从事游牧、渔猎、农耕有着很大的关系。达斡尔族有自己的语言，没有自己的文字，现通晓汉语并书写汉字。根据统计，中国境内达斡尔族的人口数为 13 万多人，在黑龙江省主要居住在齐齐哈尔市梅里斯达斡尔族区、鄂温克族自治旗一带。

❄ **达斡尔魅力：**民族服饰艺术与工艺之美

猎鹰是达斡尔族的民族图腾。猎鹰图腾是达斡尔族文化独一无二的特色名片。在黑龙江省齐齐哈尔市梅里斯达斡尔族区哈拉新村有一座雕像。这座雕像就是一个达斡尔族人手架猎鹰。看到这座雕像，人们可以感受到猎鹰是达斡尔族传统文化中非常重要的元素。

达斡尔族男子多穿长袍衣服，因季节而有所不同，男式单服左右开衩，扎腰带。达斡尔族成年男子

必系皮腰带或布腰带，用蓝色或黑色的布做腰带的较多，也有用其他颜色的。扎腰带时，束腰后将腰带的两头掖在腰后，露出约 30 厘米长。腰带上佩挂烟具、烟荷包、火镰等饰物。在参加典礼或集会时，如有人不系腰带，即被认为是不讲礼貌的人。

达斡尔族女装以棉布为主要面料，夏季穿单长袍和单布裤，冬季穿棉袍、小棉袄和棉裤，颜色以蓝色或黑色为主。除日常的棉服外，有的人还备置绸缎料长袍、上衣，供参加各种典礼时穿着。绸缎服装的花色，依年龄不同而花素有别。老年长袍以蓝色、灰色为多，外套黑缎上衣或过膝的外罩衣。年轻女子的绸缎服装颜色鲜艳，并镶有不同颜色的边，做工讲究，美观大方。女服不开衩，不扎腰带。随着时代发展，达斡尔族除了一些老年人穿袍子外，大多数人，尤其是中青年、少年都穿当今流行的服装，只有在节庆活动时才穿民族服装。

　　达斡尔族服饰有着富有特色的工艺图案。这类图案题材广泛，有树木花草、动物昆虫、山河建筑、云卷纹样、吉祥图案，还有抽象图案，如服装、靴袜、头饰、烟荷包等都有装饰。达斡尔族服饰的镶边工艺有绲边、绦饰、单宽沿边儿。另外，达斡尔族的刺绣纹样也具有和谐美。在刺绣纹样的运用中，其在简繁对比上处理得较为恰当。例如，达斡尔族服饰中，大面积的底色与复杂且极具装饰性的刺绣纹样搭配在一起，再加上简单的绲边和盘扣，袖口与领口点缀小面积的几何图案，整体表现大方精美，设计感较强。

❄ **色彩与象征：** 达斡尔族服饰中的文化密码

达斡尔族的服饰以民族特色为主，其服饰设计和颜色搭配都与其他民族有所不同。在达斡尔族的传统服饰中，最具代表性的要数"长袍"和"子母袍"，这是达斡尔族男女衣着的典型代表。这些服饰多以马毛、鹿皮等为原料，经过特殊的技艺加工制作而成。达斡尔族服饰多注重实用性和耐用性，同时也兼顾了艺术性，使得达斡尔族服饰在传统文化中占有重要地位。

在颜色搭配上，达斡尔族服饰以红色、绿色、蓝色等为主，这些色彩在该民族传统文化中具有特殊的象征意义，代表着生命、祝福和希望等。达斡尔族服饰还有一些特殊的装饰，如刺绣、镶钉和挂珠等。这些装饰不仅美观，而且富有民族特色，展现出达斡尔族文化的独特魅力。

达斡尔族服饰不仅仅是一种日常穿着，更是一种文化符号和民族精神的体现。在达斡尔族传统文化中，服饰承载了丰富的文化内涵和历史积淀，反映出这一民族的生活方式、价值观念和审美情趣。从达斡尔族服饰中可以看出这一民族对自然和生命的崇敬，以及对传统文化的传承和保护。达斡尔族服饰还体现了社会地位、性别差异等方面的文化意义，通过服饰可以看出一个人的身份和社会地位，体现了社会等级分化和性别角色分工。

随着社会的变迁和时代发展，达斡尔族的服饰文化也产生了一定程度的变化。传统的"长袍"和"子母袍"仍然保留在一些节庆仪式中使用，但在日常却逐渐被现代的服饰替代。现代的达斡尔族服饰更注重实用性和时尚性，颜色、款式都更符合现代审美标准。一些传统的手工艺已经逐渐淡出人们的视野，制作工艺和原料选择也有所改变。不过，达斡尔族制作民族服饰的手工艺并未失传，因为在一些重要的节日，达斡尔族需要穿着本民族的特色服饰来庆祝。例如在春节，达斡尔族女人要准备孩子所穿的衣服、裤子、鞋等。入冬开始，达斡尔族家庭妇女便开始打袼褙、纳鞋底、做棉鞋，全家人每人一双鞋。孩子在外的，当妈的也尽量给孩子做上新棉鞋，做完后就做全家人的衣服和裤子。在达斡尔人眼里，过年都要穿上新衣服，否则会让人家笑话。

❄ **达斡尔族体育：** 传统与现代的激情碰撞

　　达斡尔族的传统体育项目有射箭、摔跤、赛马、扳棍、颈力赛、棋赛和曲棍球等。

　　射箭在达斡尔族民间体育活动中占有重要地位，它是过去适应达斡尔人的狩猎生产和抵御外敌入侵的需要而产生的一种体育运动项目。当你在黑龙江省齐齐哈尔市哈拉新村旅游的时候，你可以看到达斡尔族生活场景浮雕，浮雕上就有达斡尔族射箭的图案。另外，在哈拉新村，你可以参加骑马射箭活动，体验达斡尔族的赛马和射箭文化，放松你的心情，缓解日常工作压力。哈拉新村真是一个既能体验少数民族民俗生活，又能够运动和放松心情的达斡尔族度假村。

　　人们在哈拉新村还可以玩曲棍球，因为达斡尔人喜爱曲棍球。达斡尔人的曲棍球运动有着相当长的历史。在辽代，达斡尔人的祖先——契丹人中就盛行与现代曲棍球十分相似的一种体育运动——波依阔，史书上记载为"击鞠"。在北方各民族中，达斡尔族是较好地保留和发展了祖先曲棍球运动的主要民族。时至今日，曲棍球运动在达斡尔族中也广为流行，而且有了新的发展。每逢节日和婚嫁喜庆之日，青年人都要组成球队进行曲棍球比赛。

⊙达斡尔族同胞的传统曲棍球表演赛

　　达斡尔人在夜间进行火球比赛别具一格，被称为最火爆的民间体育运动。黑夜里进行火球比赛，棍击火球如龙戏珠，好似流星闪过，非常壮观。火球用桦木根疙瘩制作，球体抠空后，把球泡在易燃的油中。开赛时，人们将木球点燃，使其借助风力燃成火球。随着双方队伍的激烈拼搏，火球在黑夜中往返穿梭，划出一道道绚丽的火线，颇为壮观。

　　多年来，齐齐哈尔市梅里斯达斡尔族区重点打造哈拉新村民族文化旅游，村里先后建成达斡尔族非物质文化遗产体验馆、达绣展厅、莫日根广场、达族风情园、哈拉古城遗址等旅游景点。其中，达族风情园拥有达斡尔族传统民居、优质草坪、野生渔场，建有千余平方米的大型生态酒店、多功能会议室、绿色无公害种植养殖基地、传

统绿色农家豆制品加工作坊等，同时设有标准垂钓场、射击场、曲棍球场、网球场、羽毛球场等游乐场地，设施完备。特别是曲棍球，生活中许多人很少接触过此项体育运动。如果游客朋友们对曲棍球好奇，又想体验它，就快到齐齐哈尔市哈拉新村来体验吧。

满族服饰里的民俗文化

2024 年 1 月，哈尔滨中央大街上，继黑龙江四少民族以及其他少数民族打卡完毕，满族同胞也不甘落后，他们身着民族服装亮相中央大街。人们对他们的服饰既亲切又陌生，对于其服饰的起源、不同配饰的历史渊源和典故同样颇感兴趣。

❄ 历史变迁：满族旗装的发展演变

清代满族的军队组织和户口有八旗的编制，因此，满族人在清时也被称为旗人。而满族男女老少所着的服装也被人们称为旗装。满族服饰的起源可以追溯到满族祖先的居住地——东北地区。在古代，满族人民主要生活在东北地区的森林和草原上。受到自然环境的影响，满族服饰以保暖和实用为主要特点。满族人民采用毛皮和皮革制作衣物，例如兽皮袍、兽皮袄等，以抵御严寒的气候。同时，他们也注重服饰的装饰性，使用玛瑙、珠子等饰物来点缀服饰，展示其社会地位和财富。

随着时间的推移，满族服饰逐渐发展成为一种独具特色的文化象征。特别是在清朝政权建立起来后，满族服饰经历了重大的变革和发展。这时，满族服饰开始受到汉族服饰的影响，无论是满族男子服饰，还是满族女子服饰，均融合了中原文化的元素。

在清朝初期，男子所穿旗装最突出的特征为圆领、大襟、马蹄袖，四面开衩，系扣襻，腰中束带。其服饰工艺既融合了中原文化元素，又保留了自身民族特色。满族男子所穿旗装袖口较窄，袖端是可露指的半圆形兽皮（后改为布质），因其形状酷似马蹄而称为马蹄袖，亦称箭袖。满族男子身着此袖式服饰，在征战的时候，得以施展骑射技术；在骑马打猎的时候，得以施展其箭术；在冬季到来之际，得以御寒保护手背。另外，在冬季，满族男子往往还在棉袍外套一件长到肚脐、四面开衩且对襟的短褂，俗称马褂（满语鄂多赫），或在外面套一件马甲（俗称坎肩），以抵御寒冷。清中期以后，该袖式的服装逐渐从便服转为礼服，便服多为平袖，礼服仍为马蹄袖，亦有将马蹄袖用纽扣系于便服袖口作为礼服使用的。马蹄袖平时多卷起，在办公事、喜庆节日时，人们拜见上司、叩见长辈，必须先

⊙典型的马蹄袖服饰

左后右地放下马蹄袖，才可行拜见礼。到了清末，马褂由四开衩改为左右两开衩，马蹄袖多改为平袖。20世纪50年代末，男式旗装在满族聚居区才逐渐废弃。

满族女子所穿旗装早期特点是袍身宽大，线条平直，下长至足，呈直筒式，领、袖、襟、裙有宽阔的花边。这种服装的设计便于满族女性在骑马、射箭等活动中自如行动。此外，满族女性还喜欢在旗袍外面套上一件长到肚脐的对襟短褂，即马甲或坎肩。在清末至辛亥革命年间，满族女性穿的旗装样式仍然较为保守，腰身宽松、平直，袖长至腕部，衣长至踝。

然而，随着西方文化的不断传入和女性解放思想的兴起，满族女子旗装开始逐渐发生变化。20世纪20年代，满族女子旗装开始普及并逐步改变形成"淑女型旗袍"。这些旗袍通常腰身收紧，袖口和衣长适中，更加凸显女性的曲线美。到了20世纪30年代，旗袍在全国盛行开来。在这个时期，旗袍的款式变化多端，先是流行高领，不久之后又盛行低领，袖长和衣长也在不停变化。同时，旗袍的开衩也逐渐提高，从两侧开衩到四面开衩，甚至有的开到大腿处。这些变化都旨在更好地展示女性的身材曲线和魅力。到了20世纪30年代末期，由于受到欧美国家长裙渐盛的影响，旗袍再次加长至脚面，并更加注重修身效果。20世纪40年代，旗袍的款式又发生了重大变化。袍身缩短至小腿肚处，同时领高减低，旗袍变得更加简洁、轻便和得体。这种流线型的旗袍设计以线条流畅充分显示女性风姿风韵为主旋律。

通过满族男女服饰的演变历史可以看出，满族先辈为了适应生存环境，不断发挥其想象力和创造力。经历了一代又一代的满族先辈的辛勤努力，

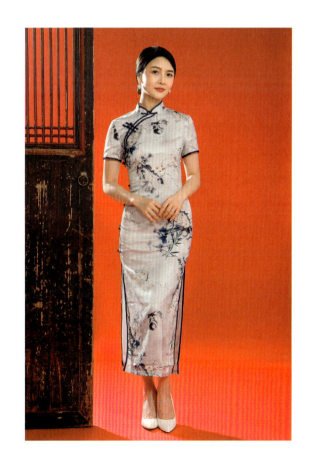

具有民族特色的满族服饰得以问世，而且满族服饰不断地融入新的民族特色元素。满族服饰在保留自身民族特色的基础上，将西方服饰元素吸收进来，使得自身的服饰文化得到更进一步的发展。旗袍在剪裁上继续不断创新和发展，出现了"衣片前后分离"等多种剪裁技巧，更加烘托出女性体态的曲线美。旗袍在款式和面料上也有了更多的创新和变化。随着全球化的进程加速和"中国风"的流行，旗袍受到了国内外女性的广泛喜爱和追捧。在时尚界和电影界，旗袍更是成为展现东方女性魅力的经典服饰之一。

　　满族服饰的演变是一个不断适应时代变迁和文化交流的过程。从早期的宽大袍服到现代的修身旗袍，从单一的色彩和装饰到多样化的款式和面料选择，满族服饰不仅见证了满族人民的审美追求和服饰文化的发展变化，也成为中国传统文化的重要象征之一。

❄ 高雅华丽：满族服饰的精致工艺和装饰细节

　　清太宗皇太极登基后，满族服饰始有定制，做工也日益精美，包括"扣襻""十八镶""鞋帮花""缝纫""裁剪"等工艺。

　　"扣襻"是满族服饰的重要特征，所做的盘扣种类众多、样式精美。清初以后，盘扣开始在服装领域盛行，并成为满族服饰的重要特征。其中一字扣工艺最为简易，一字扣也称为长鼻子扣，早年传统的棉袄或夹袄上是不缝制口袋的，人们多将手帕系在衣扣之上。琵琶扣是年轻妇女最常使用的一种盘扣式样。琵琶扣的制作工艺较之于一字扣就略显复杂，是一圈圈盘绕而成的，一个精美的琵琶扣需要盘绕三到四圈方可成型。琵琶扣古香古色，尽显女性的优雅别致。蝴蝶盘扣顾名思义形似蝴蝶，精巧玲珑。做好一个蝴蝶盘扣需要极好的细心和工夫。一枚枚各有意蕴的盘扣，安稳地连着衣襟，生动地表现着服饰的意蕴和内涵。精巧玲珑、变化多端的盘扣，仅缘于一根彩绳的

⊙一字盘扣

编织，它不仅是生存的智慧，更是生活的美学。

　　"十八镶"就是镶边。镶边即在旗袍的衣襟、领口、袖口、开衩、底边等边缘部位，用不同颜色的布料缝合拼接，且布料多带有各色绣花图案。镶边工艺在清代非常流行，有三镶、五镶，最多可达十八镶，有些衣服的镶边甚至复杂到看不见原来的衣料。纹样各异的镶边也成为清代服饰的一大特色。在北京等地盛行"十八镶"的做法，即镶十八道衣边才算好看，样式也变成宽袍大袖，是清代的时装。

⊙镶花涤蓝漳缎女夹马褂、红洋绉彩绣人物裙

　　满族人通过其掌握的"鞋帮花"工艺，制作了花盆鞋，也称高底鞋、马蹄底鞋，是满族特有的一种绣花鞋，因其底似花盆而得名。鞋底是用木头制成的，一般用白布包裹，然后鞋跟在鞋底中间脚心的部位。花盆鞋在清代特别盛行，多为十三四岁以上的贵族女子穿着。鞋帮上饰以蝉、蝶等刺绣纹样，木跟不着

地的部分也常用刺绣或串珠加以装饰。有的鞋尖处还饰有丝线编成的穗子。

通过满族服饰可以看出，满族传统美学因素蕴藏其中，如剪纸、刺绣等。剪纸是图案创作的前提，女工在创作前往往准备一把剪刀、一张红纸，剪随手动，手随心动，作品质朴厚重、浑然天成。刺绣大量用于服饰之中，山水琅琊、瑞兽祥云、传统纹理随处可见，技法有"平绣""堆绣""打纸绣""绒绣"等，针法多样，如错针、网针、乱针、挑花、刮绒等。无数满族传统符号聚集其中，"枕头顶""云肩""挽袖""被套""鞋帮花"等。刺绣的步骤较多，包括选料、画衣样、绣花、裁剪、掐缝、镶边、咬牙、缝合、上领、盘扣襻、熨烫、整形等二十个步骤。

⊙满族民俗剪绒绣花鱼鞋底

⊙满族女子服装上精美的花卉图案

❄ 服饰与礼仪：满族服饰在重要节日和仪式中的作用

满族服饰从设计的角度讲更注重展示个人的身份和地位。在清朝时期，满族贵族和官员的服饰有着严格的规定和制度，彰显了他们的高贵和权威。例如，男性贵族穿着袍袄、马褂和长袍，配有丰富的装饰和纹饰，体现了他们的身份。女性贵族穿着褂子、长袍和裙子，配有珠饰和发簪，展现了她们的高雅和娇美。通过服饰的选择和搭配，满族人民能够迅速识别出对方的身份和地位，加强了社会

交往中的互动和沟通。

时至今日，满族服饰的设计文化又被赋予了新时代的文化价值。今天，满族服饰的设计注重对称、平衡和谐，体现了满族人民对生活的追求和平衡的心态。同时，满族服饰中的纹饰和刺绣也承载着丰富的寓意和象征，如吉祥、幸福、繁荣等。这些纹饰和刺绣不仅仅是装饰，更是满族人民对美好生活和文化传承的表达。

此外，满族服饰在一些重要节日中往往扮演着重要角色。例如。在满族传统婚礼上，新郎新娘穿着特殊的满族婚服，以示对传统文化的尊重和传承。新娘通常穿着色彩鲜艳、绣有纹饰的长袍和裙子，头戴发簪和珠饰。而新郎则穿着华丽的袍袄、马褂和长袍，配以红色腰带和饰物。这些婚服不仅仅是装饰，更象征着新娘和新郎的身份、家庭背景与婚姻的祝福。在生活中，有很多汉族人在拍摄婚纱照的时候，也选择穿满族服饰，展示婚姻的美好和祝福。

第六篇

龙江拾贝

大美龙江这片黑色的沃土，孕育着大自然的恩赐与馈赠。

探寻大美龙江的特色产品，是一次发现之旅，是一场寻宝之旅。

将龙江的美好带回家，让这份来自北国的珍贵礼物，成为您永恒的记忆。

特色工艺品

❄ 俄罗斯套娃：俄罗斯吉祥娃娃

由于黑龙江与俄罗斯接壤，因此在黑龙江的工艺品商店经常能见到俄罗斯套娃。俄罗斯套娃一般由多个一样图案或不同图案的空心娃娃一个套一个组成，最多可有十多个。其通常为圆柱形，底部平坦可以直立，颜色有红色、蓝色、绿色、紫色等。世界上最小的套娃只有一粒米大小。

关于俄罗斯套娃的来历，有一个说法广为流传。传说，有一个俄罗斯的小男孩，从小就失去了父母，和妹妹相依为命。在一次牧羊途中，兄妹俩被风雪所困，哥哥不小心与妹妹走丢了。

他非常思念妹妹，就用小一点的木头雕刻出带有妹妹现在容貌的木头娃娃，每天带在身上。哥哥一边打工一边寻找妹妹，过了几年，哥哥想着妹妹应该长大了一些，于是他又刻了一个更大一些的木头娃娃。

年复一年，哥哥凭着对妹妹的思念和感觉雕刻了一个又一个木头娃娃。为了方便携带，哥哥把这些娃娃套了起来。每当他想念妹妹的时候就一个一个地打开

来看，就如同看到了妹妹从小到大的样子。

功夫不负有心人，后来的某一天兄妹终于团聚了。随着故事流传开来，木制的套娃也被一代代工匠雕刻得越来越精美，逐渐传播开来。

因此，套娃作为代表善良、繁荣、家庭幸福的玩具，获得了很多人的认可，同时它也是寄托亲情、见证爱情、表达思念的异域风情礼品。

❄ 逊克玛瑙：北红瑰宝，自然珍奇的璀璨传奇

逊克县，是黑龙江省黑河市的一个小县城，因盛产逊克玛瑙而被人熟知，素有"北红玛瑙之乡"的美誉。

逊克玛瑙主体颜色是红色，兼有黄、白和紫色，颜色俏丽丰富，既有和田玉的油润绚丽，又有翡翠的通透，独具一格。逊克玛瑙是中国国家地理标志产品，被确定为黑龙江省旅游纪念品。

上乘的逊克北红玛瑙，密度及质量均居世界玛瑙前列，因此素有"世界玛瑙看中国，中国玛瑙看逊克"的美誉。逊克玛瑙用途非常广泛，可以用作首饰、工艺品材料、

仪表轴承等。史料记载，佩戴玛瑙工艺品，不仅有装饰作用，而且可以使人头脑清醒、精力充沛。2025 年哈尔滨亚冬会奖牌中，逊克北红玛瑙就作为"点睛"的存在，向世人展示了一抹中国红。其意为红日当空，照耀着充满生机的黑龙江大地，也代表了黑龙江的热情。

❄ 赫哲族鱼皮制品：东方的鱼皮艺术珍品

赫哲族历来给人的感觉是很神秘的，而在 2024 年元旦前后，赫哲族同胞身着传统民族鱼皮服饰亮相哈尔滨中央大街，着实惊艳了世人。

赫哲族人口很少，主要分布在黑龙江省同江、饶河、抚远等地。

在过去，赫哲族人长期以渔猎为生，他们熟练掌握了传统鱼皮制作技艺，包括鱼皮服饰、鱼皮鞋、鱼皮工艺品、鱼皮画、鱼皮家居用品的制作，以"鱼皮部落"为世人所熟知。

鱼皮衣的制作需要十几道工序，鱼皮画是赫哲族鱼皮文化的瑰宝之一，图案多样，包括动植物、人物、山水等等。

赫哲族鱼皮制作技艺蕴含着丰富的渔猎文化信息，具有重要的研究价值，已列入第一批国家级非物质文化遗产名录。

❄ 黑龙江版画：北国风光的艺术再现

黑龙江版画起源于北大荒建设时期，创作者将热火朝天的劳作场面、当地自然风光融入创作灵感，进而诞生了风格独具的黑龙江版画风格流派。

黑龙江版画因其开阔的构图、鲜明的色彩和粗犷有力、大开大合的刀法令人称道。北方人民豪爽奔放的性格融入创作之中，令黑龙江版画具有强烈的视觉冲击力和地域特色。

黑龙江版画是中国版画艺术的重要组成部分，具有鲜明的地域特色和深厚的历史底蕴，在国内外享有盛誉，同时黑龙江（国际）版画博物馆也是全国唯一一家收藏版画最多的省级版画馆，收藏版画作品 1.3 万件（套）。

❄ 北安葫芦烙画：火与墨的绝美交融

北安市是黑龙江省辖县级市，位于黑龙江省中北部、小兴安岭西南麓，由黑河市代管，因寓意"北方平安"而得名。

北安葫芦烙画是黑龙江省省级非物质文化遗产保护项目，是一种民间技艺，其原理是利用烙铁与竹木、宣纸、丝绢等材料产生碳化，通过控温技巧，不施任何颜料，以烙为主、套彩为辅，运用中国画的勾、勒、点、染、擦、白描等手法，烘烫作画。业内人士戏称"烙铁当画笔，葫芦做画纸，在方寸间烙出个葫芦世界"。葫芦烙画大有与"核舟记"异曲同工之妙。

这种在葫芦上用烙铁熨出烙痕进行创作的艺术形式，层次、色调丰富，立体感强，酷似棕色素描和石版画，与葫芦融为一体，具有很高的艺术价值和收藏价值。

❄ 桦树皮画：来自大自然的艺术馈赠

桦树皮画不仅是黑龙江省省级非物质文化遗产保护项目，也是国家级非物质文化遗产，得到了国家和社会的广泛认可。

桦树皮画要使用树龄30年以上的白桦树上剥落的树皮作为绘画材料，经杀菌、漂白、剥皮等多种手法加工制成。其艺术表现非常丰富，可以表现多种题材，包括山水、花鸟、人物、民俗等。其画面线条流畅、构图巧妙、色彩鲜艳，具有浓郁的民族特色和地域风情。

桦树皮画的最大特点是集剪、刻、雕、烫、画等多种手法成画，色彩多以烫烙为主，永不褪色，适合收藏。

　　桦树皮画是黑龙江地区民间艺术的瑰宝，它承载着当地人民世代相传的技艺和文化，反映了黑龙江地区人民对自然、生活、信仰等方面的认识和情感，具有深厚的文化内涵和历史价值。

❄ 绥棱农民画：黑土地的生活色彩

　　绥棱县隶属黑龙江省绥化市，拥有金斗湾旅游区、白马石、东北湖公园、青云寺、大湿地等人文景观与风景区。有的农民曾经是走街串巷画箱画柜的画匠，有的农民天生喜欢绘画。他们的生活日渐改善了，有了好心情，开始挥毫泼墨，画起家乡美景。

与传统的国画不同，绥棱农民画质朴、豁达，十分接地气。农民画家以农村广阔天地为题材，画出自己的生活场景。农民用大地当纸，以蓝天为彩笔，着重描绘他们的日常生活场景，而且在构图上不拘一格，以大视角展示农村丰收景象，以大尺度表现农民春耕、夏锄、秋收的场面，一派欣欣向荣的生活气息扑面而来。

绥棱农民画的特点是写真性。每幅画都展示出农家乐场景，从春播到秋收，农家忙碌景象历历在目，反映当今农村的新面貌。再就是其具有写实性。画面展示出村落农家场面，如院门前小鸡觅食、村里妇女做针线活，乡村生活气息浓厚。其还充满了朴实的艺术元素。每一幅画都以独特的视角展示出乡土风俗的淳朴、欢乐与对幸福的追求。

❄ 黑龙江剪纸： 剪出黑土文化，绘就雪域风情

剪纸是北方一种艺术形式，有一千多年的发展历史。早年，农村妇女喜欢用彩色纸张剪挂钱、双喜字、鸳鸯戏水、红娘送信等题材的剪纸，贴在窗子上，名曰：窗花。

20世纪，海伦市有一批艺术人才利用剪纸艺术形式，创作出一些反映工农民众生活场景的剪纸，被某些报刊选用当尾花、插图等，引起当地有艺术创作细胞的人的极大热忱。后来便涌现出一大批剪纸艺术家，形成了团队，带动并影响了黑龙江剪纸艺术的发展。

哈尔滨市呼兰区的老艺术家翟文秀早年就从事剪纸艺术创作，创作出大批的剪纸作品，成为黑龙江省省级非物质文化遗产剪纸代表性传承人，培养出一大批剪纸艺术人才。

现今的剪纸艺术从原来的

小型、单色、简单的小品式剪纸方式，向大型、全景、套色的复杂化方向发展。如大幅的《五十六个民族五十六朵花》剪纸，场面宏大、色彩斑斓，十分有气势。从民俗小景到大气开放的场面，剪纸艺术从民俗形式转向了高雅艺术天地。

❄ 满族刺绣：针线间流淌的民族文化

国家级非物质文化遗产满族刺绣是黑龙江省独具特色的一种刺绣。早在上千年前，居住在松花江一带的生女真人，男性狩猎打鱼，或者放牧开荒。女性饲养家禽，持家过日子，闲暇时受南方妇女刺绣的启发，开始琢磨刺绣，用以装饰房屋，或者出售补贴家用。经过上千年的发展与继承，满族刺绣摸索出独特的针法。

满族刺绣作品色泽艳丽、整体厚重，图案古朴而又原始。近年，满族刺绣的非遗传承人总结出几种常见的针法，如平绣、打籽绣、乱针绣、纳纱绣，

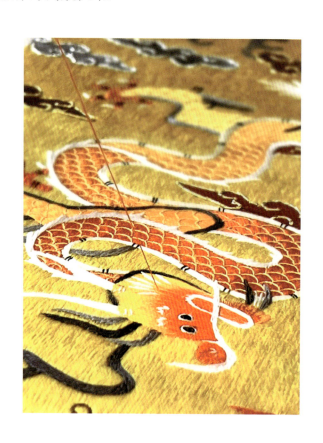

以及长短针、盘金、网针、戳纱等技法，将每一幅刺绣作品都赋予了新的生命，不仅增加了艺术感和品位，而且极具收藏价值。

满族刺绣的作品题材涵盖了各种领域，刺绣出的人物肖像宛如油画，形象逼真，惟妙惟肖，是刺绣里的传奇。

现在的满族刺绣以秀美、雅致为主要艺术符号，突出满族刺绣的表现元素，利用斑斓的色彩和诱人的艺术性展示其魅力，具有较高的展示与收藏价值。

现在黑龙江满族刺绣主要有两个重要分支：以非物质文化遗产传承人孙艳玲为主要代表的牡丹江市的团队，还有北安市的满族刺绣团队。

❄ 勃利黑陶：传统工艺，黑土的陶艺之魂

勃利黑陶是中国古代"龙山文化"在黑龙江省的继承和发展，是一种具有欣赏、珍藏和实用价值的工艺品。

勃利黑陶以"轻、薄、脆、透"的特性插上艺术翅膀，被有关专家做了"黑如漆、明如镜、声如磬"的评价。黑陶以专用的黏土进行筛选、过滤、和泥、闷泥、制胎、雕刻、压光与烧制，每一道工序都需要用心、用技术去完成。

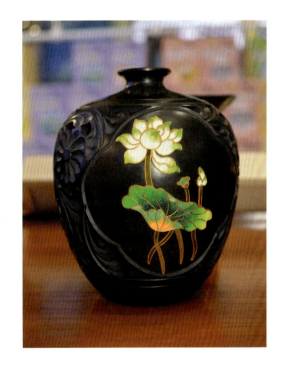

黑陶产品有瓶、钵、鼎、筒、炉、罐等，古色古香、黑漆透光，是艺术收藏家的最爱，有很高的艺术价值，被外国友人称为"中国的黑珍珠"。

❄ 鹤岗煤雕：从黑暗中雕刻出的光明艺术品

鹤岗市是黑龙江省著名的煤城，而能雕琢成器物的却不是一般的煤块，而是一种煤精，块大而质量轻，质地细密，光洁无比；另外一种是石化得十分彻底的煤精，远比煤块的比重高，质地细腻，又十分柔软，可以用作雕刻艺术品。

相传，鹤岗当年有一个年轻的下岗职工，他想从事商业活动，从中赚得生活费用。无奈他既缺少资金，又没有技术，百般无奈之际，烧自家炉子时，见一块煤炭较大，摔在地上没有摔碎，拿在手里又很轻，且闪烁着迷人的光泽。他喜欢上了这块煤，摆在屋里观察。妻子发现后，斥责他说黑不溜秋的煤块，又不是什么宝贝，有啥好看的。妻子的话反而让他脑洞大开。他反复观察后，发现亮晶晶的煤精远比普通煤块还坚硬，比玉石软了一些，经过雕刻，能按照刀法改变形状。

就这样，他照着模型用煤精雕刻出小猫、小狗等玩偶，渐渐地引起了人们的注意，大家开始向他索要雕刻的小动物当摆件或者当挂件。经过一段时间的磨炼，他的技艺日臻成熟，雕刻的小物品活灵活现、栩栩如生了。

这样的工艺品吸引了大众的目光，由此涌现出了很多煤雕爱好者，他们创作的作品成为收藏家追逐的对象，而鹤岗的煤雕从此以"轻若羽翼、黑若涂漆、亮若镜片"的形象走进了市场。

❄ 桦树皮工艺品：树皮上的黑龙江故事

大小兴安岭拥有一望无际的桦树林，也给古代先民提供了丰富的生存材料。从燃烧的篝火到用桦树皮制造桶、筐、箱、匣等，显现出居住在这里的先民的聪明与才智。

有史料证实，现代考古发现三千多年前的鄂伦春族、鲜卑族人用桦树皮制造的玩具与箱子，可见远古时代就有人类利用桦树皮制造生活用具和儿童玩具了。到了近代，生活在黑龙江流域的少数民族里的匠人，利用桦树皮制造悠车、蓑衣、帐篷、生活用具等已经司空见惯了。

随着人类物质文明的大发展，居住在深山老林里的少数民族彻底脱离了刀耕火种、钻山林狩猎的日子，开始过上定居的生活。利用桦树皮制作工艺品，给很多具有艺术特质的能工巧匠提供了丰富的想象空间。

方寸大小的桦树皮能制作什么样的工艺品，全凭人们的想象了。其也催生了这项工艺品产业的发展，涌现出诸多的工艺美术大师。要经过从选料到切割、下料、画形、镂刻、涂制和装裱等工序，才能制作完成一件桦树皮工艺品。从生活用品转成美化家居的摆件、装饰件，桦树皮工艺品经历了浴火重生的过程。

❀ **木雕工艺品：** 匠心独运的木艺传承

有史料证实，中国的木雕艺术在秦汉时期就达到了十分高的水平。而黑龙江境内有大小兴安岭，是重要的木材产地，适宜雕琢工艺品的椴树随处可以找到。椴木纹理细腻、木质软硬适度，属于速生林种，为木雕产业发展提供了充足的原料，使得黑龙江省木雕工艺品生产潜力巨大。

木雕艺术家利用刀具在木头上施展削、铲、磨、剔、刮、刻与雕等技巧，只见木屑飞溅，一块木料瘦了下去，渐渐显露出一件工艺品的雏形。一般情况下，只要看一眼木料，雕刻家就会知道适宜雕琢什么物件。他们会巧妙地避开木料缺陷，突出主体部分，让木雕作品显现出十足的创意。木雕既有化腐朽为神奇之处，也有巧夺天工之妙处。别人眼里的旧木头，在雕刻家那里会成为一件完美的工艺品。

小兴安岭也是红松的故乡。这里有原始森林里才能见得到的茂盛红松，高大挺直的红松枝繁叶茂，绿意葱葱。由松树上生成并流淌出来的松树油脂，在树体疤痕、枝丫或者枝节处最为富集。经历沧桑岁月与风霜雨雪的煎熬，油脂沉淀得愈来愈多，浸润着枝干，使木质结构发生了根本性的变化。而且倒伏的枯木经过掩埋，石化后变得如石头一样坚硬，浑身散发出一股沁人心脾的幽香，这就是北方最珍贵的沉香木了。

沉香木雕刻的工艺品北沉香木雕是龙江瑰宝，颇有艺术风韵，琳琅满目的作品高贵而充满艺术符号。

❄ **麦秸工艺品：** 麦秸编织的东北记忆

黑龙江是小麦主产区，在北大荒一带，一望无际的麦田让风景变得妩媚，让天地充满了无限生机。

麦秸剪贴技艺起源于中国隋唐时期的宫廷，历经千年传承与发展，尤其在明清时期达到了广泛的流行。这项技艺采用天然麦秸作为主要材料，通过复杂的手工制作流程，包括选料、处理（如煮、蒸、熏、染）、制作等多道工序，融合了国画、素描、油画等多种艺术表现手法，创造出具有高度艺术价值的作品。这些作品以其古朴自然、高贵典雅的特点著称，题材广泛，涵盖人物、花鸟、动物和景物等。

黑龙江省的麦秸剪贴技艺独具特色，不仅保留了传统的平贴技术，还创新性地开发了三维立体麦秸剪贴工艺画，形成了独特的半浮雕风格，创作出了一系列具有强烈立体感和层次感的作品，展现出极高的艺术水准。

麦秸工艺品因其独特的品质和艺术特征而备受推崇，能保持千年质地不老化、不褪色，因此也具有较高的收藏价值。

❄ 火山石盆景：自然与艺术的完美结合

黑龙江历史上曾经多次爆发的火山，给五大连池等地带来了毁灭性灾难。不过一旦活火山冷寂下来，被毁掉的植被就重新焕发了青春。花草树木开始吮吸山间清泉，峥嵘茂盛地成长起来。

埋藏在草木下的土层里有火山喷发后的遗留物，即火山灰。这种呈现颗粒状的残渣有的布满了气孔，颜色各不相同，而且轻重不同，有的能在水面漂浮，故此又被称为"浮石"。

利用火山灰制作花盆，抑或用花盆盛装火山灰，上面有精心制作的盆景，或者栽下一株微小的松柏、花卉，利用浮石制作的假山假景，布置上小巧的楼阁、小桥与泊船，虽然方寸之间，如同容纳了整个世界，惟妙惟肖，十分精致。制作盆景要十分细心，又要巧妙构思，让每一个盆景都具有个性，都有独到的艺术魅力。

利用火山石制作的盆景，不仅利用火山石里富含的矿物质，为植物提供丰富的养料，再就是盆景轻盈，显得气象万千，充满了妩媚、可爱的形态，深受收藏者的喜欢。

特色食品

❋ **哈尔滨红肠：** 来哈尔滨不得不带的礼品

　　哈尔滨是一个受俄罗斯饮食文化影响很大的城市，在百余年的发展中传承了众多具有俄罗斯风格的美食，红肠是其中最广为人知的一种。

　　经历了多年改进，哈尔滨红肠脱离了俄罗斯传统口味，更适宜中国人的口味，咸香之间还有熏烤的微焦味儿。红肠色泽呈现绛红色，整体油光瓦亮，让人望之就会产生食欲；再就是肠衣薄如蝉翼，几乎透明，可以窥望到内馅，一股香气扑鼻，让人有垂涎欲滴的感觉。

　　哈尔滨红肠的质量标准严格执行自己的配方，尤其是口感、味道，更是上乘之作，是很多人都喜欢吃的可口副食。来哈尔滨旅游给亲朋好友带回哈尔滨红肠，成为很多外地游客的必做事项之一。在哈尔滨，出名的红肠主要有秋林红肠、商委红肠、哈肉联红肠等品牌。

❄ 松仁小肚： 传承百年的哈尔滨美食经典

外皮用猪肚制成的小肚，经过了熏制，油亮而闪烁一种酱色的光泽，香喷喷的滋味从里面透出来，诱惑人们的胃口。切开的小肚色泽纯正，熏制过的香味醇厚，让人想立刻品尝一口的愿望十分强烈。

小肚不仅味道鲜美可口，而且携带方便，是补充人体热量的好东西，也是旅人选择的最佳副食之一。

❄ 风干香肠： 北味之鼎

在哈尔滨的副食市场上，风干香肠是一道别致的风景。挂在柜台里的风干香肠色泽暗红、肉香味十足，且这种香肠还颇有来历。

风干香肠是哈尔滨中式肉灌制品的代表品种，距今已有一百多年历史，在哈尔滨人的心中与哈尔滨红肠不相上下。

1910 年，山东人宋文治和王孝庭凭借在北京学到的肉灌手艺，在哈尔滨创立了"京都正阳楼"，售卖熟食，其中就有一款特制的风干香肠。

这款香肠的独特之处在于其配料中加入了"紫蔻"和"砂仁"等具有开胃健脾功效的中药材，不仅有助于

健康，还赋予了香肠特有的香气和风味。

风干香肠的生产过程非常讲究，需经历选肉、拌馅、灌制、风干、发酵及煮熟等多个环节，每个步骤都要求严格，以保证香肠的质量和口感。尤其是风干这一环节，必须在特定的环境条件下进行，以确保香肠能够恰到好处地脱水，同时保持肉质的鲜美和弹性。

这种独特的风味与制作工艺，使得风干香肠在全国乃至世界各地的消费者中享有极高的声誉。

❄ **格瓦斯：** 哈尔滨的俄罗斯风情饮料

哈尔滨老话说：吃大列巴喝格瓦斯，胜过活神仙。

在哈尔滨，拥有百余年历史的传统饮料格瓦斯是利用面包屑、酵母等自行发酵的饮料，在哈尔滨有着自己独占的市场份额。

格瓦斯坚持利用传统的手段，密封发酵，确保口感，其技术指标、生化指标始终稳定，给人们提供了一种健康、原生态的优良饮品，深得民众的喜欢。

❄ **大列巴：** 哈尔滨的面包传奇

自从中东铁路确定哈尔滨的枢纽站位置，大列巴就被哈尔滨人所熟知、所认可，并与哈尔滨相亲相爱百余年，是当地重要食品之一。

大列巴很大，稍显发黑的面包切开，一股鲜香酸涩的混合滋味透出了麦香味儿。大列巴的味道给人的嗅觉、味蕾带来了异国风情。这种有异于传统食物带来的口味，让人们寻找到一种新鲜、低脂、低热量的食物，不仅能让人填饱肚子，还能有助于人们控制体脂率。故此，大列巴成为哈尔滨餐饮界的常青树了。

❄ **老鼎丰糕点：** 哈尔滨老字号的甜蜜记忆

老鼎丰糕点是哈尔滨尽人皆知的经典糕点。早在中东铁路修建时期，浙江绍兴的一伙人落户道外区，在那里开办起老鼎丰南味货栈，采取前店后厂的方式生产经营糕点，这就是哈尔滨老鼎丰糕点的起源。

有资料证实，哈尔滨老鼎丰源于绍兴老鼎丰。清朝中期，乾隆皇帝二次下江南，曾亲自到绍

兴老鼎丰门店，品尝其所制作的糕点。哈尔滨老鼎丰是中华老字号企业，目前拥有1000多个糕点品种，能满足各类人群需求。长白糕、江米条、蛋黄片、川酥月饼、五仁月饼、朗姆酒味冰糕等，都是老鼎丰的招牌产品。

❄ 五常大米：黑土地孕育的品质稻米

松嫩平原南部有一处半山区的地方，那里田畴万亩、水网交错，虽然有山峦却并不高，绿荫环绕，景色幽静，那里就是优质大米主产区五常市。

处于半山区的五常土地富含硒，土质肥沃；浇灌的河水富含山泉，所产的稻谷品质优良；而所处大地的日照、温度等条件颇为优良，为稻谷生长创造了良好的生存环境。从育苗、插秧到田间管理，每一道环节都不能放任自流，精心管理才换来优等稻谷的丰收。

经过加工的五常大米，晶莹剔透，闪烁半透明的光泽。其做成的米饭味道糯软，香气弥漫，让人垂涎欲滴。米饭盛进碗里之际，既无松散之状，又无黏米之形，恰到好处的米饭香气扑鼻，顿时让人胃口大开。

❄ 黑木耳：山林中的黑色珍宝

黑龙江省半山区广泛出产黑木耳。这种属于山珍的土特产品，习惯生长在环境优良无污染，树林不能太稠密、透光好，而且对湿度、温度要求十分苛刻的地方。现在，人们已经掌握了黑木耳的生长习性，营造出黑木耳生长的环境，人工养殖黑木耳了。

对生长环境要求苛刻的黑木耳能给人体提供必要的营养物质，是一种优良的绿色食材。小小的黑木耳泡发后，立刻舒展开来，变成肥头大耳的模样。用手抚摩，其肉筋筋的、滑溜溜的，炒出的菜香脆无比、口感美妙。

❄ 榛蘑：东北特有山珍

深棕色的榛蘑乍一看与普通的蘑菇没有什么差异，却是东北最出名的山珍。东北素来有小鸡炖榛蘑的饮食习惯，而且炖出的小鸡香味醇厚，久吃不腻，是一道名菜。

榛蘑主要分布于黑龙江省的山区，那里山峦并不高，但是林深树密，植物生长茂盛。榛蘑同各种肉类同炖，不仅能解腻、除腥，而且入口滑润鲜嫩，味道鲜美，营养十分丰富。

按照榛蘑的营养成分判定，其是一种名贵的真菌，又称蜜蘑。榛蘑的口感、营养价值和名贵程度，都属于山珍里的头牌美味。只是，榛蘑又是娇嫩的菌类食品，采摘后两天内不吃掉，马上就会烂掉，并且发出一种讨厌的气味。人们还是很有办法的，从山里采到新鲜榛蘑马上晾晒起来，然后用线绳穿上，放在屋檐下风干后才收藏起来，准备冬天食

用或者出售。人工培育榛蘑获取了成功后，有的加工厂利用罐头保鲜方法，将新鲜的榛蘑制成罐头食品运往各地，也让很少见到这种山珍的人品尝到这道美味了。

❄ **油炸糕：** 金黄酥脆的东北小吃

很多上了年纪的人心里，儿时的记忆是吃上味道香、糯软而又筋道的油炸糕。这种传统的街头小吃，曾经让每一个人少年时期怀揣梦想，梦想着长大成人后能饱饱吃上几个油炸糕才是最幸福的时刻。

油炸糕师傅用糯米面包上糖馅或豆沙馅，然后拍打成糕状，搁进油锅里炸起来。油锅里顿时油花四溅，炸出的油炸糕先透出糯米面的香味。很快，师傅把炸得香喷喷的油炸糕取出来，放在漏网上漏干净了油，然后搁进柜台里叫卖。尤其到了节日，吃油炸糕的人多了起来。人们主要吃那种香甜味，还有油炸后的那种面香味道，似乎是世间任何美食也不可能取代得了的。

❄ 蔓越莓：北国湿地的红色精灵

蔓越莓本来是寒冷之地的灌木上生长的小浆果，是美国、加拿大等地盛产的浆果，如今黑龙江省也有蔓越莓出产。

现今，在大小兴安岭、北部边陲的荒芜山谷里，可以见到一簇簇低矮的植物，长有晶莹剔透的果实，一片又一片的。其坐果时是白色小果实，渐渐转为橘红色，成熟后呈现红彤彤的颜色，在山里格外耀眼。这种果实就是驰名中外的蔓越莓，也就是中国的"北国红豆"。

蔓越莓以其口感酸甜、长相精致而获得女性的喜爱。蔓越莓富含各种维生素与矿物质，具有保健作用。

❄ 东北灵芝：人间"仙草"

东北素来有三宝（东北三宝说法不一，此处指人参、鹿茸和灵芝），不过东北灵芝这一宝却常被人们忽略。灵芝是东北地区继人参之后的重要药用菌类，素有"百菌之王"的尊称。

野生东北灵芝在长白山余脉、大小兴安岭可以采摘得到。东北灵芝品种众多，在药用上也各有特点。因为地处北方，东北灵芝成长期漫长，比热带、亚热带灵芝的品相好、药用效果更强。

黑龙江有多处人工培

植灵芝的基地，利用灵芝喜欢生长的树种，种植菌株，获得三年生长的灵芝。这种灵芝效果极佳，可作为保健食品和药材使用。

❄ 蓝莓：浆果之王

蓝莓适合在温带和亚寒带气候条件下生长，富含维生素C、维生素E、铁、钾等矿物质和微量元素，具有极高的营养价值；含有丰富的抗氧化物质，如花青素，可以帮助抵抗自由基。其保健功效显著、经济价值高，素有"浆果之王"的称号。

每年春季，蓝莓树上缀满了灯笼般的花朵，洁白的花朵一簇簇的，清风送来花儿的清香。当夏天到来时，花儿脱落了，一粒一粒的果实出现了。刚开始，果实呈现白色，一粒一粒地在风里摇头晃脑。只有到了盛夏，蓝莓才显现出了真容颜，黑黝黝的显现蓝莹莹的颜色，上面覆盖有一层薄薄的白霜。

蓝莓与其他浆果有相似的口感，酸甜里有一股特有的果浆味儿，是女孩子最喜欢的水果之一。尤其伊春市所产出的蓝莓因为酸甜度适宜、口味带有果香、颗粒均匀、保鲜期较长、适合远途运输而成为品牌产业。蓝莓干、蓝莓饮料、蓝莓果酱等，都是广受人们喜爱的佳品。

❄ 黄花菜：东北金色素山珍

属于阿福花科萱草属被子植物的黄花菜，是东北山区随处可见的一种药用野菜，有的地方称之为"萱草""忘忧草""金针"等。黄花菜的根部、茎部可以入药，也可以用来做菜熬汤。

到黄花开放的时候，山坡上可以见到一片黄色的花海。黄盈盈的花儿迎风摇摆，

这才到了收获的季节，山区的百姓开始采摘花朵当野菜。开着鲜艳花朵的黄花瓣呈现长条状，一旦谢了，花色呈现橘黄色，并开始萎缩。

此时，很多人开始把采摘的花朵拿回去晾晒，以便于贮存与售卖。（黄花菜有微毒，可通过摘掉花蕊、清洗、焯水、浸泡、干制等去除。）而经过晾晒的黄花就变成了一种可口的干菜。用黄花菜炒菜，取出一把干菜用温水泡开，舒展开的黄花菜膨胀开了，通体黄澄澄的，颇有食欲。黄花菜作为一种重要的山野菜，一直是北方菜系中的重要菜肴。

❄ 对青烤鹅：龙江第一鹅

在特色美食菜谱里，"烤"与"熏"意思相近，其制作方法却大不相同，而产生的口味也有不同的风格。对青烤鹅兴许受到烤鸭的启发，在"烤"上做足了文章，竟然成就了一个大产业。现今，对青烤鹅以其味道鲜美、口感嫩滑瓷实、风味独特而成为黑龙江知名产品。

对青鹅业集团立足于黑龙江省，始终保持着肉香、料香、烤香、回香的"四香"特色，选用高产且肉质好的东北籽鹅，使对青烤鹅声名远播，深受美食家的赏识。尤其刚出炉的烤鹅通体油亮深红，香气逼人，让人喜不自禁，顿时有了食欲。不只烤鹅，鹅肝、鹅肉制品等多种副食品也深受人们的喜爱。

❄ 三花鱼：黑龙江河鱼中的珍品

在松花江水系，素有"三花五罗"之说。"三花"主要是鳌花、鳊花和鲫花，是东北著名的淡水鱼种。

鳌花也有地方称为鳜鱼，在松花江水系分布较广，其肉质细嫩，炖、烹皆可，而且出锅后香气扑鼻，吃起来口感特别柔滑细嫩，是所谓的"三花五罗"之首。

鳊花与武昌鱼的外形有类似之处，学名"长春鳊"。这种鱼长成后，脂肪含

⊙鳌花

⊙鳊花

⊙鲫花

量非常丰富，鱼肉纯净雪白，烹饪后口感特别鲜美，是饭店的重要食材。

鲫花有的地方称为鲫瓜子，鱼体上有黑色斑鳞，是松花江水系出产最多的鱼类。

"三花"鱼是松花江水系味道最为鲜美的鱼种，肉质细腻，可以烹饪出各种鱼类菜品，味道鲜美，是餐桌上最抢眼的美味。

❄ 黑龙江大豆：营养丰富的优质蛋白来源

黑龙江省土质肥沃，气候适宜，是中国重要的大粮仓。广袤的松嫩平原，是玉米、小麦、大豆的主产区。尤其在北大荒，从播种到大豆开花结荚，预示又一个好丰收年。

大豆用途广泛，除了用于民众食用之外，在化工、石油、汽车制造、医药等方面也有着重要的作用。

黑龙江省的气温带、土质等诸多条件最适宜大豆生长，而且生产出的大豆的品相、品质、出油率和脂肪等指标均属优良，在国民经济建设中发挥了重要的作用。

小小的一粒粒的大豆，是农民用辛勤劳动换取的，也是黑土地馈赠给勤劳的农民的一份厚礼。而北方生产的大豆为全国各地经济发展助力，为人民改善饮食结构、丰富食物营养，提供了一定的帮助。

❄ **野生蜂蜜：** 大自然的甜蜜馈赠

在松嫩平原的深处，连绵不断的大小兴安岭、张广才岭余脉等山区，每当春暖花开之际，各种野花竞放，绿草如茵，也是蜂群忙碌采蜜的时候。除了由当地蜂农放养的蜂群，深山里存有大量的野生蜂群。有的属于分箱时不慎飞走的蜂群，有的原本就是当地的野山蜂。当杜鹃花开放的时候，也正是野生蜂群采蜜繁忙之际。尤其阳光明媚的上午，不知疲惫的工蜂往往飞出几十里路程才采撷到一点儿花粉。

山岭并不高的黑龙江省的东部山区花草峥嵘茂密，野生蜂群的野外生存能力强，自制蜂巢，自我延续蜂群。野生蜂蜜、蜂巢的入药性最好，属于贵重的中药材。

❄ **鹿茸：** 珍贵的滋补佳品

古话讲，关东山三件宝，人参、鹿茸、乌拉草。鹿茸作为一种名贵中药材，疗效明确，一直为医家所珍视。在清末以前，鹿茸一直是皇室贡品。

鹿茸适合入药，具有预防骨质疏松、补肾益精、提高人体免疫力的作用。现在人工饲养的梅花鹿形成了规模，可以提供优良的鹿茸片、鹿茸膏等众多产品。

❄ 人参：东北的"百草之王"

　　人参是北方山区的瑰宝，在历史上有着丰富多彩的传说。从古代医学研究到现代医学应用表明，人参的药用效果显著。研究发现，人参拥有各种人体必需的元素几十种，其茎、叶、花、籽等均有药用价值，对提高人体免疫力有明显作用。在古代，北方的野生人参是重要的皇室贡品。

　　人参通常分野山参、移山参与园参，人们认定当数野山参最为优良。现今山里的野山参稀少了，成为国家二级保护植物。人参种植业进入了成熟阶段，长白山、张广才岭以及小兴安岭等分布着大量的园参种植基地。人参对光照、通风、雨水、环境、温度都有自己的特殊要求，需要人们精心周到地培育。

❄ 北大仓酒：北国茅台

黑龙江是我国重要的粮食产区，也是白酒的产区之一。历史上黑龙江各市县都拥有地产白酒窖子，而且生产的白酒色泽清亮透明、口感绵软，当地称为"烧酒"。

北大仓酒是齐齐哈尔特产，其以当地特产的一种大高粱为原料，以纯小麦大曲为糖化发酵剂，采用世代相传的传统工艺酿造。其酒液清澈透明、香气淡雅柔和，入口醇香馥郁，空杯留香。

现在的北大仓酒作为国家地理标志产品而受到保护，也是黑龙江省的名优特产，声名远播。

❄ 蓝莓酒：东北果酒佳酿

蓝莓的养颜、保健功能被发现后，便成为人们热捧的有机食物，也成了孩子们最喜欢吃的水果之一。蓝莓产量每年递增，只因受到保鲜期短的制约，往往影响远销。有关商家便开发出蓝莓果脯、蓝莓饮料、蓝莓果酱等产品。

而蓝莓酒采取红酒发酵方式酿造而成，这种酒色泽鲜红，口感略微酸涩，含有低度酒精，是女性最喜欢饮用的低度酒之一。

❄ 松子：兴安森林中的坚果之王

东北松子主产区为长白山及小兴安岭地区。松子成熟前只是生长在松枝上挂着的松塔里，直到成熟才会脱落。松塔在阳光下闪烁着莫测的光泽，似乎十分神秘。松子被松塔包裹着，挤挤挨挨的，密集而又厚实。

有经验的松子采摘者看一眼松树的生长状况，就能判断松子的收成情况。成熟的松子均匀而饱满，色泽暗棕色，有淡淡的松油味儿。敲开外壳，松仁色泽深而籽实饱满，让人产生品尝的冲动。

一只松塔里一般可以收集到约一百粒松子，大个的松塔则有可能收集到一百四五十粒松子。富含油脂与脂肪的松子，还有丰富的矿物质、维生素等，在坚果里属于头牌，是一种天然的保健食品。

❄ 海林猴头菇：东北森林中的菌中珍品

《新华本草纲要》对猴头菇有如下评价：味甘，性平。有利五脏，助消化、滋补等功能。

人类早就认识到猴头菇入药的作用，但还是以食用为主。猴头菇用于炖炒煎炸、煲汤、煮粥等均是上等食材，尤其可以用来制作药膳。一些有养生意识的人，选择草药煲汤，利用猴头菇为主要滋补品，充分发挥了猴头菇在提高人体免疫力等方面的作用。

　　猴头菇主要生长在一些阔叶林里，对生存环境要求十分严苛。研究猴头菇人工培育的专家发现，猴头菇每个生长时期对温度、日照和湿度的要求都不尽相同，而且只有在培育期间保证了其基本生存条件，猴头菇才能够生长良好，食用时才会入味，药用时才会有效果。

　　黑龙江省海林市依靠地处半山区的优势条件，在开发猴头菇产业方面取得了成功。当地出产有猴头菇罐头、干鲜品等产品。

编后记

在共和国长子诞生的这片黑土地上，重工业基地轰鸣的机器声渐行渐远，书写了很多东北人从辉煌到落寞的心路历程。

振兴东北是很多东北人的夙愿，即使行遍天涯海角，人们助力家乡再创辉煌的赤子之心不曾冷却。哈尔滨火爆网络之后，很多从东北走出去的网络大 V、名人纷纷"推波助澜"，给黑龙江冬季旅游带来了巨大流量。哈尔滨更是各种整活，成了"讨好型"城市；本地人更是将各地游客宠上天。

很多游客来黑龙江旅游发现，这片黑土地上有太多好吃好玩的地方，仅仅是走马观花来一次是不能尽兴的。同时游客们也发现，黑龙江这位豪爽热情的"老大哥"明明家里有很多宝贝，却不太擅长讲故事、做宣传。

基于此，我们便力求打造一本全面、立体展示黑龙江冬季旅游资源的宝典，力求以精美的图片和优美的文字，全方位、多角度地让读者欣赏到黑龙江冬季壮美的景色、黑龙江丰富的文化和独特的民俗，从而让更多人来了解这山、这水、这城、这人，感受这带着温度的土地，领略北国的冰雪风情，感受冰雪魅力。

本书共分六篇，每一篇都从不同角度对黑龙江冬季旅游项目进行了深度挖掘。从"北国风光"中具有代表性的自然人文美景，到"行游龙江"的精品旅游线路规划，再到"饕餮盛宴"中的地道风味美食，我们力求为读者提供最贴心的旅游信息；同时，"互动民俗"和"衣史流年"篇则带领读者了解了黑龙江的节庆活动、民俗风情和少数民族服饰文化；而"龙江拾贝"则展示了黑龙江珍贵的特色物产和工艺品，让读者对这片土地的丰饶、人民的智慧与勤劳有了更进一步的认识。

本书的出版与哈尔滨国际冰雪节的开幕和2025年哈尔滨亚冬会的举办完美契合，它不仅能为亚冬会助力，还能对宣传大美龙江冬季旅游、实现文旅结合产生积极的社会影响。我们希望通过本书，让更多的人踏上这片银装素裹的土地，共同见证这场冰雪盛会，爱上黑龙江！

在本书的编纂过程中，我们有很多创新性思路，力求打造一本与众不同的黑龙江冬季旅游指南。同时，我们也遇到了诸多困难，光是黑龙江很多特色景区冬季图片的获得就颇费了一番心血。在此过程中，哈尔滨日报社的王涤尘、杨锐及哈尔滨日报社"手机记者"团队为我们提供了大量珍贵照片。在此，我们向所有为此书付出过辛苦努力的人表示诚挚的感谢，因为有你们的支持，本书才能如期与读者见面。

编纂过程中，当我们统计黑龙江冬季旅游景点、美食、特色物产时发现，黑龙江旅游景点之多、物产之足、美食之丰大大超出预期，因篇幅所限在介绍时不能深入展开，只能简要介绍，起到引导、推门的作用，很是遗憾。

《冰雪之旅：龙江雪域漫行》的出版，是我们对黑龙江冬季旅游的深情告白，也是对这片黑色沃土的热爱与敬重的表达。

我们希望此书能成为一架沟通的桥梁，让读者能够跟随本书的脚步，走进真实的龙江雪域，来一场说走就走的"冰雪之旅"，在千里冰封、万里雪飘的北国体验别样的冰雪奇缘。

编者

2024 年 11 月

编后记

我在黑龙江等你！